知識ゼロからの神社入門

皇學館大学社会福祉学部教授
櫻井治男

The first book of Shrine
Haruo Sakurai

伊勢神宮
日吉大社
香取神宮、鹿島神宮
熱田神宮
大山祇神社
住吉大社
貴船神社
春日大社
出雲大社
宇佐神宮
伏見稲荷大社
諏訪大社
八坂神社
波上宮

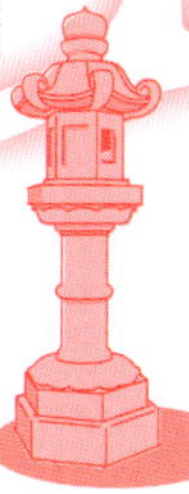

幻冬舎

はじめに

「八百万《やおよろず》の神」ということばがあるように、日本人は古くから生活の諸場面だけではなく、身の回りの自然や生き物に神性《しんせい》を感じ、人智《じんち》の及ばぬ存在を畏れ感謝を捧げてきました。現代では、神々を日常的に意識しながら生活する人が少なくなったといわれます。しかし年の初めには神前で手を合わせ、七五三《しちごさん》や厄年《やくどし》には御祈祷《ごきとう》や御祓《おはら》いを受けるなど、一年あるいは一生の節目には多くの人が神社を訪れます。祈るということが、自《おの》ずと身についているのです。

神社は全国各地に存在しますが、地域によって雰囲気、建物や祭りもさまざま。時代のなかで変化し、あるいは伝統を引き継いでいるため、とらえどころがないもののように見えるかもしれません。しかしながら「鎮守《ちんじゅ》の森」に代表されるように、神社はもともと地域コミュニティに支えられ、人々の心の絆となっていたため、その土地独自の文化や歴史を表しているのです。現在も地域づくりの資源・財産、元気の源として多くの場面で生かされています。

本書では、実際に神社を訪れたときに困らないよう、参拝の作法や基礎知識を図解しています。また、建造物の意味や祭りの由来を知ることで、神社をより深く味わうことができるでしょう。

本書がみなさまの豊かな知識や生活の一助となり、かけがえのない伝統が次代へ受け継がれますよう願っております。

皇學館大学社会福祉学部教授　**櫻井治男**

第一章 礼を失しない作法で、畏敬の念をもって参拝する

第二章

このくらいは知っておきたい、神社の基礎知識

第三章 神に向き合い、人生の節目を寿ぐ

第四章　祭祀をおこない、特別な日を神と祝賀する

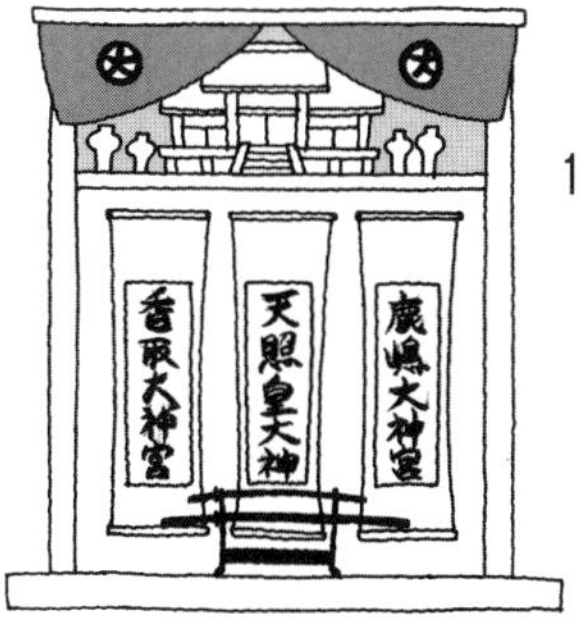

鹿島大神宮
天照皇大神
香取大神宮

●神名の漢字や表記について

全般的な説明は『古事記』、各神社の御祭神はそれぞれの由緒・伝統的な表記にのっとります

参拝には正式な作法があり、
それぞれに理由があります。
神に願い、祈りを聞いていただくためには、
礼儀を尽くさなければいけません。
身を清め、こころ穏やかに
神前で手を合わせましょう。

第一章

礼を失しない作法で、畏敬の念をもって参拝する

神を詣でる

聖なるものへの近づき方を身につける

日本人なら誰しも一度は神社を訪れた経験があるでしょう。しかしながら、正しい参拝の方法について、実はよく知らない人も多い。神社を詣でる作法には、それぞれ意味があるのです。

神域に入る

鳥居は神域と外界との境界に存在する。その内側に入ることは神域に足を踏み入れること。その瞬間から、神域にふさわしい作法でふるまいたい(12ページ参照)。

神社の中は日常とは異なる世界であり、かしこまってふるまう場所。できれば服装も訪問着がふさわしい

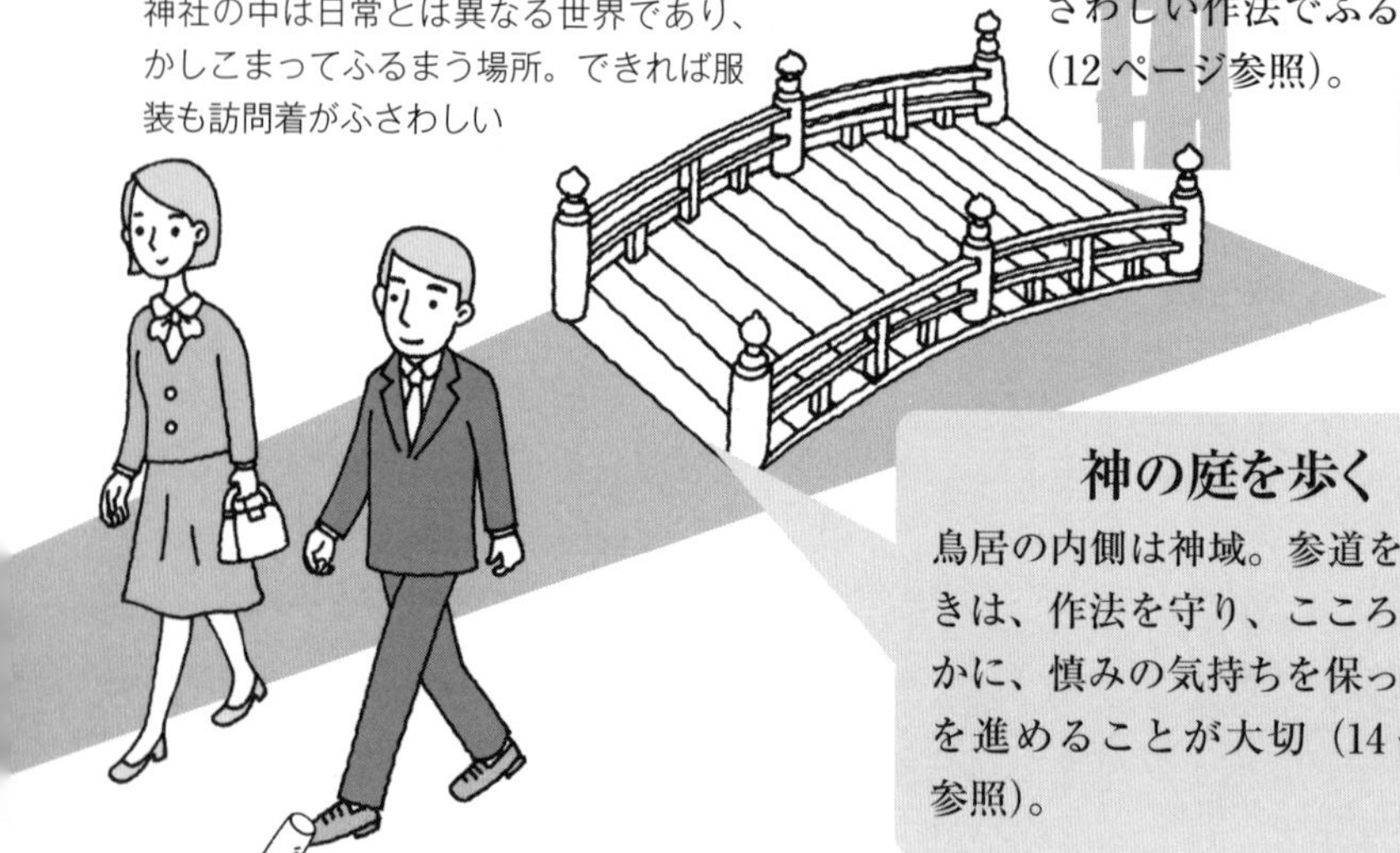

神の庭を歩く

鳥居の内側は神域。参道を歩くときは、作法を守り、こころを穏やかに、慎みの気持ちを保って歩みを進めることが大切(14ページ参照)。

これで納得

神域は神の占有地

神社の「社」は、やしろとも読む。やしろは城のことで、神が占有する区域の意。神社の森は「鎮守《ちんじゅ》の森」といい、神が鎮まり土地を守ってくださるところ。人が、むやみに入ったり勝手に伐採したり、鳥獣《ちょうじゅう》を捕らえたりしてはならない聖地である。

神社は、神々の空間「聖域、神《しん》域《いき》」です。神社を訪れて参拝するとき、守るべき作法があるのは、ごく当たり前のこと。

作法の一つ一つは、難しくありません。意味を正しくとらえれば、流れるように実践することができ、自然と身につきます。

●鳥居の先は日常と異なる領域

鳥居をくぐることは神の世界へ向かうこと。伊勢神宮には複数の鳥居がある。1つ越えると豊葦原国《とよあしわらのくに》、2つ越えると瑞穂国《みずほのくに》、3つ越えると大和国《やまとのくに》へ入るともいわれた＊1。鳥居を越えるごとに、神に守られたすばらしい国にいることを実感する。

作法通りに心身を清め、神前で静かに手を合わせて祈ると、穏やかな気持ちになる。そうしたこころの変化こそが、神を詣でるということだ

授与品を分けてもらう

拝礼を終えたあと、御守りや御札をいただく（買う）とよい。身を守り、罪穢を祓《はら》ってくれる心強い存在となる（20ページ参照）。

身を清める

参拝の前に、手水舎《てみずや》で手水を使い、心身の罪穢《つみけがれ》＊2を落とす。厳かな気持ちで参拝するため、必ずおこなう（16ページ参照）。

拝礼する

祈りを捧げ、願いを込めることは、神と自分を結ぶために必要。礼に始まり、礼に終わる作法をきちんと守る（18ページ参照）。

神域を出る

鳥居をくぐって神域の外に出たあとも、入るときと同様に守るべき作法がある。最後まで気を抜かずにおこなう（19ページ参照）。

＊1すべて日本の国の別称。邪気を払う葦が豊かに茂り、みずみずしい稲穂が育つ国。大和は日本の古称

＊2神道の考えの一つ。罪は社会的・道徳的に秩序を乱す行為、穢は汚れた悪しき状態。自然に身につくものとも観念された

鳥居のくぐり方

神域に入るための許しをいただく

1 鳥居の前で一礼する

他人の家を訪れるとき、玄関であいさつをしてから入るのと同じ。まして神社は神の聖域。鳥居をくぐるときは、きちんと立ち止まり、一礼しよう。

腰を15°ほど折って頭を下げる。会釈する感覚に近い。こころが穏やかになったら、鳥居をくぐる

一歩手前で一礼する

鳥居をくぐる前に、一歩手前で立ち止まる。こころを落ち着かせて一礼してから、神域に入る。立ち位置は、左右どちらかの端に寄る。

神社を訪れたとき、特に意識することなく鳥居《とりい》をくぐる人も多いでしょう。

神社にとって鳥居は象徴的な存在であり、聖なる神域への入り口です。そこから先が、神が鎮まる聖なる空間であることを示しているのです。

鳥居をくぐるときは、上図のような作法にのっとり、必ず一礼したうえで歩を進めます。

鳥居は一か所だけとは限りません。複数存在する場合もあります。そのつど一礼をこころがけましょう。

2 真ん中を空けて鳥居をくぐる

鳥居の中央は神の通り道である。人間が堂々と歩くのは遠慮したいもの。そもそも神社は神が鎮まる聖域。もともと人間が足を踏み入れるのは畏れ多いことなのだ。常に神を意識してふるまう。

外側の足から境内に入る

鳥居をくぐるときは、正中《せいちゅう》（中央）から離れている外側の足から踏み入れる。たとえわずかでも、中央におしりを向けることがないようにするための作法。

間違えても、咎《とが》められたりはしない。しかし、神に祈り願うためには、きちんと礼を尽くしたい

左右どちらかから入る

神社によっては鳥居の左右どちらから入るか、決まっている場合がある。決まりがない場合はどちらでもよいが、必ず鳥居の左右の端から入る。

これで納得

「正中」は神の通り道

鳥居から参道の中央は「正中」と呼ばれ、神の通り道とされている。人間は左右どちらかに寄って歩くこと。正中を横切るときは軽く会釈する。鳥居をくぐる前も十分に気をつけたい。

参道の歩き方

神域にふさわしいふるまいをこころがける

境内はペット禁止

原則的に禁止だが、盲導犬は許可されている。特に決められていない場合は、吠え声や排泄物がほかの参拝者の迷惑にならないよう、飼い主が責任をもって管理する。

●神に近づくためにこころを整える

参拝には穏やかなこころで臨みたい。鳥居をくぐる前に身なりを整え、深呼吸をする。神前では、帽子を脱ぎ、肌が露出しないように上着を羽織るなど、身支度を整えることも忘れずに。

左右どちらかの端を歩く

参道も鳥居と同じく、中央を歩いてはいけない。正中を横切るのも禁止されている。歩き始めたらそのまま直進する。

立て札などで、歩く側の指示があったらしたがう。周囲を見て、ほかの参拝者と同じ側を進む

鳥居をくぐって参道《さんどう》に足を踏み入れた瞬間から、神の庭に入ったことを自覚し、ふさわしいふるまいをこころがけましょう。

鳥居をくぐる前には位置に注意し、服装を正して、気持ちを引き締めることが大切です（一二ページ参照）。

参道は、鳥居から拝殿《はいでん》にいたるまでの道のりであり、本殿《ほんでん》の神が俗界に渡るための道です。鳥居と同じく、参道もまた正中（中央）を歩くことは禁物です。左右どちらかの端に寄って歩くのが基本です。

境内の植物、建造物を傷つけない

神社の境内はすべて神の庭。植物を手折《たお》ったり抜いたりしてはいけない。建造物への落書きなどもってのほか。おみくじは所定の場所に結ぶようにする。

飲食厳禁

あくまで神域であることを忘れず、境内を歩きながらの飲食はしない。境内にある飲食店など、指定された場所でならよい。

大声を慎む

同行者がいると観光気分になりがち。大声でしゃべったり騒いだりすることがないように。

これで納得

玉砂利は神域を清める

境内には玉砂利《たまじゃり》が敷き詰められていることが多い。玉砂利の玉は「霊（たま）」に通じ、大切な、美しい小石という意味がある。玉砂利でその場を清め、踏みながら歩くことによって、参拝する人々のこころを清めるためだとされている。

火気厳禁

失火の原因となるので、喫煙は厳禁。ろうそくなどの火を扱うときは規則を守り、慎重に火の後始末をする。神社には貴重な文化財や建造物が多い。十分に用心する。

手水の作法

心身を清めて神に会う準備をする

1 左手を清める

手水舎の前で軽く一礼する。右手で柄杓《ひしゃく》を持ち、水がたまった水盤《すいばん》から水を汲む。左手に水をかけて洗い流す。

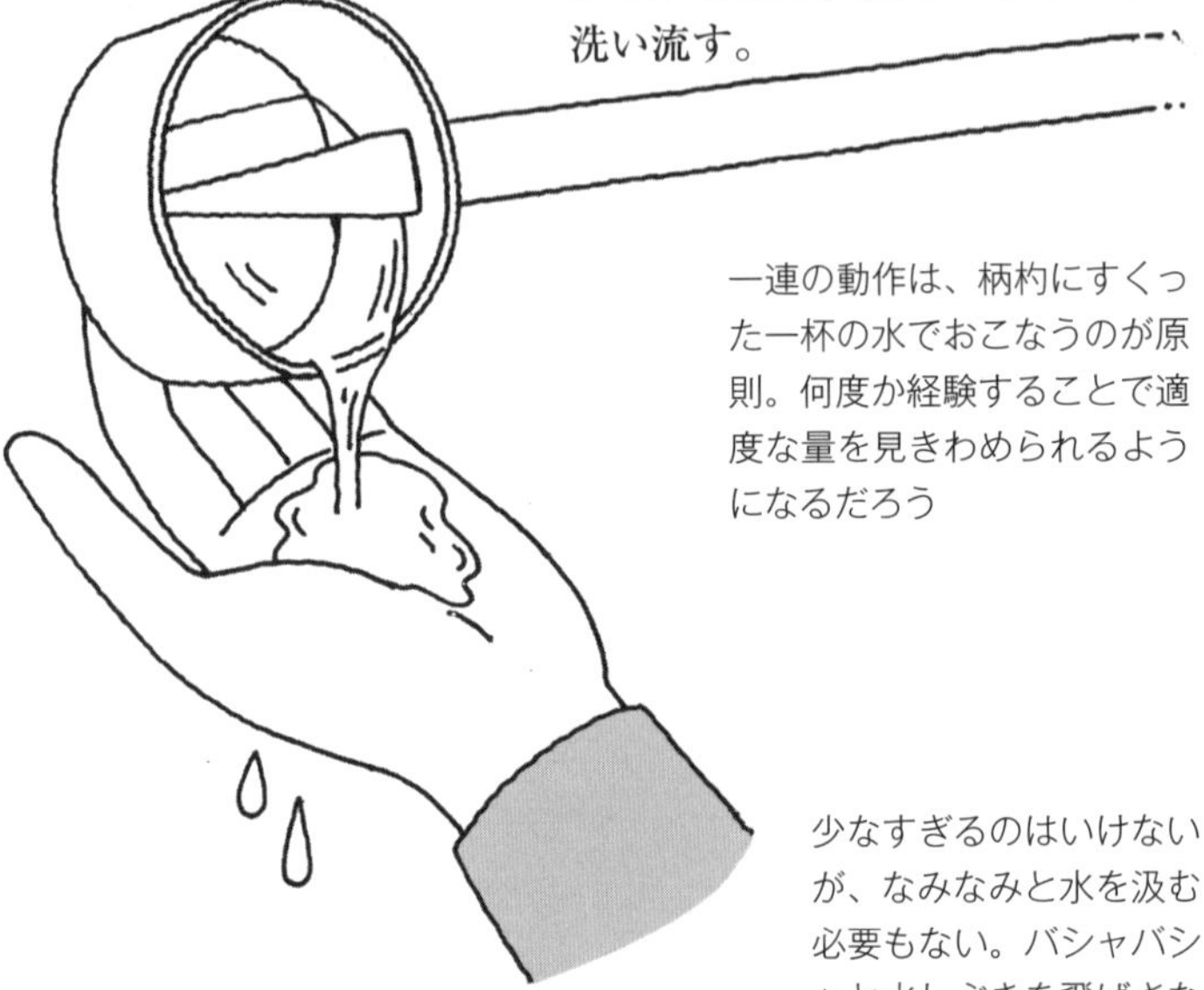

一連の動作は、柄杓にすくった一杯の水でおこなうのが原則。何度か経験することで適度な量を見きわめられるようになるだろう

少なすぎるのはいけないが、なみなみと水を汲む必要もない。バシャバシャと水しぶきを飛ばさないように

2 右手を清める

柄杓を左手に持ち替え、右手に水をかけて洗い流す。再び柄杓を右手に持ち替える。

参道を進むと、「手水舎《てみずや》」が見えてきます。ただの手洗い場だと思い、通り過ぎる人もいるかもしれませんが、それは間違いです。

手水舎で手を洗い、口をすすぎ、心身を清めてください。参拝の前におこなうべき作法であり、神前に出るための準備として忘れてはなりません。

手水《てみず》は、禊《みそぎ》の儀式を簡略化したもの。全身を清めるわけにはいかないため、省略した作法として手水を使うことになっています。手水にも作法があります。手順を覚えておきましょう。

水盤には清らかな水がためられている。直接手を入れてはいけない

3 口をすすぐ

左の手のひらに少量の水をため、それを口に含んですすぐ。左手にもう一度水をかけて、洗い流す。

柄杓に直接口をつけない

柄杓に口紅がついていたりして、不快な思いをした人もいるはず。柄杓に直接口をつけるのは「杓《しゃく》水《みず》」と呼ばれ、無作法とされている。口をすすぐさいは、必ず水を左手にためて含む。

これで納得

手水は禊を簡略化したもの

かつて神事に参加する前には、清流や井戸水などで心身を清めるのが作法であった。これを禊という。手水舎での作法は、禊の儀式を簡略化したものといわれ、現在でも参拝の前には手水を使うことになっている。

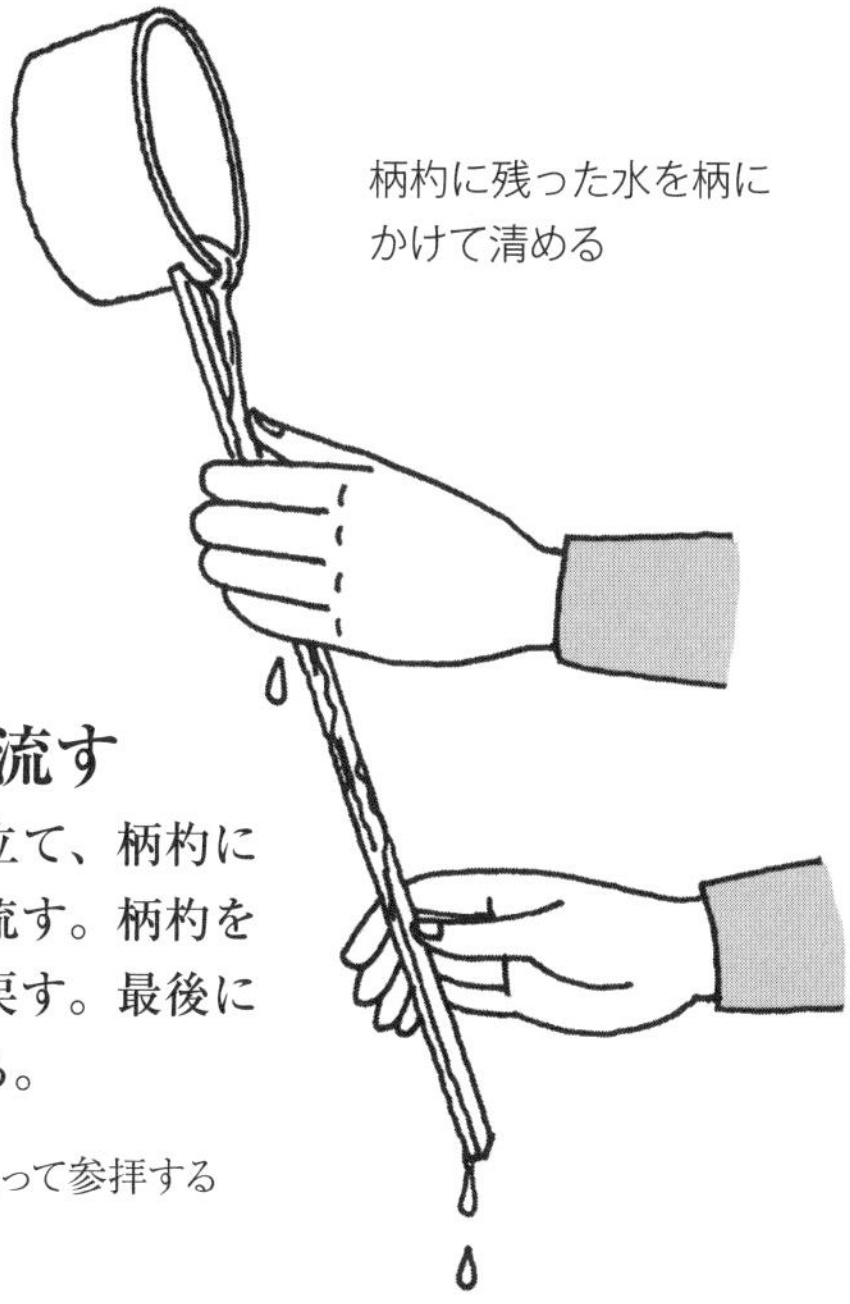

柄杓に残った水を柄にかけて清める

4 柄杓の柄を洗い流す

柄杓の柄を下にして立て、柄杓に残った水で柄を洗い流す。柄杓をもとの位置に伏せて戻す。最後に手水舎の前で一礼する。

賽銭、拝礼の作法

願いを込めて賽銭を納め、敬意を込めて祈る

1 一礼してから賽銭を入れる

拝殿の前に立ったら、帽子を脱ぎ、軽く一礼する。そして、賽銭箱の前まで進み、もう一度一礼して賽銭を入れる。

神社によっては鈴がないこともある。鈴がない場合は、1が終わったら3へ進む

2 鈴を鳴らす

鈴がある場合、縄（ひも）を引くか、左右にそっと振って鈴を鳴らす。なお、鈴は銅や真鍮製で、麻縄や紅白あるいは五色の布がついている。その音色には清めの効果があるとされる。

賽銭はそっと入れる

賽銭を遠くから投げ入れるのは原則厳禁。願い事をするのに失礼。賽銭には、お供えのほか、罪穢を銭に移して祓う意味もあるといわれる。そっと入れるのが正しい作法。

参拝における拝礼は最も重要な作法です。

賽銭《さいせん》の金額について目安を知りたいという人もいるでしょう。要は気持ちの問題ですから、金額の多寡《たか》は関係ありません。

賽銭を入れ、鈴を鳴らします。これは、鈴の清らかな音色で参拝者を敬虔《けいけん》な気持ちにさせて祓《はら》い清め、なおかつ神との交流を願うものだといわれています。

神前でおこなう音を立てた拍手《はくしゅ》を柏手《かしわで》といいます。柏手は神への敬意を表す作法。気持ちを込めて、丁寧に手を合わせましょう。

お辞儀は手のひらがひざにつくぐらいまで、深く頭を下げる

3 二拝《にはい》二拍手一拝《にはくしゅいっぱい》する

まず腰を90°くらいに深く折り、2回お辞儀をする（二拝）。胸の高さで両手を肩幅に開き、右手を少し体のほうへ引いて2回柏手を打つ（二拍手）。手を合わせて祈りや願い事をしたら、もう一度90°くらいのお辞儀をする（一拝）。

手は胸のあたりの高さ

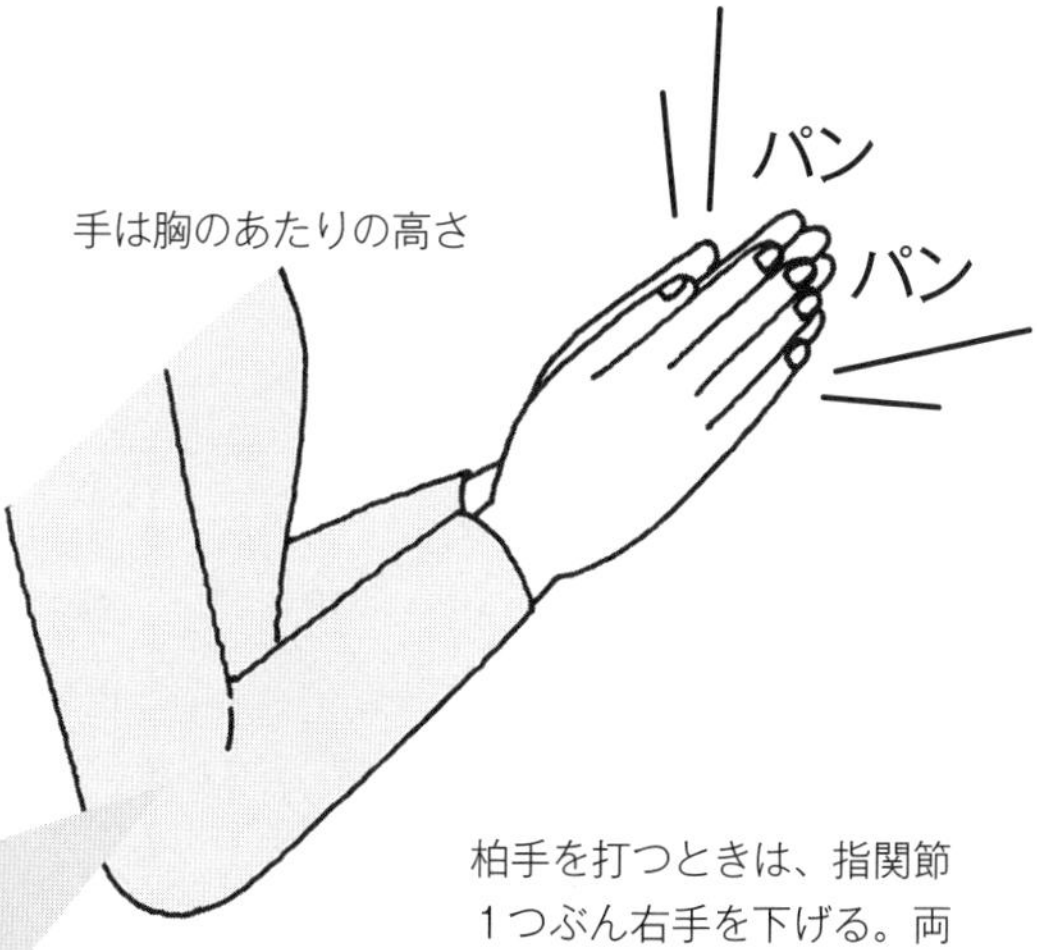

柏手を打つときは、指関節1つぶん右手を下げる。両手は大きく広げず、肩幅で

柏手の回数は神社によって異なる

参拝の作法は二拝二拍手一拝が基本だが、神社によって異なることもある。例えば、出雲大社《いずもおおやしろ》（島根）や宇佐神宮《うさじんぐう》（大分）、彌《いや》彦《ひこ》神社（新潟）では二拝四拍手一拝。参拝の作法は境内に注意書きがしてあることが多いので、それにしたがう。

4 鳥居を出て一礼する

参拝が済んだら、来たときと同じく、参道の左右の端を歩いて鳥居まで戻る。鳥居を出たら、もう一度境内を振り返って、お辞儀をして参拝を終える。

これで納得

賽銭は農作物だった

かつて、神社へのお供えは賽銭ではなく、その土地でとれる海の幸や山の幸、農作物などであった。なかでも白米を白紙に包み、おひねりとしてお供えし、豊作を神に感謝することは農耕民族である日本人にとって重要な意味があった。

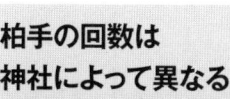

破魔矢、御守り

神棚に祀ったり身につけたりして罪穢を祓う

神社で頒布《はんぷ》されている代表的な授与品に、御守りや破魔矢《はまや》があります。

かつて人々は、日々の受難や災《さい》厄《やく》から身を守るために、神の霊力をもつとされる石や鏡、剣などを祀ったり、常に持ち歩いたりしていました。御守りは、その名残だといわれています。

お正月などに神社を参拝したとき、縁起物として破魔矢を購入する人も多いでしょう。破魔矢は護符（御札）の一種です。魔を破り、災厄を祓《はら》う武器として信仰されています。

●作物の豊凶を占う神事が破魔矢の起源

破魔矢の由来は、その年の豊作を占う「弓射競《きゅうしゃきそ》い（射礼《じゃらい》）」といわれている。武器をかたどっていることから、男児の成長の無事を祈る縁起物として初正月や初節句に用いられていた。

もともとは弓と一式

弓射競いは、正月におこなう「年占《としうらな》い」の一種。地区ごとに弓射の腕を競い、勝った地区はその年に豊作に恵まれるという。弓射競いで使われたのが破魔弓と破魔矢だ。

「破魔」の字が当てられたのは後世のこと、とする説もある

↓

装飾的になり縁起物となった

江戸時代には、弓と矢に装飾を施し、縁起物として贈られた。のちに簡略化され、魔を破る・災厄を祓うものとして、矢だけが神社で頒布されるようになったと考えられている。

扱い方

- ●神棚や床の間などの、清浄な場所・不敬にあたらない場所に祀る
- ●矢先はどちらを向いていてもよい
- ●立てて飾る場合は羽を上にする

●御守りは神の霊威が込められた携帯用神札

御守りは常に身につけられるようにした「守札《もりふだ》」。神職の祈祷《きとう》によって神の霊威《れいい》が込められている。錦の袋に神札が納められた「懸守《かけまもり》」が一般的。子どもの着物の背中に縫い付ける背守《せまもり》や腕に巻く腕守《うでまもり》などもある。

昔は、御守りとして水晶や勾玉《まがたま》など、神の依《よ》り代《しろ》（神が宿るもの）を身につけていた。時代を経るにつれ、携帯できる神札が御守りとして普及した

家内安全や厄除け、商売繁盛、防火、病気平癒《へいゆ》など、人々が祈願する内容によって多くの種類が登場している

最近では、キーホルダーや携帯ストラップなど、さまざまなタイプがある

鞄につけて持ち歩く

鞄につけるか、内ポケットなどに入れておく。シールになっていて、貼って使えるものもある。財布に入れてもよい。

扱い方

- ●御守りは原則として1年でその霊威が消えるとされ、1年たったら新しい御守りを購入する
- ●古い御守りは、いただいた神社に納め、お焚《た》き上《あ》げをしてもらう
- ●御守りはふだんから身につけて用いるもの。鞄や財布などに常に入れておくとよい

御札、神符、護符

神の霊威を示す図や文字で家の安全を願う

戸守《とまもり》
（盗難除け）
●玄関の頭より高い位置に祀る
家内安全、盗難除けの神。玄関のほか、勝手口や大きな窓の出入り口に貼ったり祀ったりすることで、泥棒除けになる

竈神符《こうじんふ》（火除《ひよ》け）
●台所の高い位置に祀る
荒神《こうじん》、三宝《さんぽう》（方）荒神、釜神《かまがみ》などとも呼ばれる。主に竈《かまど》を中心とした火を扱う場所に祀られる。火除け、防火の神

受難や災厄から身を守るものとして、御札や神符《しんぷ》があります。神社でいただくほか、地域で配布されることもあります。

御札は神札ともいい、いわゆる護符のこと。陰陽道《おんみょうどう》が起源で、人の罪穢を祓《はら》う祓具《はらいぐ》として用いられたものです。鎌倉時代以降、熊《くま》野《の》詣《もうで》や伊勢《いせ》詣《もうで》の人気上昇にともなって全国的に広まりました。

神符や護符は、木片や紙片に祭神や神使《しんし》の霊威を示す図像や文字が描かれたもので、家の中の該当する場所に貼ったり、神棚に納めたりして祀ります。

御札

●年末に神棚をきれいに掃除し、新しい御札をいただく準備をする

●古い御札は、無事に過ごせたことを感謝し、購入した神社にお礼参りをして納める

●年始に神社でいただき、神棚に納める

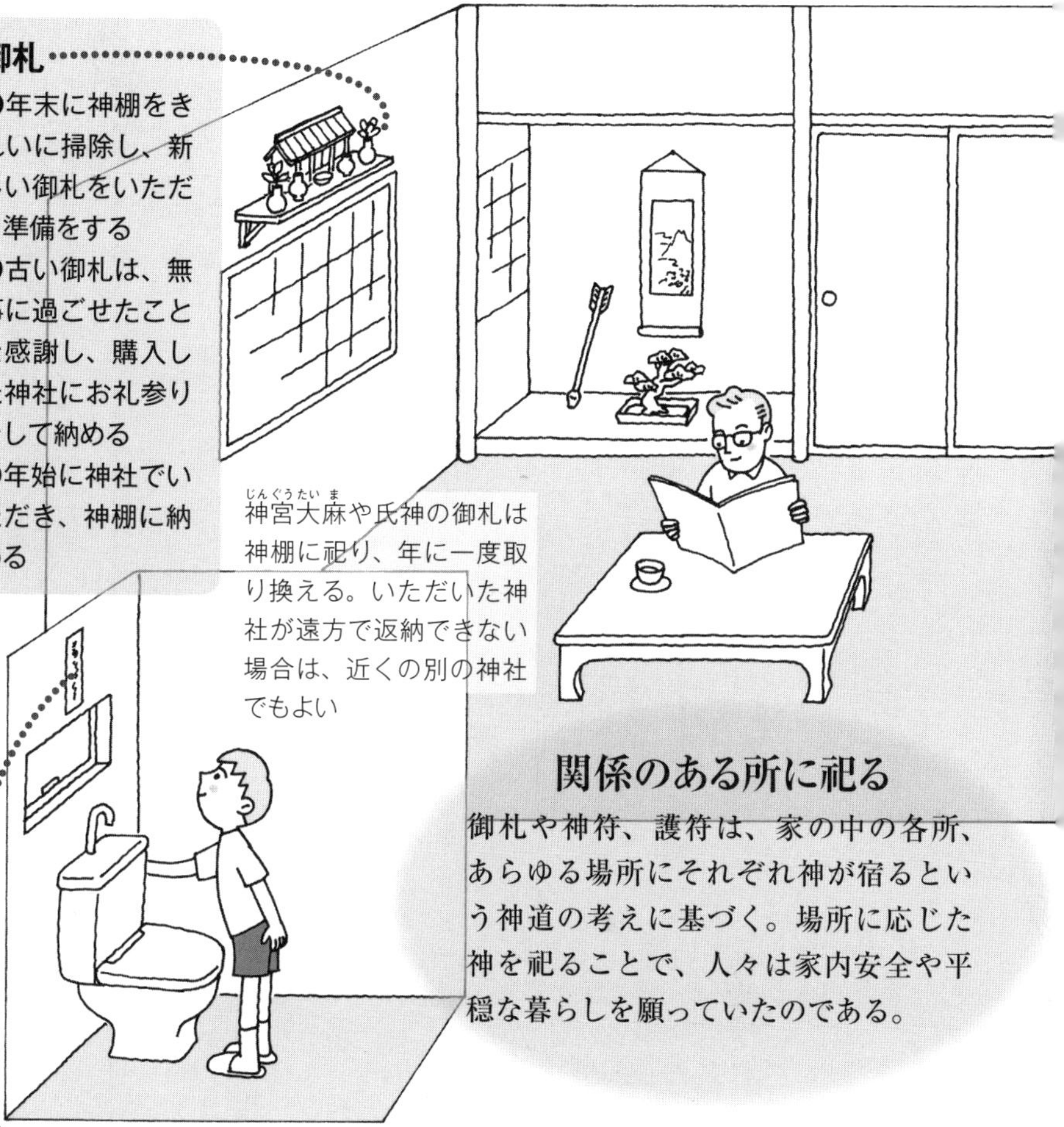

神宮大麻《じんぐうたいま》や氏神の御札は神棚に祀り、年に一度取り換える。いただいた神社が遠方で返納できない場合は、近くの別の神社でもよい

関係のある所に祀る

御札や神符、護符は、家の中の各所、あらゆる場所にそれぞれ神が宿るという神道の考えに基づく。場所に応じた神を祀ることで、人々は家内安全や平穏な暮らしを願っていたのである。

厠神《かわやがみ》

（トイレの神）

●トイレの高い位置に祀る

厠神は不浄を祓って清浄にする神。「一生、他人様の世話にならずに用が足せる」＝健康であるように守ってくれるという

御札の代表ともいえる「神宮大麻」は伊勢神宮の神札のこと。神宮大麻は、もともと御祓大麻といわれ、祈祷の証として渡されたものに由来する

現在は、木札や紙札を白紙で包み、神社名が墨文字で書かれ、神社の神印が捺されたものが主流。いただいてきた場合は神棚などにお祀りする

古札返納

授与品は一年たったら神社に納める

御守りや御札、破魔矢《はまや》などの授《じゅ》与品《よひん》は、一年たったら、神社に返納するのが基本です。年末年始、あるいは各神社でおこなわれるお祭りのさいに古札《こさつ》（古い授与品）を受け付けているので、こうした機会に返納するとよいでしょう。返納された授与品は、神社ごとにお焚《た》き上《あ》げされます。

　返納するさいには、一年を無事に過ごせたことに感謝して、御礼参り（七五ページ参照）をし、新たな授与品をいただいてきます。新しい御札を祀る前に、神棚などを掃除しておくことも忘れずに。

●所定の場所に返納する

古札は、神社内に納札所《のうさつしょ》が設けられているので所定の場所へ。きちんと束ね、返納したら感謝の念を込めて一礼する。

お焚き上げのときに納めるのもよい

無病息災を願って、お焚き上げの火で御団子や餅を焼いて食べる風習もある

返納された古札は、神社ごとにお焚き上げされたり、地域によっては「左義長《さぎちょう》」や「どんど焼き」などの行事で焼かれたりする。ただし、近年では環境に配慮して、屋外では焼かないこともある。

どんど焼きでは、御札や御守りのほか、正月飾りも一緒にお焚き上げする

ここが聞きたい!
授与品に関する疑問

問 神や御守りの数え方は?

答 神は「柱」、授与品は「体」で数えます

神の助数詞は「柱《はしら》」。古来、木は神が宿るところとして神聖視されたことが由来との説が有力。御守りなどは授与品といい、「体《たい》」で数える。神前で祈念され神の力が込もった品で、いわば神の分身。「買う」と言わず、奉納金を納めて「受ける(いただく)」もの。神社にまつわるものは、数え方も敬意が込められているのだ。

問 御守りは2体以上身につけても大丈夫?

答 大丈夫です

「御守りを複数持っていると、神様どうしがけんかをしてしまうのでは」などとよく耳にするが、それはない。

神道では八百万《やおよろず》の神々が存在し、それぞれの神が神徳《しんとく》をもち、協力して守ってくださると考えられている。神どうしがけんかするようなことはない。

問 御札の薄紙は、はがさないほうがよい?

答 どちらでもかまいません

御札が薄紙で包まれているのは、各家庭で神棚に納められるまで、決して汚れることがないようにするため。神棚に祀るときには薄紙をはがしてもよいし、そのままでもかまわない。

問 神棚や御札をお祀りする方角は?

答 東か南向きがよいでしょう

一般に、神社は東か南向きに建てられていることが多い。日が昇る東側や太陽の光が最も多く降り注ぐ南側が、清浄な方向であるという考えによるもの。

同じ考えから、神棚や御札の方向も東か南がよいとされる。

問 返納は別の神社でもよい?

答 遠方で返しに行けないときは、かまいません

例えば、旅行のときに訪れた神社でいただいた御札や御守りなどは、遠方であるために返納できないことがある。この場合は、近所の神社に返納してもかまわない。

お焚き上げを願うときは、神社へその旨を断わっておくこともこころがけとして大切。

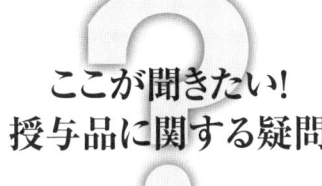

おみくじ

文章を読んだら、指定の場所に結ぶ

おみくじは、「御神籤《おみくじ》」と書くことからもわかるように、物事の始めにあたり、まず神にお伺いを立てるものです。内容は、吉凶《きっきょう》判断、当落、勝負運のほか、その年の作柄、天候などです。また、神事を執りおこなう者を決定する人事の役目もありました。

おみくじは古く、『日本書紀《にほんしょき》』や歴史物語の『増鏡《ますかがみ》』にも登場しています。ただ、一般の参拝者がおみくじを購入できるようになったのは鎌倉時代で、個人の運勢を占うおみくじは江戸時代からだといわれています。

●吉凶判断には諸説ある

おみくじは、主に大凶～大吉までの数段階で吉凶を判断するものが多い。吉凶に一喜一憂するよりも、書かれた内容を理解し、指針や戒めとすることが大切。

吉凶判断の順番　主に下のような順番とされているが、神社によって異なる。不明な場合は、神職や巫女にたずねよう

大吉 ▶ 吉 ▶ 中吉 ▶ 小吉 ▶ 末吉 ▶ 凶 ▶ 大凶

おみくじも縁起物なので、「凶」「大凶」を入れないところが多い。まれだが、「平《へい》」が出ることがある

吉凶判断のほか、金運や恋愛、失せもの、旅行、待ち人、健康などの項目ごとの運勢が記されている

「大吉」は要注意？

大吉は、現時点が最も運がよいことであり、それから先は運が下がるともいわれる。昔の人は、可もなく不可もない「平」が、平穏無事を示し最もよいとした。

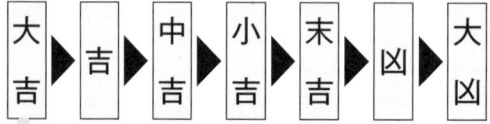

●読んだら持ち帰るか、所定の場所に結ぶ

読み終えたら、おみくじは持ち帰ってかまわない。読み返して、行動の指針にするとよい。凶や大凶の場合は、読み終えたら、所定の位置に結ぶ。

以前は境内の樹木に結んでいた

現在のように、おみくじを結ぶ場所が設置される以前は、境内の木々の枝に結ぶことが多かった。しかし植物の生長を妨げるので、現在では禁止されているところもある。必ず決められた場所に結ぶようにする。

現在は境内にひもが張ってあることが多い

おみくじを結ぶ場所として、ひもや細いスチール製の棒が張ってある神社が多い。利き手と逆側の手で結ぶと、凶を転じて吉になるという言い伝えもある。

おみくじの発祥は比叡山《ひえいざん》だった

おみくじの原型は、中国の「天竺霊籤《てんじくれいくじ》」。これが日本に伝えられ、天台宗中興の祖、元三大《がんさんだい》師《し》（慈恵大《じけいだい》師《し》良源《りょうげん》）により「元三大師百籤《ひゃくせん》（観音みくじ）」として広まったのが始まりといわれています。

しかし、観音みくじは仏教色が強く、明治時代の神仏分離令以降、神社ではあまり使われなくなりました。その後は、現在よく見られる和歌を用いたものが主流になっています。

比叡山横川《よかわ》の四季講堂（元三大師堂）は、元三大師を祀っており、おみくじ発祥の地とされています。

絵　馬

絵馬掛所に奉納し、祈りを込めて拝礼する

神社には受験合格や病気平癒、恋愛成就などを祈願した絵馬が数多く奉納されています。

昔の人は願い事をするとき、生きた馬を礼物（祭祀の品物）として神社に奉納しました。『常陸国《ひたちのくに》風土記《ふどき》』や『続日本紀《しょくにほんぎ》』には、雨乞《あまご》いのときに生きた馬を奉納したという記述が見られます。

平安時代以降になると、馬形の「板立馬《いたたてうま》」という板が奉納されるようになります。これが現在の絵馬の原型。

室町時代以降には、神社ごとに多彩な絵馬が登場しています。

●絵馬の発祥時期は諸説ある

絵馬の奉納が始まった時期は断定しにくい。平安時代の後期には板立馬が奉納されたことがわかっている。一方、伊場《いば》遺跡（静岡）などから馬が描かれた板が出土し、奈良時代にはすでに絵馬奉納の習俗があったともされる。

馬は神の乗り物

馬は神の乗り物として考えられ、奉納される馬は「神馬（しんま、じんめ、かみこま）」と呼ばれる。神社や神事によって、毛色が定められていることも。

学問の神である天満宮《てんまんぐう》の絵馬には神使の牛や白牛が、海上交通を司る金刀《こと》比羅宮《ひらぐう》の絵馬には船やこんぴら狗《いぬ》が描かれている

各地の文化や特色が表れている

近年、描かれる絵は馬に限らず、社殿や神使《しんし》、武将など、各神社に縁のあるものが描かれることが多い。形も神使の形や丸形や花形など、さまざまなものがある。

●願い事を書き、絵馬掛所に奉納する

絵の描かれていない面に、受験合格、恋愛成就、縁結び、病気平癒、家内安全など、願い事を絵馬に書いて絵馬掛所（34ページ参照）など所定の場所に奉納する。

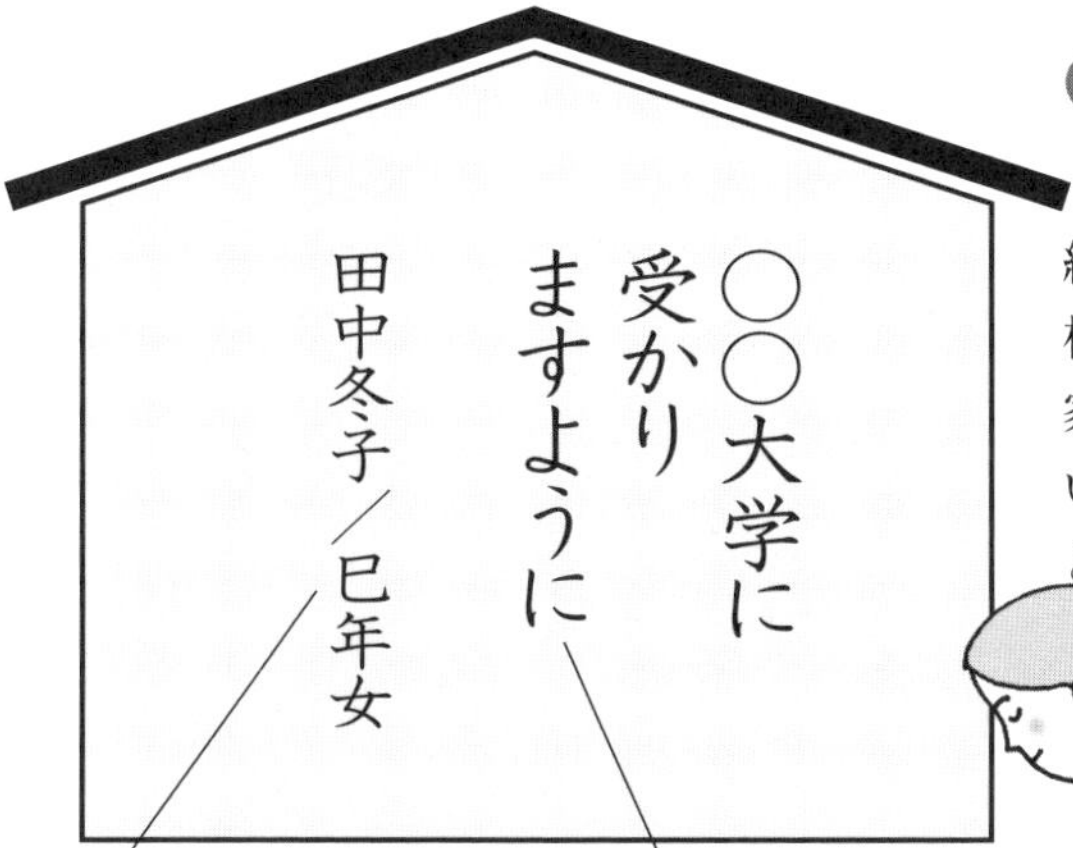

以前は住所も書いたが、現在は防犯のため避けるべき。名前だけか、生まれた干支と性別を書くこともある

願い事は墨や油性ペンなどを使って、簡潔に書く

絵馬を掛けたら拝礼する

絵馬を絵馬掛所に結んだら、願い事を念じながら、拝礼することを忘れずに。また、願いが叶ったら、必ず御礼参りをする（75ページ参照）。

拝礼は、胸の前で両手を合わせて、腰を15°くらい折る。鳥居でお辞儀をするのと同じ方法でよい

算数の問題を絵馬に書いて納める

神社に「算額《さんがく》」が奉納されていることがあります。これは、算数の問題とその答えを書いて神社に奉納したものです。江戸中期に始まったと伝えられています。

算額には、算数の問題が解けたことを感謝し、さらに勉学に励みますという願いが込められています。

なかには、わざと難問だけを記した絵馬もあり、それを見た人が解答を記した絵馬を奉納することもありました。

こうした算数を学ぶ風習は日本独自で、世界には類を見ません。日本人は昔から算数好きだったのかもしれません。

御朱印

参拝が終わってから御朱印を授かる

●朱印と墨で神々と縁を結ぶ

墨文字で寺社名が書かれ、朱印が捺されている。御朱印をいただくことは神々との縁が結ばれたことを意味し、御守りや神符と同等の霊力があるとされる。

奉拝

「謹んで拝ませていただきます」という意味。参拝したという証拠

押印、社紋、神紋

朱印が捺される。これが「御朱印」と呼ばれる所以。家紋にあたるものだ。神社ごとに決まった紋が捺される

神社名

訪れた神社の名称が墨文字で書かれる

年月日

参拝した日付を入れてもらう

（写真提供　熊野本宮大社）

御朱印《ごしゅいん》は寺院で写経をし、それを奉納した証としていただくものです。時代が下るにつれ、参拝が観光化すると、納経しなくても参拝するだけで御朱印がいただけるようになりました。

神社では御朱印と御朱印帳、寺院では納経印《のうきょういん》と納経帳と呼びます。

現在では、本来の目的は薄れてきましたが、参拝した神社の御朱印を集めていくのも神社に親しむ一つの方法といえます。

よく知られているのが、七福神を祀る七つの寺社を巡拝する「七福神めぐり」です。

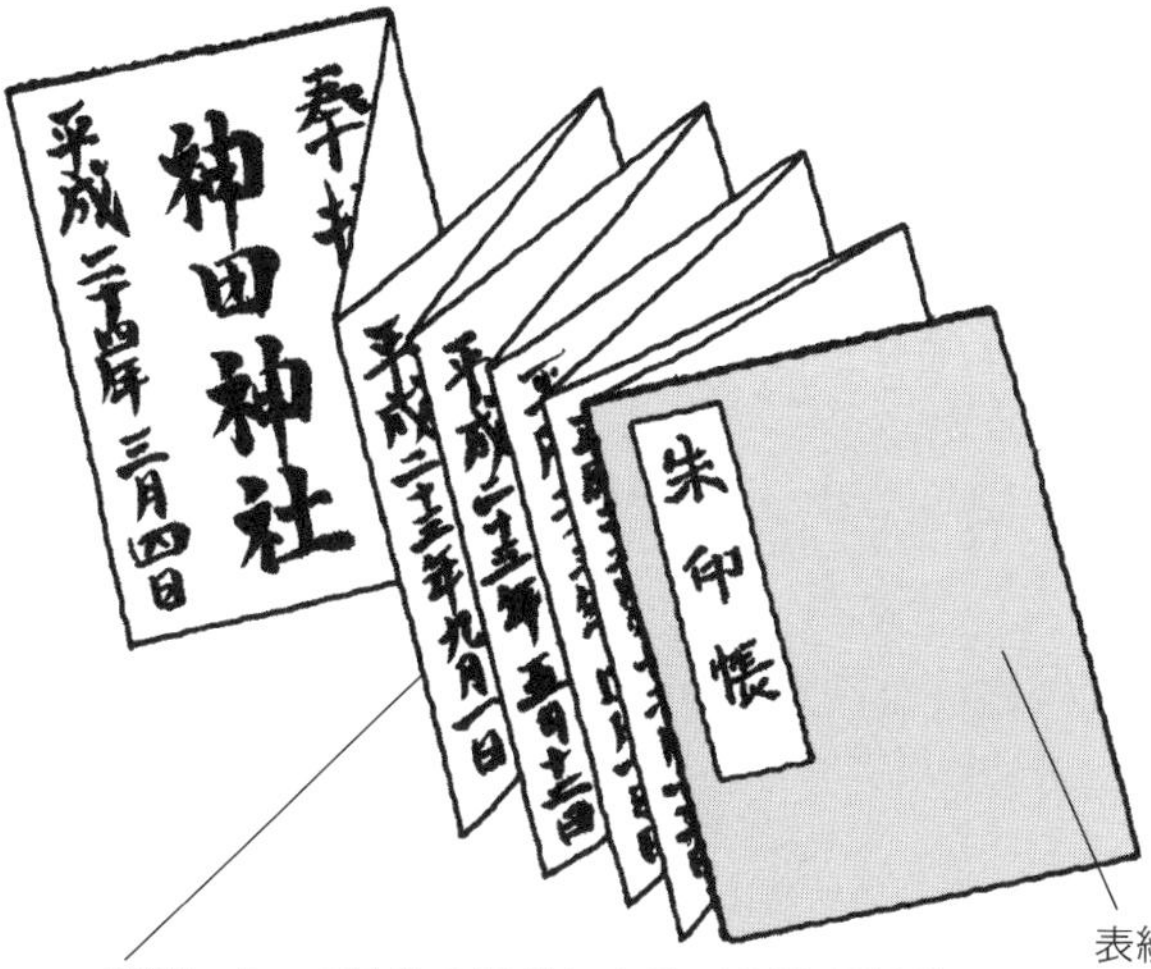

種類によって値段の幅があるが、1000円前後のものが多い。蛇腹式で、紙質によっては裏面も使用できる

表紙に神社の名前が入ったものや美しい刺繍が施されたものも

●御朱印は朱印帳にいただく

朱印帳とは、御朱印専用のノート。蛇腹式《じゃばらしき》になっているものが多い。有名な寺社ではそれぞれ寺社名が入ったものが販売されているほか、文房具店や仏具店などで市販されている。

□文化の系譜　こんな奉納品、授与品も

神社には御守りや御札のほかに、神社にゆかりある品や縁起物などが授与品として数多く取り扱われている。参拝の記念やお土産として人気がある。

御神酒をいただく前に一拍手し、杯《さかずき》を両手で受ける。御神酒を注いでもらい、飲んだら再度一拍手する

●千社札

神社の社殿や手水舎の柱や壁、天井などに貼られている、名前などを記した紙片のこと。四国八十八か所や西国三十三か所の霊場などを参拝した証として納めた木や紙の札が始まりといわれ、江戸時代に庶民のあいだで流行した。

現在は寺社の建造物保護のため、むやみに貼るのは禁じられている。

●御神酒

正月などの行事や、祈祷をお願いしたときなどにふるまわれる。御神酒《おみき》とはその名の通り、神に捧げるお酒のこと。

農耕民族の日本人にとって米から造る酒は重要な意味があり、神が最も喜ばれる品とされた。御神酒をいただくことは、神の霊力を取り込むことにつながるとされた。

解説

夜間や服忌中の参拝は避けよう

夜は神々が活動する時間

参拝は日中におこなうのが基本。神道では、夜間は神々の時間とされているからです。電気がなかった時代、夜は漆黒の闇でした。夜間は神々が活動し、人間は家の中で過ごすのが当たり前だったのです。神道のお祭りに夜間におこなわれるものが多いのも、こうした理由からです。

参拝に適した時間は日中、特に午前中の早い時間がよいとされます。夕方、薄暗くなる前に済ませましょう。

なお、大きな神社では参拝時間が決められており、夕方には入り口が閉まることが多いようです。

服忌中は参拝を遠慮する

神道では穢《けがれ》を忌むため、服忌中《ぶっきちゅう》の参拝は制限されます。例えば神職の場合は、父母・夫・妻子が亡くなったときは一〇日間、祖父母・孫・兄弟姉妹などでは五日間が忌《いみ》の期間（忌中《きちゅう》）となります。

氏子の場合は五十日祭までが忌中とされ、一年祭までは服忌中です。ただし、この期間は地域によって差があるので、それぞれの慣例にしたがいましょう。

服忌の期間中は神社に参拝するのは遠慮し、やむを得ないときは御祓《おはら》いを受けてからにしましょう。

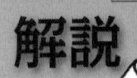

広大な境内をもつ神社には、
さまざまな建造物があります。
神社の歴史や仏教の
影響を表しているものも。
知識が、
神社の神聖さや深みを
いっそう感じさせます。

第二章

このくらいは知っておきたい、神社の基礎知識

木々に守られた清浄かつ静寂の神域

神社を訪れると、外界から切り離された独特の静寂を感じます。木々に守られるように囲まれた境内は、まさに神の庭。そこにある建造物は、一つ一つに重要な意味と役割があります。

社務所

神職や巫女がおり、参拝者の応対をおこなう。御守りや御札を授けたり（販売）、祈祷《きとう》を受け付けたりする。祭事のお清め、おこもり（参籠《さんろう》）の場として使われることも

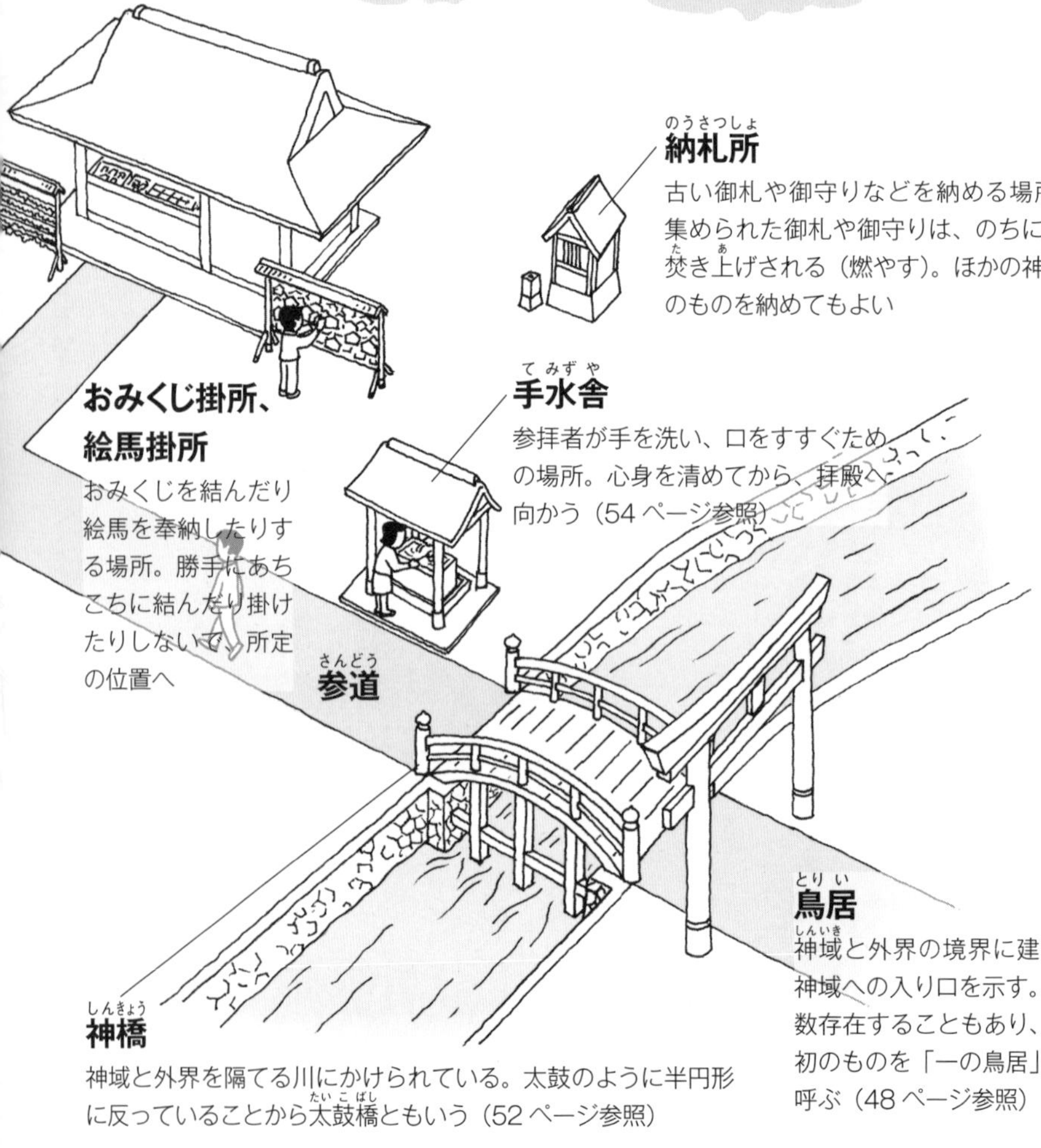

納札所《のうさつしょ》

古い御札や御守りなどを納める場所。集められた御札や御守りは、のちにお焚《た》き上《あ》げされる（燃やす）。ほかの神社のものを納めてもよい

おみくじ掛所、絵馬掛所

おみくじを結んだり絵馬を奉納したりする場所。勝手にあちこちに結んだり掛けたりしないで、所定の位置へ

手水舎《てみずや》

参拝者が手を洗い、口をすすぐための場所。心身を清めてから、拝殿へ向かう（54 ページ参照）

参道《さんどう》

鳥居《とりい》

神域《しんいき》と外界の境界に建ち、神域への入り口を示す。複数存在することもあり、最初のものを「一の鳥居」と呼ぶ（48 ページ参照）

神橋《しんきょう》

神域と外界を隔てる川にかけられている。太鼓のように半円形に反っていることから太鼓橋《たいこばし》ともいう（52 ページ参照）

鎮守《ちんじゅ》の森

神社の周囲に生い茂る森のこと。神が鎮座されている神奈備《かんなび》（山や森）の名残として木々を植えているところが多い

本殿、幣殿、拝殿

本殿は、御祭神《ごさいしん》が鎮まる、境内で最も神聖な場所（36ページ参照）。幣殿《へいでん》とは、神への奉納品をお供えする場所。拝殿は、祭祀《さいし》や拝礼をする場所。通常は本殿の前にある。本殿や幣殿、拝殿のいずれかがないこともある（42ページ参照）

玉垣《たまがき》

神域周囲の垣根。幾重にも張りめぐらされることがある（53ページ参照）

神楽殿《かぐらでん》

神楽や舞を奏上するための施設。舞殿《まいどの》と呼ばれることもある

狛犬《こまいぬ》

神前を守る守護獣（58ページ参照）。2体で一対

規模にもよりますが、広い庭を有する神社には、さまざまな建造物があります。その一つ一つの意味を知ると、神社について深く理解することができるでしょう。建築様式もまた興味深く、それを見るのも楽しみの一つです。

神庫《しんこ》

御祭神が使うとされる、神宝や神社の宝物、祭具を収納する倉庫。宝倉《ほうそう》とも。御《お》神輿《みこし》を収めていることも

摂社、末社

摂社は本社の御祭神と深い縁をもつ神を祀《まつ》った神社。末社は本社に属する枝社（44ページ参照）

本殿

神がおわす、最もかしこむべき場所

神社にある建造物のうち、最も重要かつ神聖な場所が本殿。神社の御祭神《ごさいしん》が常におわす（いる）場所で、本殿にいたる扉はふだんは閉ざされています。

多くの場合、本殿の中は二部屋に分かれています（五九ページ参照）。前側を外陣《げじん》、奥側を内陣《ないじん》といい、内陣には「御神体《ごしんたい》（四〇ページ参照）」が安置されています。

なお、御神体が山や森そのものの場合は、本殿がないこともあります。自然そのものを崇拝していた、かつての原始的な神社の形態を残したものです。

●屋根の形に仏教の影響が見られる

聖域に建造物が建てられるようになったのは、６世紀ごろ。当時伝来した仏教が、伽藍《がらん》を建立《こんりゅう》し始めたことに影響を受けたともいわれる。そのため、建築様式にも仏教の影響が見られる。

茅葺き、檜皮葺きが多い

「蘇りながら続く」という神道の根幹を反映し、神社では数年ごとの改修が必要な茅葺《かやぶ》きや檜皮葺《ひわだぶ》きの屋根が多い。銅板もあるが、瓦葺きは少ない。柱も土台を置かない掘立柱《ほったてばしら》が古い形式。

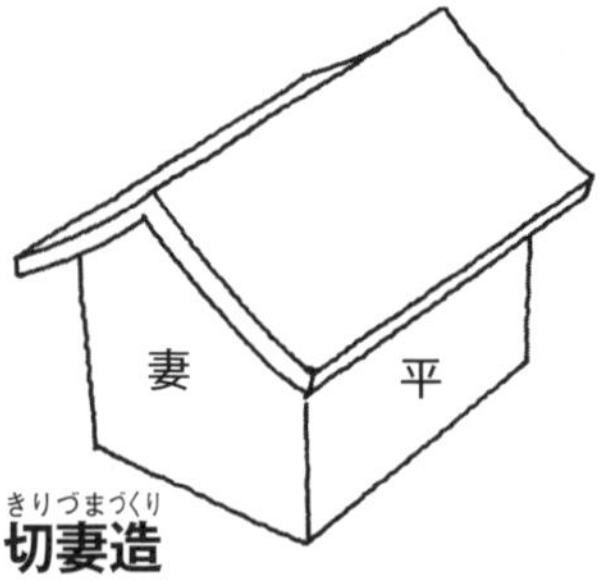

切妻造《きりづまづくり》

半開きにした本を伏せたような形で、屋根が両側に流れている。妻の両端を切り落とした形をしていることから、この名がついた

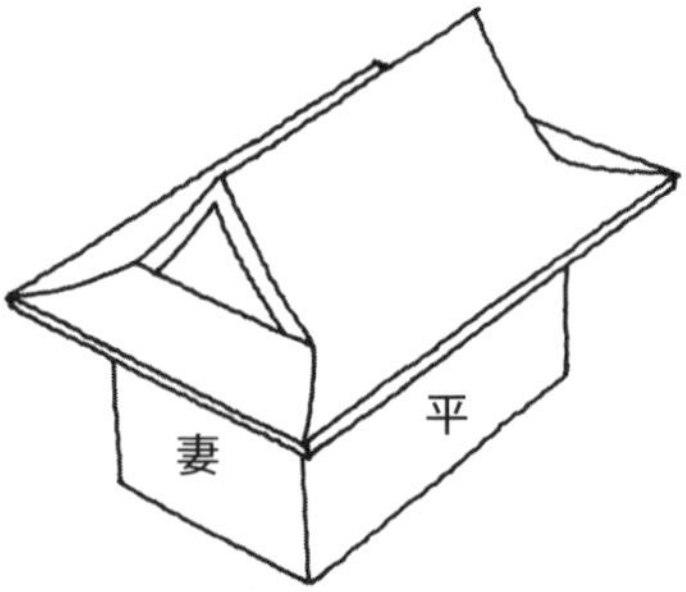

入母屋造《いりもやづくり》

上部が切妻屋根のように２方向に傾斜し、下部は寄せ棟になっていて四方に傾斜している

千木と鰹木が本殿の崇高さを示す

千木《ちぎ》は、社殿の屋上に交差して突き出ている２本の木の板。鰹木《かつおぎ》は、本殿の屋根上に棟木《むねぎ》と直交して横に並べられている木のこと。どちらも神聖さや尊厳を表す装飾で、もとは皇族の住む建築物に施されていた。

千木

「鎮木」「知木」とも書き、古事記では「氷木」、伊勢神宮の祝詞《のりと》では「比木」とも表記される。「ち」や「ひ」は霊の意。つまり霊力をもつ木という意味がある。

千木は2種類ある

内削《うちそぎ》

千木の先端が水平に切られているもの。一般に、祭神が女性の場合は内削のことが多いとされる

外削《そとそぎ》

千木の先端が垂直に切られているもの。祭神が男性の場合は、外削のことが多いとされる

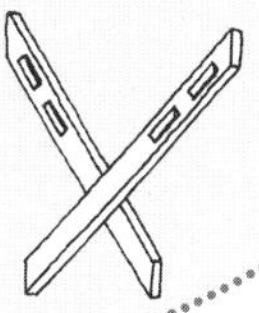

鰹木

賢魚木、勝男木、葛緒木などとも表記される。本殿の棟の横に並べられている。形が鰹節に似ていることから、鰹木と呼ばれたという。

男神は奇数、女神は偶数

鰹木の本数は、祭神が男性の場合は陽数である奇数本、女性の場合は陰数である偶数本といわれる。ただし神社によって異なり、伊勢神宮《いせじんぐう》では外宮《げくう》、内宮《ないくう》とも女神とされるが、内宮は10本、外宮は9本。

入り口の位置が示す2つの建築様式

建造物の妻が正面に見えるほうに入り口がある場合を「妻入り」という。大社造《たいしゃづくり》に代表される出雲大《いずもおお》社《やしろ》は妻入りである。一方、平《ひら》の部分が正面に見えるほうに入り口があるものを「平入り」という。この代表は伊勢神宮である。

本殿の
建築様式

古代の面影を残し、祭祀による違いが表れる

●古代の様式を今に伝える社殿

神社の建築様式は、神明造と大社造の２つが基本にあり、ここからいくつかの様式が派生していった。なお、屋根の反りは仏教の寺院建築の影響である。

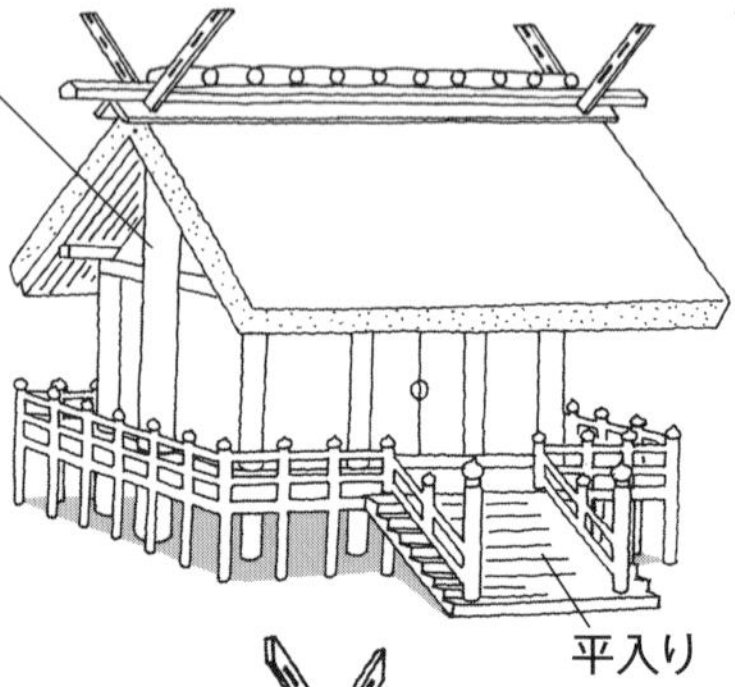
棟持柱《むなもちばしら》
平入り

▶神明造

高床式の穀物倉庫の形から発達したとされる。切妻造の屋根と平入りが特徴。伊勢神宮本殿は掘立柱《ほったてばしら》の切妻造、平入り、茅葺きで、特別に「唯一《ゆいいつ》神明造」と呼ばれる

代表的な神社：伊勢神宮（三重）、仁科神明宮《にしなじんめいぐう》（長野）

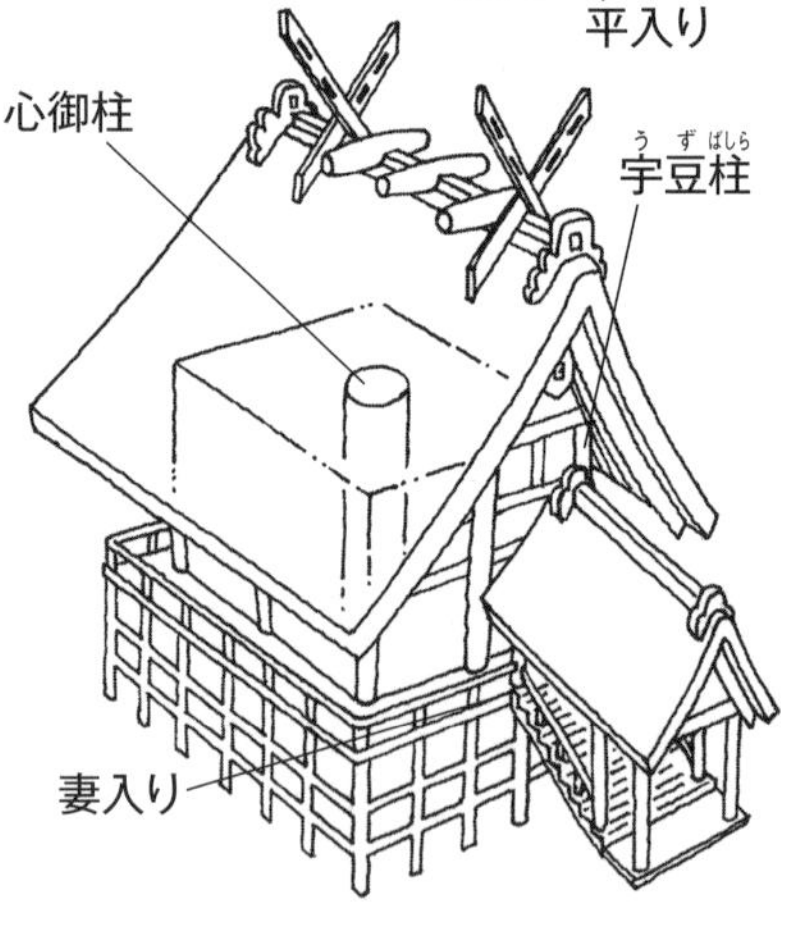
心御柱
宇豆柱《うずばしら》
妻入り

▶大社造

古代の高床式住居の形から発達したとされる。出雲地方に集中的に見られる。柱が９本で、中心に心御柱《しんのみはしら》という太い柱がある。入り口は妻入り。古い時代は掘立柱だが、のちに礎石立《そせきたて》になった

代表的な神社：出雲大社《いずもおおやしろ》（島根）

神社の建築様式の基本は、古代の高床式の建造物だといわれています。現在では、数種類の建築様式に細かく分類されていますが、もともとは二つの様式から派生したと考えられています。

その二つとは「神明造《しんめいづくり》」と「大《たい》社造《しゃづくり》」で、最古の建築様式といわれています。大きな違いは、屋根の形状と入り口の位置です。

派生した様式にも、祭神の違いや祭祀方法、あるいは地域の歴史や特性などが表れています。

創建当時の建築技術の粋を楽しむのもよいものです。

神明造から派生した様式

◀流造《ながれづくり》

切妻造、平入り。屋根が前方に流れるように伸びて、参拝する人のための向拝《ごはい》（ひさし）になっている。屋根には千木と鰹木がない
代表的な神社：宇治上《うじかみ》神社（京都）

八幡造《はちまんづくり》▶

八幡信仰の神社に見られる。切妻造、平入り。前後に並んだ2つの社殿が連結しているのが特徴。入り口側の建物を外殿《がいでん》、奥の建物を内殿《ないでん》と呼ぶ
代表的な神社：宇佐神宮《うさじんぐう》（大分）

大社造から派生した様式

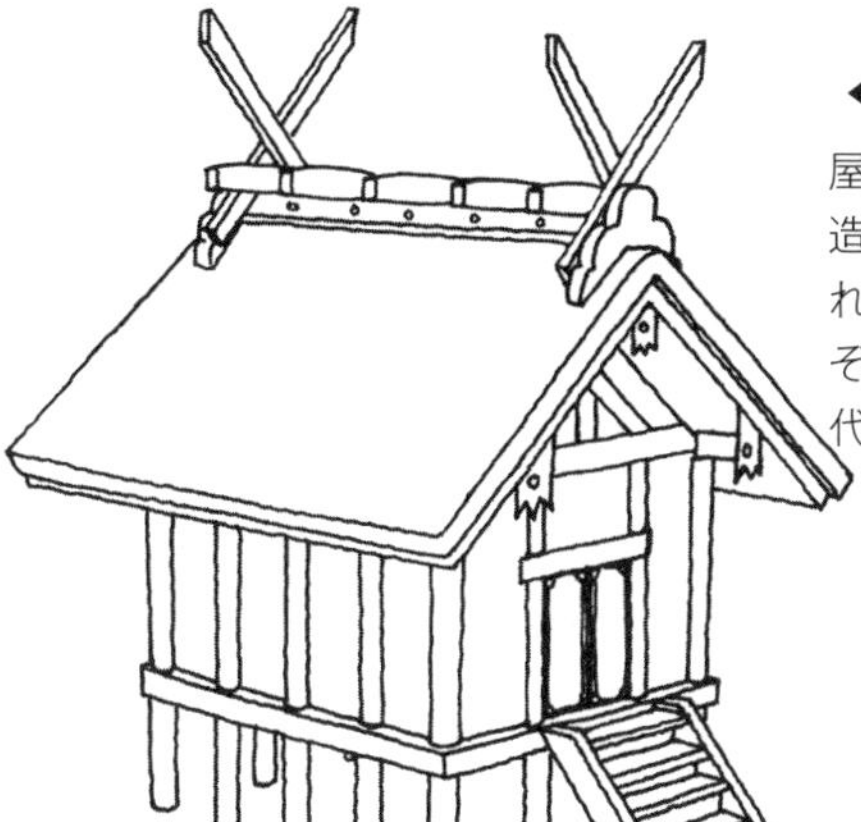

◀住吉造《すみよしづくり》

屋根は反りがない直線的な形の切妻造で、妻入り。内部は前後に仕切られて2つの部屋になっており、それぞれ「室《むろ》」「堂《どう》」と呼ばれる
代表的な神社：住吉大社《すみよしたいしゃ》（大阪）

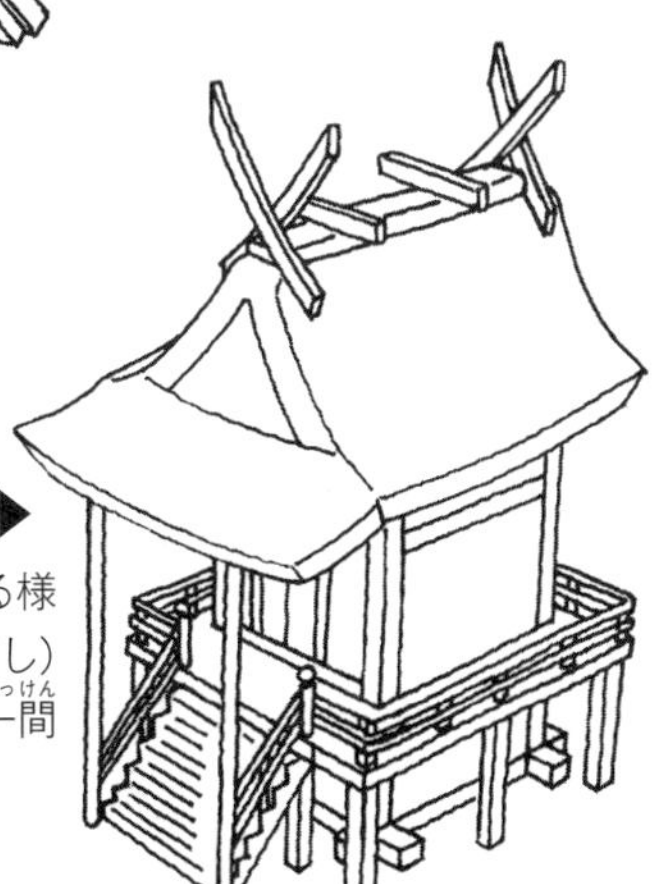

春日造《かすがづくり》▶

奈良や和歌山など関西圏に多く見られる様式。切妻造で、正面に階隠しの向拝（ひさし）があるのが特徴。大半が、正面の幅が一間《いっけん》の一間社春日造。まれに三間社《さんげんしゃ》がある
代表的な神社：春日大社（奈良）

御神体、御神木

神が降り立ち宿る神聖な依り代

神道では、常在神《じょうざいしん》と来訪神《らいほうしん》の考えがあります。来訪神は、祭祀《さいし》のときに降り立ち、人々に幸いをもたらしたあとは再び神の国（常世《とこよ》の国《くに》）に帰ると考えられています。

御神体とは、神が宿ったり降り立ったりする「依《よ》り代《しろ》」「依りまし」のこと。御神体は（単なる物体ではなく）神霊が宿るものなのです。

御神体として最も多いのが、鏡です。宝剣や勾玉《まがたま》などもよく見られます。自然のものを御神体とすることも多く、山（神奈備山、御室山《みむろやま》）や、樹木（御神木《ごしんぼく》）、岩（磐座《いわくら》）、滝などがあります。

●自然のなかに神々が現れる

古代、神々は自然の山や石、樹木などに降臨したり、立ち現れたりすると考えられていた。美しい姿の山々、巨大な岩、数百～数千年の樹齢を経た巨木はそれにふさわしい存在であり、これらに注連縄《しめなわ》を張ることによって神を迎える。

石、岩

磐座、磐境《いわさか》と呼ばれる。巨大なもの、形が特徴的なものは、神霊が降臨する霊石と考えられている

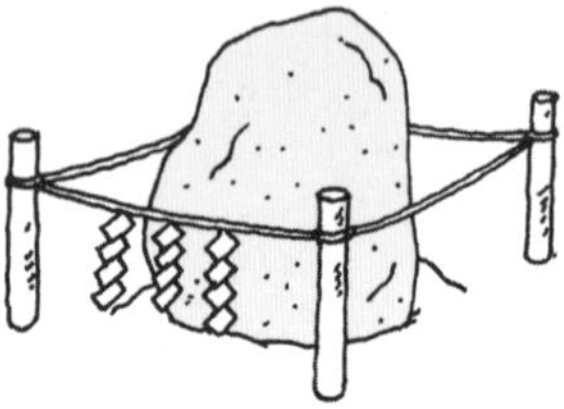

樹木

御神木、神樹などと呼ばれる、聖なる木のこと。数百年、数千年もの樹齢をもつ樹木は強力な生命力をもつ存在として、神霊が宿るとされている

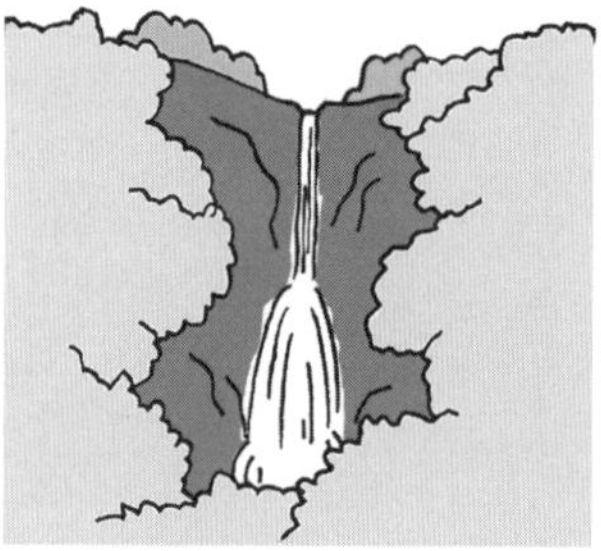

滝、水（川や池、湖など）

命の源であり、水田農作を主とする日本では水は豊穣のシンボルである。川や池、滝の流れに神の姿を見たといわれる

●降臨する神から宿る神へ

時代が進み、社殿が建てられると、本殿内に御神体が安置された。このころからしだいに、依り代を神そのものとして祀るようになった。代表的なものは鏡、剣、勾玉、弓矢、御幣《ごへい》など。

鏡、剣、勾玉

三種の神器（138ページ参照）である八咫鏡《やたのかがみ》、天叢雲剣《あめのむらくものつるぎ》、八尺瓊勾玉《やさかにのまがたま》に由来する。八咫鏡は伊勢神宮、天叢雲剣は熱田《あつた》神宮の御神体として知られる

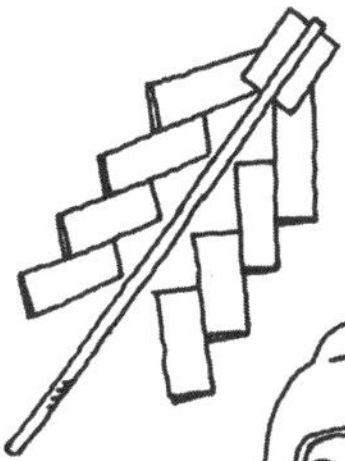

御幣

白色または金銀、五色の紙を幣串《へいぐし》にはさんだもの。神の依り代として用いられる

御神体は神社によって異なる。御神体についての説明は境内に記されていることが多い。訪れたさいに確認するとよい

神像

神道では、神は姿形が見えない象徴的な存在。しかし仏教が広まり、数多くの仏像が登場したことで、神像が造られるようになった。仏像との違いは、その姿がより人間に近いこと

御神体は神職でもめったにお目にかかれない

御神体は原則として公開されないことになっている。この原則は、たとえ神職《しんしょく》であっても変わらない。改修や修復など、よほどのことがない限り、その姿を目にすることはできない。

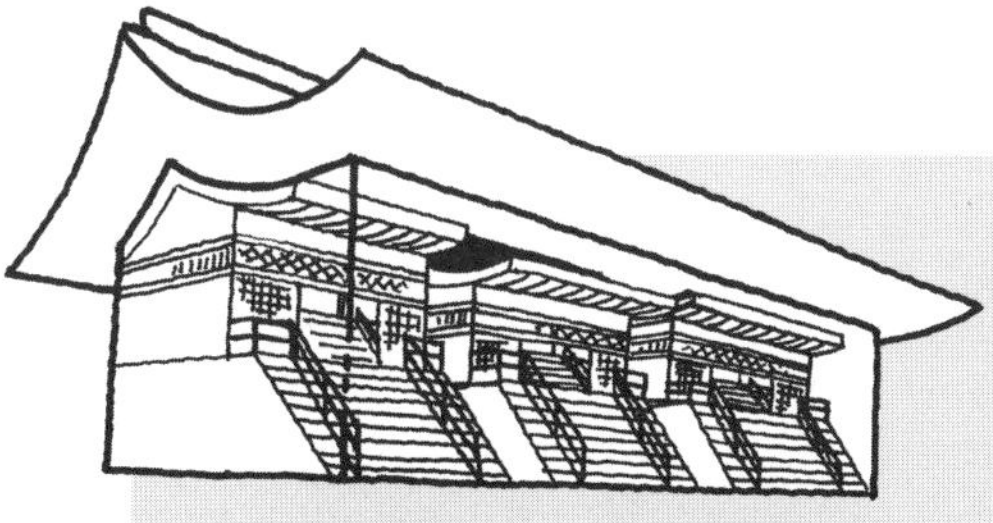

宇治上神社の本殿は、内部に３つの社があり、覆屋で覆われている

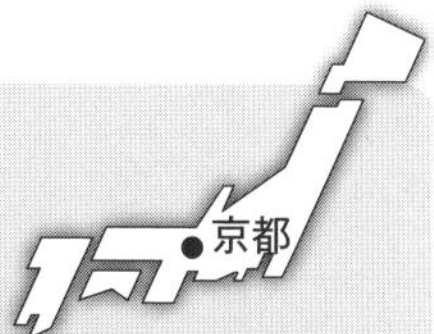

宇治上《うじかみ》神社、本殿覆屋《おおいや》

覆屋とは、風雨や雪などから本殿を守るために外側を覆う建物。御神体を祀る内殿が非常に重要な建物であったため、覆屋を造ったとされる。日本最古の覆屋が、京都の宇治上神社本殿だ。

幣殿、拝殿

神に供物を奉り、祈願を寄せる

本殿が御祭神が座《ま》す場所とすると、幣殿《へいでん》と拝殿は人が神への祈りを捧げる場所といえます。古式《こしき》の神社では本殿と幣殿、拝殿が離れており、参拝者には本殿よりもなじみが深い場所だったようです。

本殿の前にあるのが幣殿です。ここは、祭神に幣帛《へいはく》（お供え物）を奉るところ。神社によっては幣殿がない場合もあります。

幣殿の手前には、拝殿があります。正式参拝（七二ページ参照）のとき上がる建物も、拝殿です。多くの場合、本殿よりも規模が大きく、最も目立つ建物です。

●神社で最も身近に接する建造物

拝殿は、その名の通り参拝をするための場所。神社の建造物のなかでも最も大きく、目立つものが多い。

本殿

御祭神が祀られている建物。千木《ちぎ》のある、格式の高い建築様式で建てられている。神社の奥まったところにある

幣殿

本殿と拝殿のあいだにあることから「中殿《ちゅうでん》」「合の間」と呼ぶことも。拝殿と一体になっている神社もある

拝殿

最も手前にある建物。手前に賽銭箱《さいせんばこ》が置かれている。祭祀や祈願をおこなう場所であるため、大規模なものが多い。一般の参拝者には最もなじみがある場所

●平入りの建物が最も多い

拝殿には、「縦《たて》拝殿」「横《よこ》拝殿」「割《わり》拝殿」の３つの形式がある。ほかに、本殿と幣殿、拝殿が連なった「権現《ごんげん》造《づくり》」や、２階建ての楼門《ろうもん》拝殿もわずかだが存在する。

横拝殿はよく見られる形

平入りの建築様式で、本殿と平行に建つ横長の建物。いちばんよく目にする形だろう

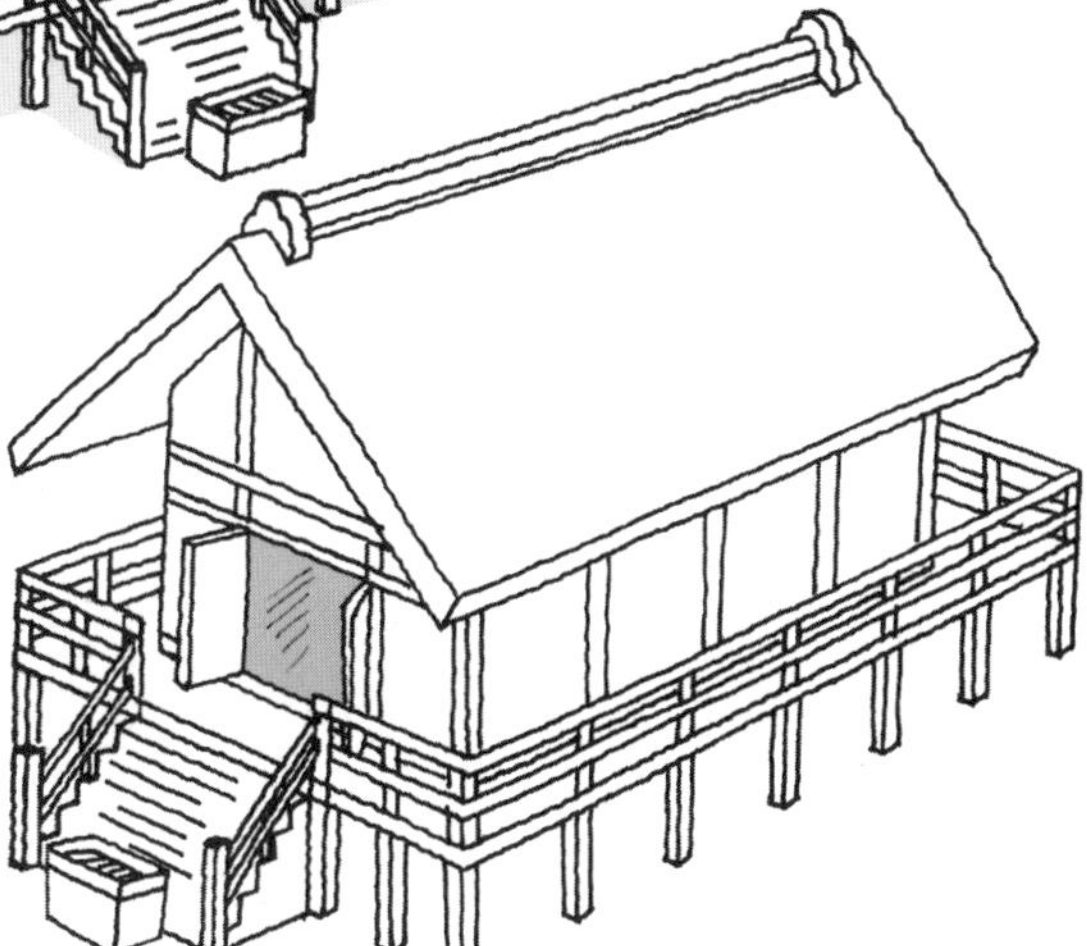

縦拝殿は本殿への通路の役割もある

妻入りの建築様式で、縦長になっているため、本殿への通路としての役割をもつものが多い。また、本殿と一体型になっているところも多い

代表的な神社

尾張大國霊《おわりおおくにたま》神社（愛知）

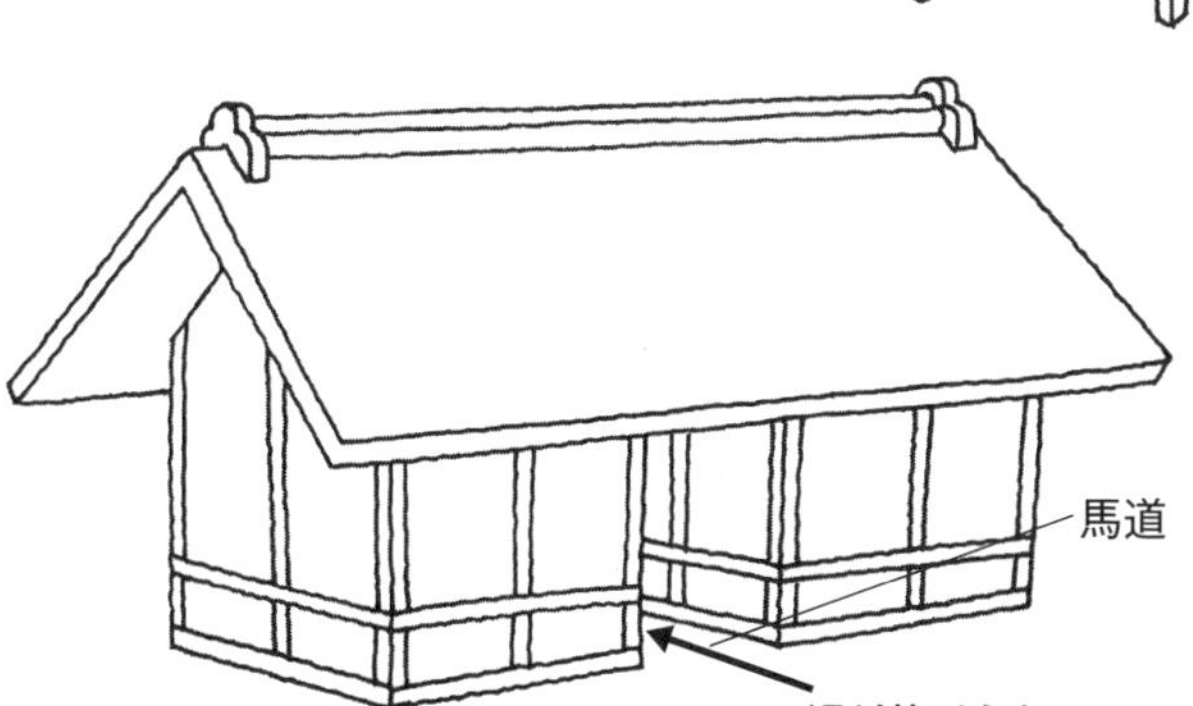

割拝殿は中央が土間になっている

横拝殿をベースにしているが、中央部分が土間（馬道《めどう》）になっており、前後に通り抜けることができるのが特徴

代表的な神社

櫻井《さくらい》神社（大阪）、
由岐《ゆき》神社（京都）

摂社、末社

御祭神にゆかりある神や御利益を願う神を祀る

広大な境内を有する神社では、同じ境内に小さな社を見かけることがあります。この小さな社は、摂社、末社と呼ばれる神社です。

摂社には、主に本殿に祀られている主祭神《しゅさいしん》とゆかりのある神が祀られています。

末社はそれ以外の、病気平癒《へいゆ》や厄除《やくよ》けなど、御利益を求めて勧請《かんじょう》した（神を迎えて祀る）神が祀られていることが多いようです。

以前は、摂社のほうが末社より格式が上とされていました。しかし現在では、摂社と末社を厳密に区別する規定はありません。

●神々の関係で区別されている

摂社と末社は戦前までは厳密に区別されていた。原則として、摂社は主祭神と縁故関係にある神で、それ以外は末社とされていた。また、境内にある場合は「境内社《けいだいしゃ》」、境外にある場合は「境外社《けいがいしゃ》」と分けられていた。

昔は病気平癒や災難除けなどを祈願して、分霊《ぶんれい》した神を祀ることも多かった

本殿 **主祭神、配祀神《はいししん》**

本殿に祀られる神が主祭神（主神とも）。複数の場合は一柱を主祭神とし、ほかを配祀神（相殿神《あいどののかみ》とも）とする

摂社 **妃神、御子神《みこがみ》**

主祭神の妃や子、ゆかりのある神は摂社に祀られる。由緒ある地主神を祀ることもある

末社 **その他の神々**

上記以外の神。御利益を願い、別の神社から勧請した神を祀る。本殿より古い末社もあり、一概に格式が下とはいえない

□文化の系譜　資源として神社を生かした施設もある

●神社が有する福祉施設の数

集会所……1707か所
宿泊所……58か所
診療所、病院……12か所

保育所……94か所
児童館・児童遊園……298か所

神社本庁の統計による（神社本庁『月刊若木』平成23年）

日本的な「支え合い」が福祉へと導いた

寺院や教会が中心となって福祉活動がおこなわれていますが、神社もまたさまざまな福祉活動に参入しています。

神社は広い敷地を有し、多くの人々が集うのに適した環境が整っています。広い社務所は、集会所や宿泊施設として利用するのに適しているのです。実際に、災害時には避難所として活用されるなど、人々に門戸を開いています。

神職も、福祉活動に携わっています。民生・児童委員を務める人は三八五人、保護司は四六四人という統計結果もあります（平成二三年）。

昔から神社は、地域にとって重要かつ中心的な存在です。人々は豊作や厄除けを願って祭祀をおこない、季節の行事のたびに神社に集いました。農作業の繁忙期に助け合う「結《ゆい》」という制度もありました。この助け合いの精神は、今も神社での祭祀や活動に根強く残っています。

境内の外へ、世代を超えて文化を伝える試みも

現在、地域の人々のつながりが希薄になったといわれますが、それでも祭りや行事のたびに人々は神社に集まっています。

雅楽《ががく》や舞などの神社に伝わる伝統芸能や祭祀の儀式を後世に残すための教室も開かれ、神社を中心とした文化の継承がおこなわれています。

山宮、奥院

神域の山頂に設けられた社

山を御神体とする神社もあります。そのなかには、山麓《さんろく》にある神社を里宮《さとみや》とし、さらに御祭神となる山の頂や中腹に、山宮《やまみや》や奥院《おくのいん》を設ける神社も。

山宮や奥院には、神仏習合や民間信仰、山岳信仰の影響があるといわれています。

●季節によって神が入れ替わることもある

神社には、山頂と山麓で対となる2つの宮のあるところも。2つの宮は季節によって神が入れ替わる。春には田の神として山麓の宮に現れ、秋には山の神として山頂の宮に帰るのだ。

山宮（奥宮、上宮《うえみや》）

山麓にある社に対し、山頂や中腹に建てられた社のことを山宮などと呼ぶ。奥院と呼ぶところもある。

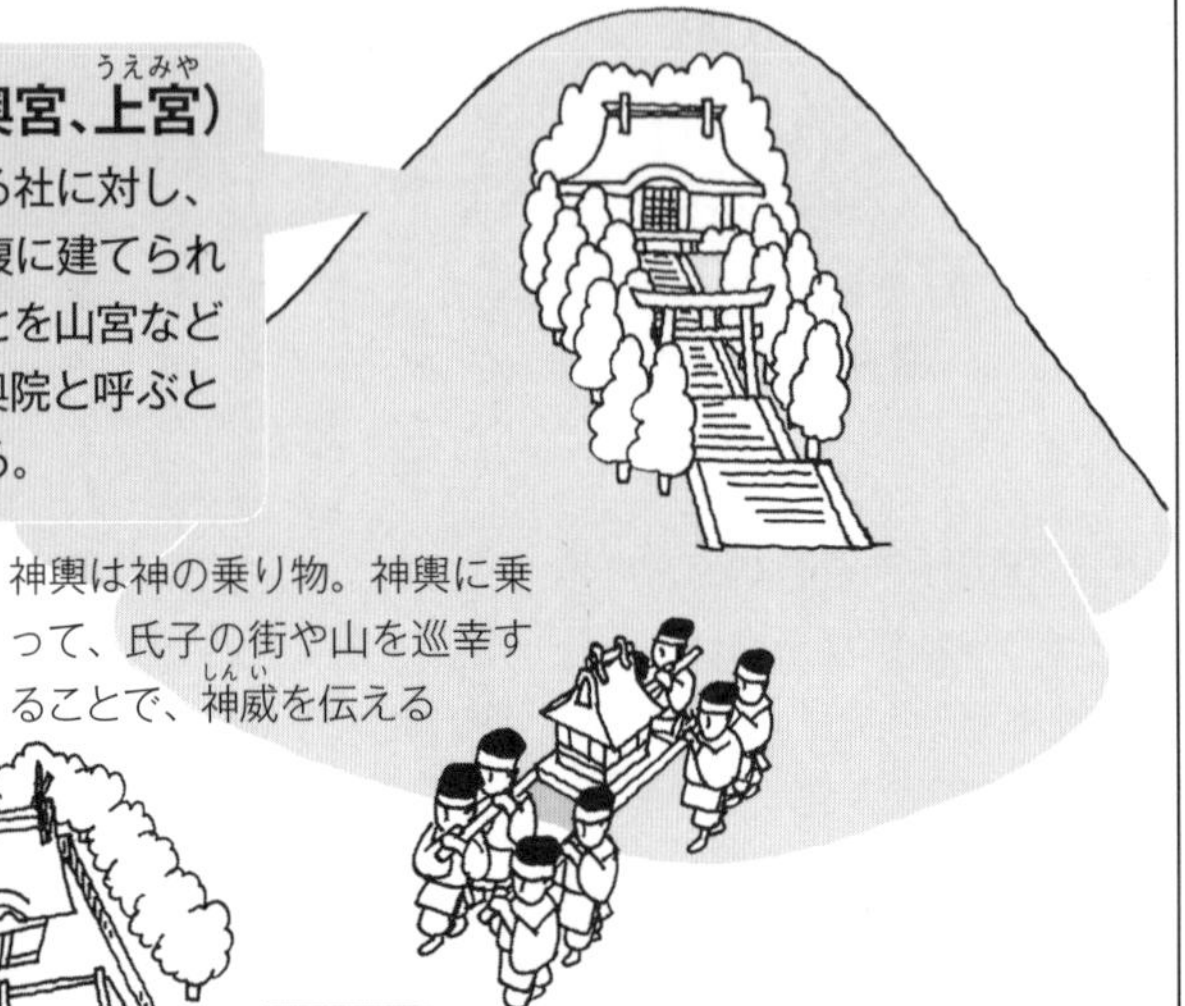
神輿は神の乗り物。神輿に乗って、氏子の街や山を巡幸することで、神威《しんい》を伝える

例祭　筑波山神社《つくばさん》 御座替祭《ござがえ》

筑波山神社は男女の神で、春には山から下りて農作を見守り、秋には山に戻るとされる。4月に奥院（山宮）から山麓の六所神社（里宮）へ下り、11月には奥院へと戻られる。この入れ替えをするのが御座替祭

里宮（本宮《ほんぐう》、下宮《しもみや》）

山麓にあり、ふだん人々が詣でるための社。人が住む里にあることから、里宮と呼ばれる。本殿は山頂に設けられていることが多い。

神々の系譜

神が仏と出会い、共存した時代がある

当初は対立し、やがて共存の道を歩む

古代の日本では、人々は自然そのものを畏怖や崇拝の対象としていました。時代を経て、神《じん》祇《ぎ》信仰（神々を信仰すること）や祭祀が国家の制度として確立していきます。

一方、外来の仏教も広まり、国家鎮護のために寺院建設などが進められ、仏教と神道は対立したり緊張関係にあったりしました。

奈良時代になると神道と仏教が融合する「神仏習合」が起こり、のちに「本地垂迹説《ほんじすいじゃくせつ》」が広まります。仏教界は積極的に神道を取り入れ、地方での布教を進め、神仏習合の動きは、結果的に明治維新まで続きました。

戦後、寺院の支配を離れ、古来の姿を復活させる

明治維新期には「神仏分離令」が発令され、天皇を中心とする神道復興の動きが強まります。神仏分離が廃仏毀釈《はいぶつきしゃく》へと過激化し、神社では仏像や仏具の撤去がおこなわれました。神社は、非宗教の「国家ノ宗祀《そうし》（国として尊び祀ること）」という位置づけがなされます。

ところが、第二次世界大戦後、さらなる変化が訪れます。ＧＨＱが神社と国家の分離を旨とする「神道指令」を発令。その結果、国家神道が解体、神社の国家管理は解消され、神社本庁が誕生。現在にいたっています。

●本地垂迹説による神と仏の姿

天照大御神《アマテラスオオミカミ》 ↔ 大日如来

八幡神、熊野神 ↔ 阿弥陀如来

大国主神《オオクニヌシノカミ》 ↔ 大黒天

など

本地垂迹説とは、日本の神はすべて人々を救済するために仏が姿を変えて現れた（垂迹）とする説。仏は神の本来の姿（本地）とされ、神の正体にあたる仏を「本地仏」という。熊野権現など「権現」という神号は、この説による神仏習合思想によって誕生した。

鳥居

神域や神の存在を示す結界

●神域へ行って戻ることに意味がある

神社で参拝することは、神聖なものに触れて自らのおこないやこころの内を見直し、改めること。鳥居をくぐって神域と俗界を行き来することで、こころの変化が感じられる。

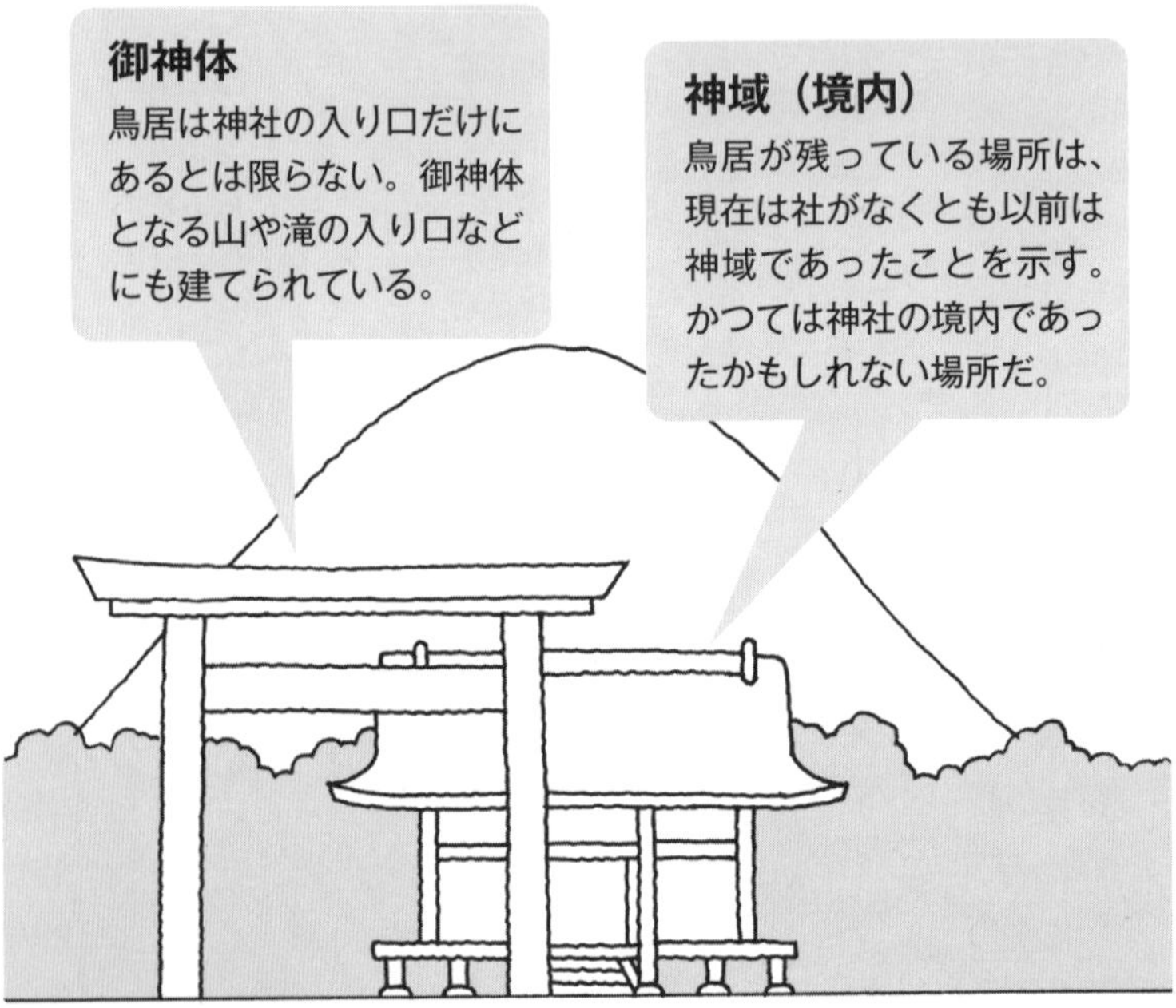
御神体
鳥居は神社の入り口だけにあるとは限らない。御神体となる山や滝の入り口などにも建てられている。
神域（境内）
鳥居が残っている場所は、現在は社がなくとも以前は神域であったことを示す。かつては神社の境内であったかもしれない場所だ。

俗界とは異なる聖なる世界

鳥居《とりい》は神社の象徴的な存在ですが、それだけではありません。鳥居は、俗界と神域《しんいき》の境に建てられた神門であり、邪悪なものが入れないようにする重要な結界《けっかい》の役割ももっています。

鳥居の起源について詳細は不明ですが、天照大御神《アマテラスオオミカミ》が天岩戸《あまのいわと》に隠れたとき、神の使いの鶏を止まらせた横木《よこぎ》が始まりだといわれています。しかし、鳥居に似た門はアジア各国にも見られるため定かではありません。語源も、「神に仕えた鳥の止まり木」「通り入り」などさまざまです。

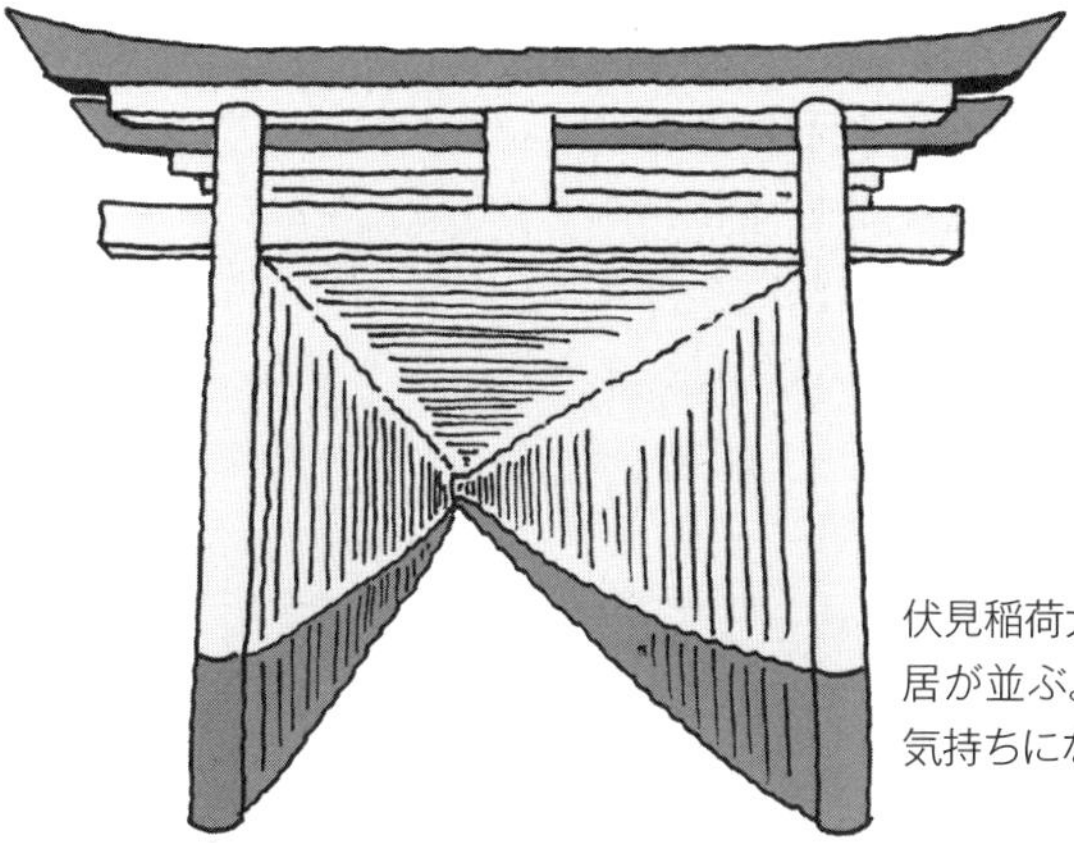

◀祈願と感謝の証に鳥居を奉納する習慣があった

稲荷神社では、祈願と感謝の気持ちとして鳥居を奉納する習慣がある。代表的なものが、京都の伏見《ふしみ》稲荷《いなり》大社の千本鳥居。参道におびただしい数の鳥居が並ぶ。

伏見稲荷大社には、現在約5000基の鳥居が並ぶ。くぐって山をめぐると厳かな気持ちになる

●楼門や神門を設けた神社もある

一般に、楼門は寺院の入り口に造られることが多いが、神社で楼門を設けているところもある。鳥居と様式は違うが役割は同じで、神域を示している。

門の左右にある像は随身姿《ずいしんすがた》に扮した神

楼門の左右には、閽神《かどもりのかみ》と看督長《かどのおさ》という随身姿（お供や付きしたがう人のこと）の二神の像を安置する。この像が安置してある門を「随身門」という

楼とは、二階造りで櫓《やぐら》がある門。代表的なものは、京都の伏見稲荷大社、下鴨神社、上賀茂神社、東京の神田明神など

鳥居をくぐるたびに神聖さが高まる

伊勢神宮のように規模の大きな神社では、境内に複数の鳥居があります。

参道の入り口にある鳥居が最も大きく、「一の鳥居」と呼びます。本殿に近づくにつれて二の鳥居、三の鳥居が設けられています。

複数の鳥居がある場合は、くぐるたびにより神聖な領域に進んでいると考えればよいでしょう。

鳥居をくぐるたびに、ここが清らかであることを念じたり、手前で一礼したりすることを忘れないでください（一二ページ参照）。

鳥居の種類

仏教の影響でより装飾的に変化した

鳥居の基本構造は、土台の台石《だいいし》に二本の柱が建ち、その柱に横木《よこぎ》が渡され、その上に島木《しまぎ》、笠木《かさぎ》があるという形式です。種類が多く、一説には六〇種類以上ともいわれています。

分類すると、笠木の形によって大きく二分されます。笠木がまっすぐのものは「神明系《しんめいけい》鳥居」、反っているものは「明神系《みょうじんけい》鳥居」と呼ばれています。さらに、神明系には靖国《やすくに》鳥居、神明鳥居などの種類が。明神系には明神鳥居、春日《かすが》鳥居、中山《なかやま》鳥居、八幡《はちまん》鳥居などの種類があります。

●反りや島木の違いで2つに集約される

鳥居の種類の違いを見分けるには、笠木の反りを見るのが最もわかりやすい。まっすぐなら神明系、反っているなら明神系である。明神系は中世以降に登場したもので、主に仏教の寺院建築の影響を受けたとされる。

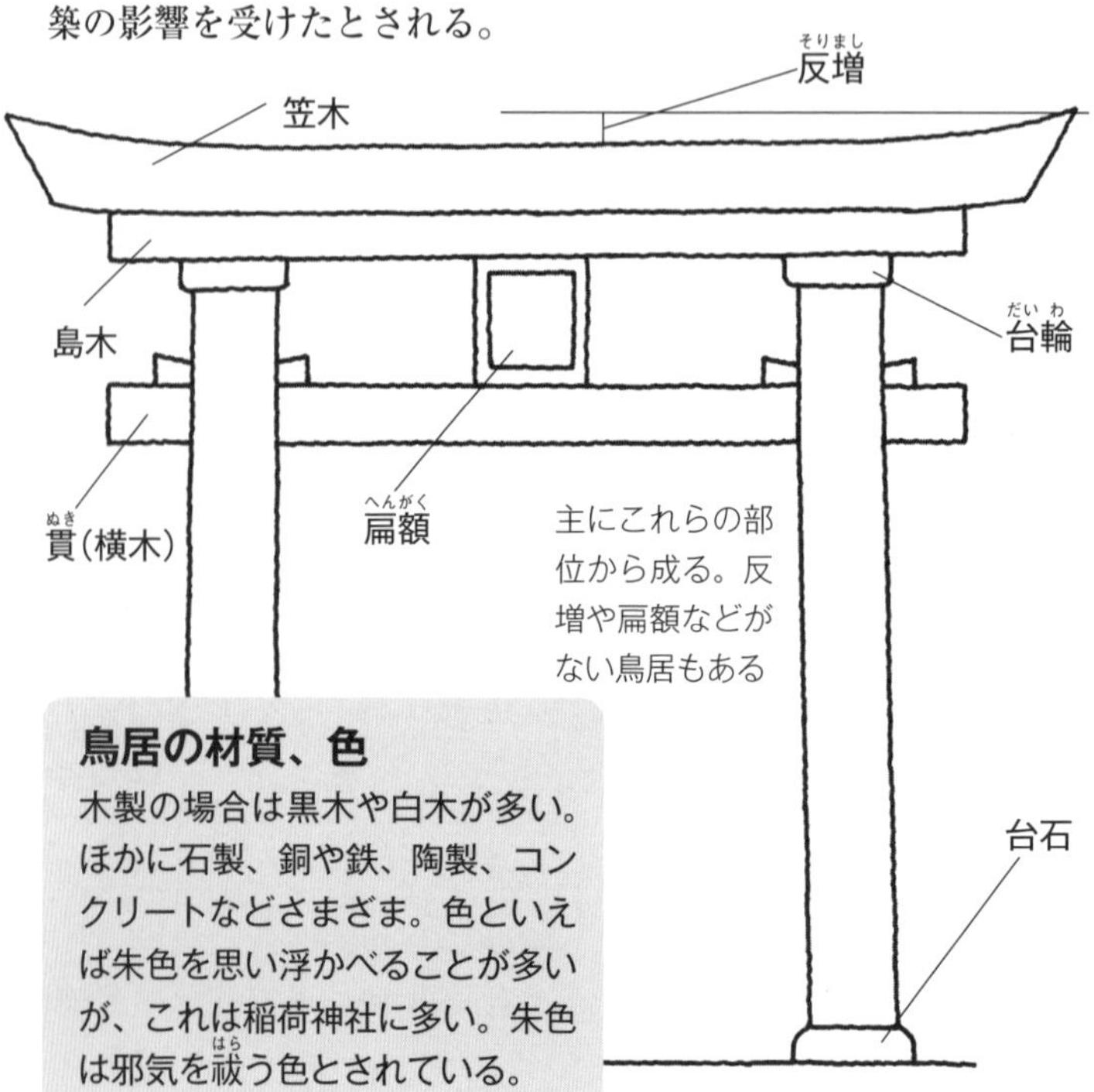
反増《そりまし》
笠木
島木
台輪《だいわ》
貫《ぬき》（横木）
扁額《へんがく》
主にこれらの部位から成る。反増や扁額などがない鳥居もある
台石

鳥居の材質、色

木製の場合は黒木や白木が多い。ほかに石製、銅や鉄、陶製、コンクリートなどさまざま。色といえば朱色を思い浮かべることが多いが、これは稲荷神社に多い。朱色は邪気を祓《はら》う色とされている。

神明系鳥居
反り、島木がない

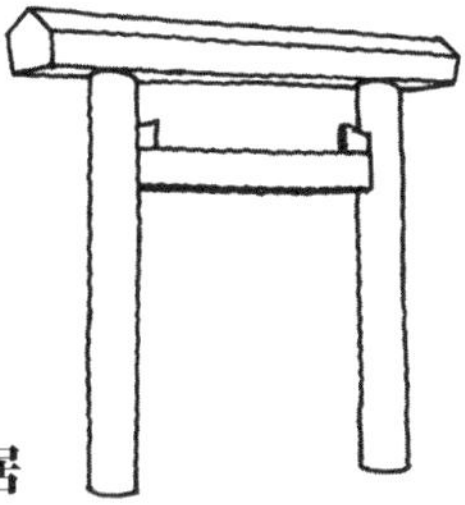

神明鳥居

伊勢鳥居ともいう。神明系に分類されているが伊勢神宮だけの形で、五角形の笠木が特徴

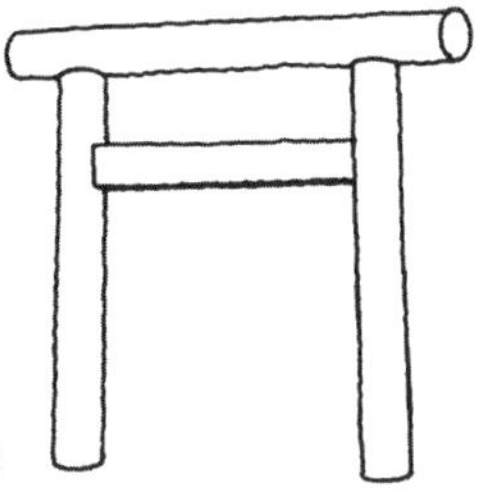

靖国鳥居

招魂《しょうこん》鳥居、二柱《ふたはしら》鳥居とも呼ばれる。貫には丸太ではなく、角材が用いられている。貫が２本の柱を貫いていない、シンプルな形状が特徴

鹿島《かしま》鳥居

左右の二本柱の上に円形の笠木を渡し、貫だけが角材になっている。貫が二本柱から外側に突き抜けているのが特徴

明神系鳥居
反り、島木がある

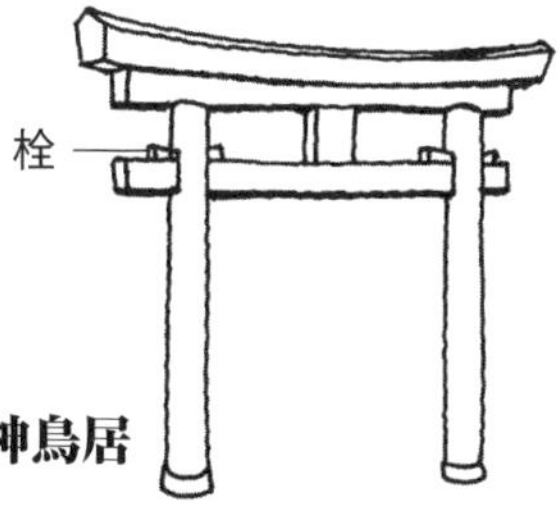

明神鳥居

笠木の反りが最大の特徴。反増の角度は種類によってさまざま。ほかに、柱どうしの接合部分に栓が用いられているのも特徴

八幡鳥居

最もよく見られる種類。八幡神社などはこの形。笠木と島木の両端が斜めに切断されているのが特徴。まっすぐに切断されているものもあり、春日鳥居という

山王《さんのう》鳥居

笠木の上に破風《はふ》（山の形をした装飾板）があり、この形から合掌《がっしょう》鳥居とも呼ばれる。破風の形は「山王」の教えと文字をかたどったものとされる。日吉《ひよし》鳥居ともいう

両部《りょうぶ》鳥居

主要な柱の前後に支えるための短い柱が添えられているのが特徴

神橋

神域を隔てる川にかけられた神のための橋

神社によっては、境内や神が祀られている本殿前に川が流れていることがあります。橋を渡らなければ、神域へと足を踏み入れることができません。川もまた、結界《けっかい》の役割をもっています。人々は橋を渡ることで神域へ入るためのこころの準備をするのです。

川にかけられている橋のことを「神橋《しんきょう》」といいます。橋の中央が反り返った形から「太鼓橋《たいこばし》」と呼ばれることもあります。

橋のほかにも、神社には聖域を守るように玉垣《たまがき》で周囲を囲み、結界がつくられています。

●神が渡る橋

神橋は神が渡るための橋なので、人が渡りにくいように、わざと反りがきつくなっている。反りは、地上と天上を結ぶ虹を表すともいわれる。

神輿に乗った神が神橋を渡る祭りがある。有名なのが住吉《すみよし》大社（大阪）の太鼓橋渡り。約１ｔもの神輿を橋の中央で天に向かって差し上げる

人が渡れない神橋もある

神橋はそもそも神のもの。ふだん人が渡れないように注連縄《しめなわ》が張られているところもある。神橋より先が神域であることを、強く人々に知らせている。

●本殿や境内の周囲に垣をめぐらせる

本殿や境内の周囲に張りめぐらされた垣のことを「玉垣」という。玉垣で囲まれた内側は、神が占有する場所という意味。たやすく踏み越えられないよう、幾重にも玉垣をめぐらせているところもある。例えば伊勢神宮では、四重に垣がめぐらされている。

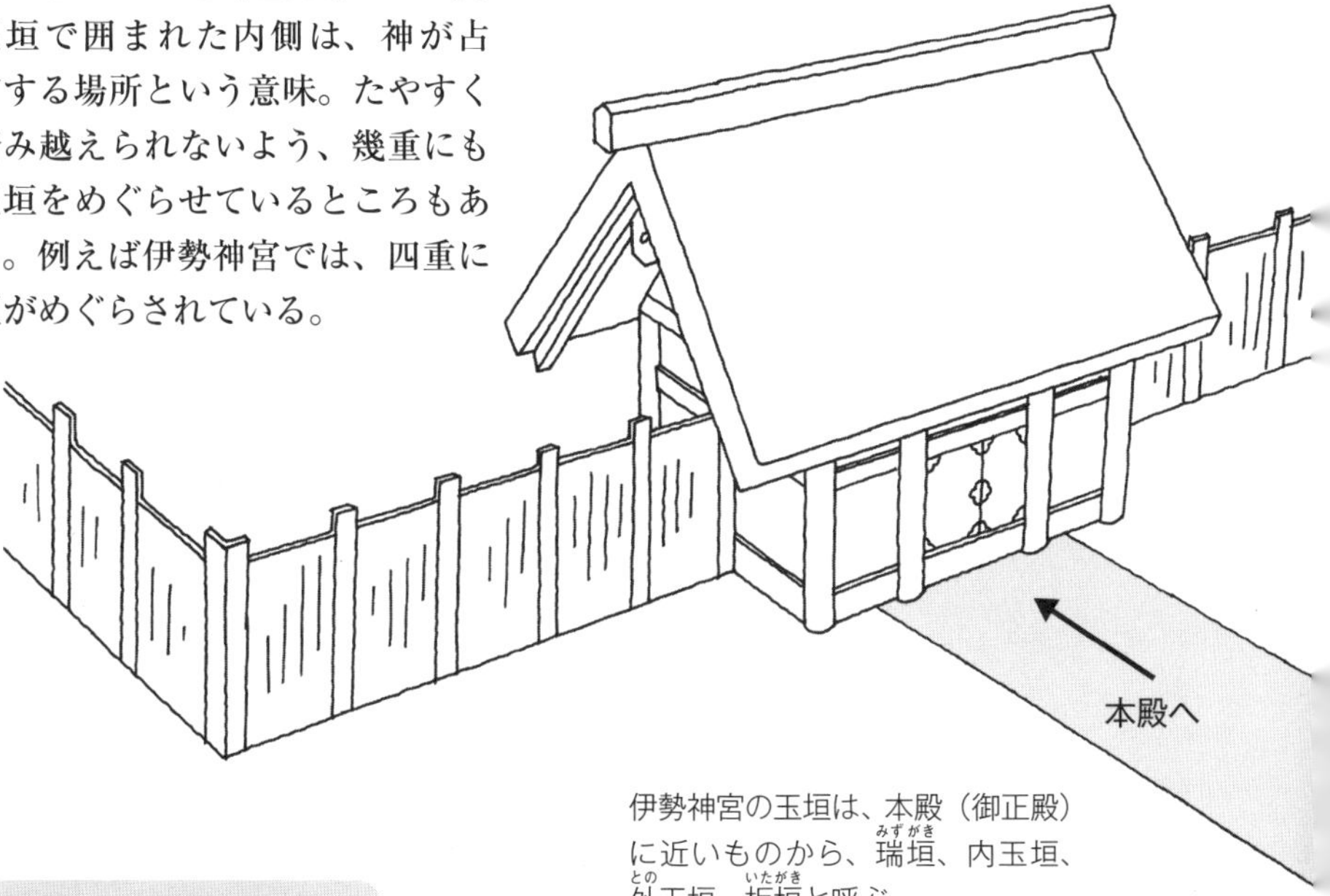

伊勢神宮の玉垣は、本殿（御正殿）に近いものから、瑞垣《みずがき》、内玉垣、外《との》玉垣、板垣《いたがき》と呼ぶ

回廊をめぐらせている神社も

寺院建築の影響で、回廊をめぐらせた神社もある。大阪の今宮戎《いまみやえびす》神社が有名。拝殿から本殿裏へと通じる回廊が設けられており、裏からお参りする形になっている。

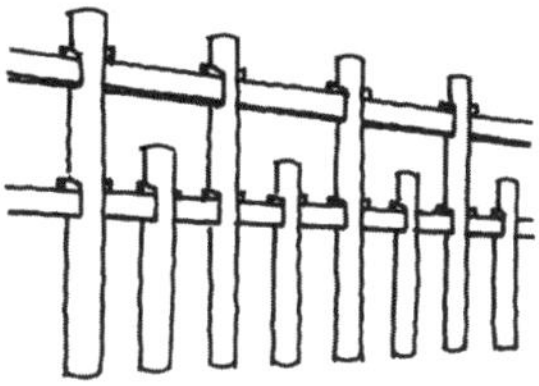

玉垣

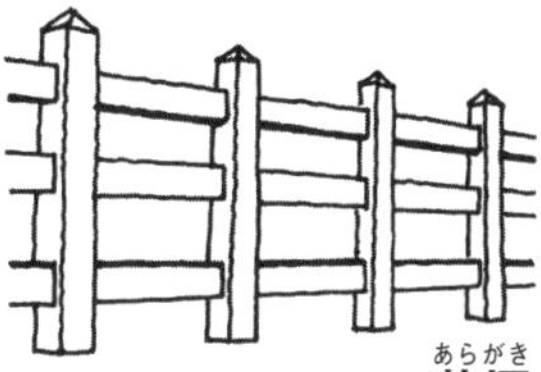

荒垣《あらがき》

様式によって主に4つに分けられる

玉垣は、様式によって４つの種類がある。瑞垣と板垣は、板でしっかりと壁をつくったもの。玉垣と荒垣は角材や円柱を組んだ様式

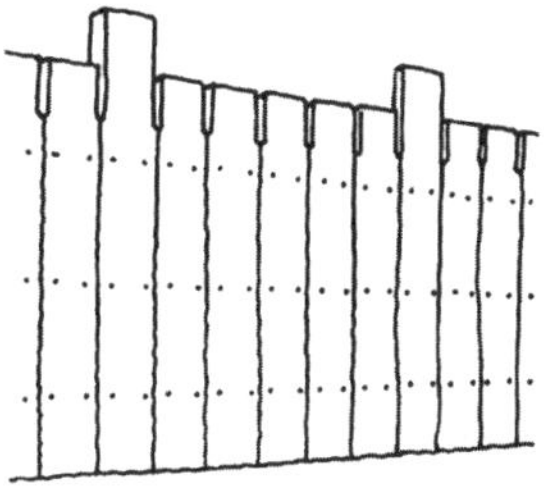

瑞垣

板垣

手水舎

神域に入る前に禊で心身を清める

手水《てみず》の由来は、神話にあるように（左コラム参照）、罪穢《つみけがれ》を清めるために始められたといいます。それ以降、神事にさいしては、罪穢を祓《はら》うために必ず禊《みそぎ》をおこなうことになっています。

手水舎《てみずや》が設けられるずっと以前は、川や海で心身を清めていました。これを簡略化したのが、手水の作法です。

手水舎の多くは四方が吹き抜けの屋根と柱、水口《みずくち》と水盤《すいばん》から成ります。水盤に刻まれている「洗《せん》心《しん》」という文字は、手を洗い、こころを洗うという意味です。

●川でおこなっていたものが簡略化された

現在の作法では、手水舎で手を洗い、口をすすぐだけ。本来は全身を川に浸けて、体を清めていた。毎回これをおこなうのは大変なので、簡略化された。

伊勢神宮の内宮にある五十鈴川《いすずがわ》が有名

御手洗川《みたらしがわ》や祓川《はらいがわ》で身を清めていた

神社の近くには「御手洗川」や「祓川」と呼ばれる川があることが多く、ここで人々は身を清めていた。京都の下鴨神社の境内には、現在でも御手洗池と御手洗川がある

手水で道中や日常の罪穢を落とす

鳥居をくぐったら、最初に向かうのが手水舎である。作法にのっとり（16 ページ参照）、手を洗い、口をすすいで罪穢を祓ってから参拝する

水口

水の出口（水口）には、神社ゆかりの神使などが用いられている。龍や鹿、兎、猿、亀などの彫像が施されているものが多い

心洗

水盤

水が注がれる器。自然石や木製、陶製、コンクリート製のものがある。正面には「洗心」の文字などが刻まれている

神々の系譜　手水の由来は、神話の神の禊にある

右目
月読命《ツクヨミノミコト》
左目
天照大御神《アマテラスオオミカミ》
鼻
須佐之男命《スサノヲノミコト》

伊邪那岐命《イザナギノミコト》が海で身を清めたとき、左目から天照大御神が、右目から月読命が、鼻から須佐之男命が誕生したという

手水の由来は神話のなかにあります。有名な伊邪那岐命《イザナギノミコト》と伊邪那美命《イザナミノミコト》のお話です。

伊邪那美命は国と神を生んだ神。神生みのさい、火の神を産んだために大やけどを負って亡くなってしまいました。

伊邪那岐命は、亡くなった伊邪那美命を追いかけて黄泉《よみ》（死者）の国へ。そこですっかり変わり果てた姿になった伊邪那美命を見て、黄泉の国から逃げ帰りました。このとき、黄泉の国の罪穢を祓うために海で体を洗いました。

これが禊、つまりは手水の由来とされているのです。

灯篭

神への感謝と祈りを込めて火を灯す

神社の境内には数多くの灯篭《とうろう》が並んでいます。灯篭は仏教にかかわりがあるといわれます。

灯篭は、もともと寺院に多く置かれたもの。それが、神仏習合（四七ページ参照）によって神社にも置かれるようになりました。社寺の灯篭の多くは、当時の有力者が寄贈したものです。

神社では、鳥居の前や参道、社殿に、神へ捧げる「献灯《けんとう》」として灯されています。

灯篭に火を灯すことは、神の御加護を願い、感謝の気持ちを示すためといわれます。

●春日大社の灯篭が原型

灯篭は材質や形、用途によって、石灯篭や釣灯篭（吊して使うもので回廊や拝殿に用いる）などさまざまなものがある。境内でよく見られる石灯篭の原型は春日大社のもので、六角丸竿の形で春日灯篭と呼ばれる。

宝珠《ほうじゅ》
笠《かさ》
請花《うけばな》
蕨手《わらびて》
反り返りが蕨の頭部に似ていることから
火袋《ひぶくろ》
火袋の囲みがあるものと、ないものがある。鹿や雲、若草山などが彫られた囲みもある
請台《うけだい》、中台
竿
台座《だいざ》、基礎

一般的な春日灯篭の形。頭頂部に宝珠を戴き、その下に笠がある。ほかにも庭園用の灯篭として、雪見灯篭や織部灯篭などがある

上から吊る
石灯篭の蕨手のような反り返りがある
梅竹文、葛などの透かし彫りが施されている

社殿に吊り下げる形の灯篭もある

社殿に吊り下げ、回廊や拝殿など社殿内を照らす。材質は鉄や銅が多く、火袋の囲みには文様が透かし彫りされている

春日大社 中元万燈籠

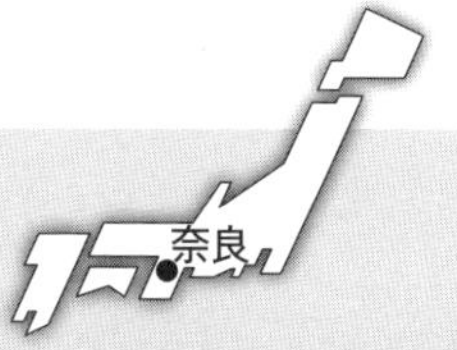
奈良

春日大社で年に2回、2月の節分と中元（8月14・15日）におこなわれる神事に「万燈籠《まんとうろう》」がある。境内にある2000の石灯篭と1000の釣灯篭のすべてに、祈りと願いを込めて火が灯される。夕刻から始まり、暗闇が迫るなか、灯篭の灯りに浮かぶ社殿や回廊の幻想的なようすを見ようと多くの人が訪れる。

奈良墨《ならずみ》は灯明《とうみょう》の煤《すす》からつくられた

奈良と墨は深い関係がある。

奈良時代、藤原氏は豊富な財力で、灯篭や灯明からつくる墨の生産を一手に引き受けていた。

当時の墨は、松を燃やした煤を集めてつくる「松煙墨《しょうえんぼく》」が中心。しかし墨色が薄く、品質もよくなかった。一方、ごま油など高級な植物油の煤からつくる「油煙墨《ゆえんぼく》」は高品質だ。

藤原氏の氏寺・興福寺などでは、灯明にごま油を使い、油煙墨の材料となる煤を大量に手に入れることができた。この煤を地域の墨職人に与えたため、墨作りが盛んになった。

「奈良墨」の名は、社寺が地元の産業を支えてきた証なのだ。

狛犬

守護獣として神を守り、魔除けとなる

狛犬《こまいぬ》は、守護獣として神社の入り口や社殿の左右に配置されています。魔除けとして、邪《じゃ》（罪穢や悪霊）が神社に入り込むのを防いでいます。その姿には、犬や獅子をかたどったものがあります。

角があって口を閉じているほうを獅子、角がなくて口を開いているほうを狛犬と呼ぶこともあります。

狛犬は「高麗犬《こまいぬ》」とも表記され、古代朝鮮半島から伝わったとされています。伝来は諸説あり、インドやエジプトまでさかのぼり、中国を経て伝わったという説も。

●社殿の前に左右一対でひかえる

狛犬にはさまざまなバリエーションがある。子連れの「子《こ》取《と》り」、玉を押さえている「玉取《たまど》り」、逆立ちをしているものなどが知られている。材質も石のほか、銅や鉄、珍しいものとして陶製のものもある。

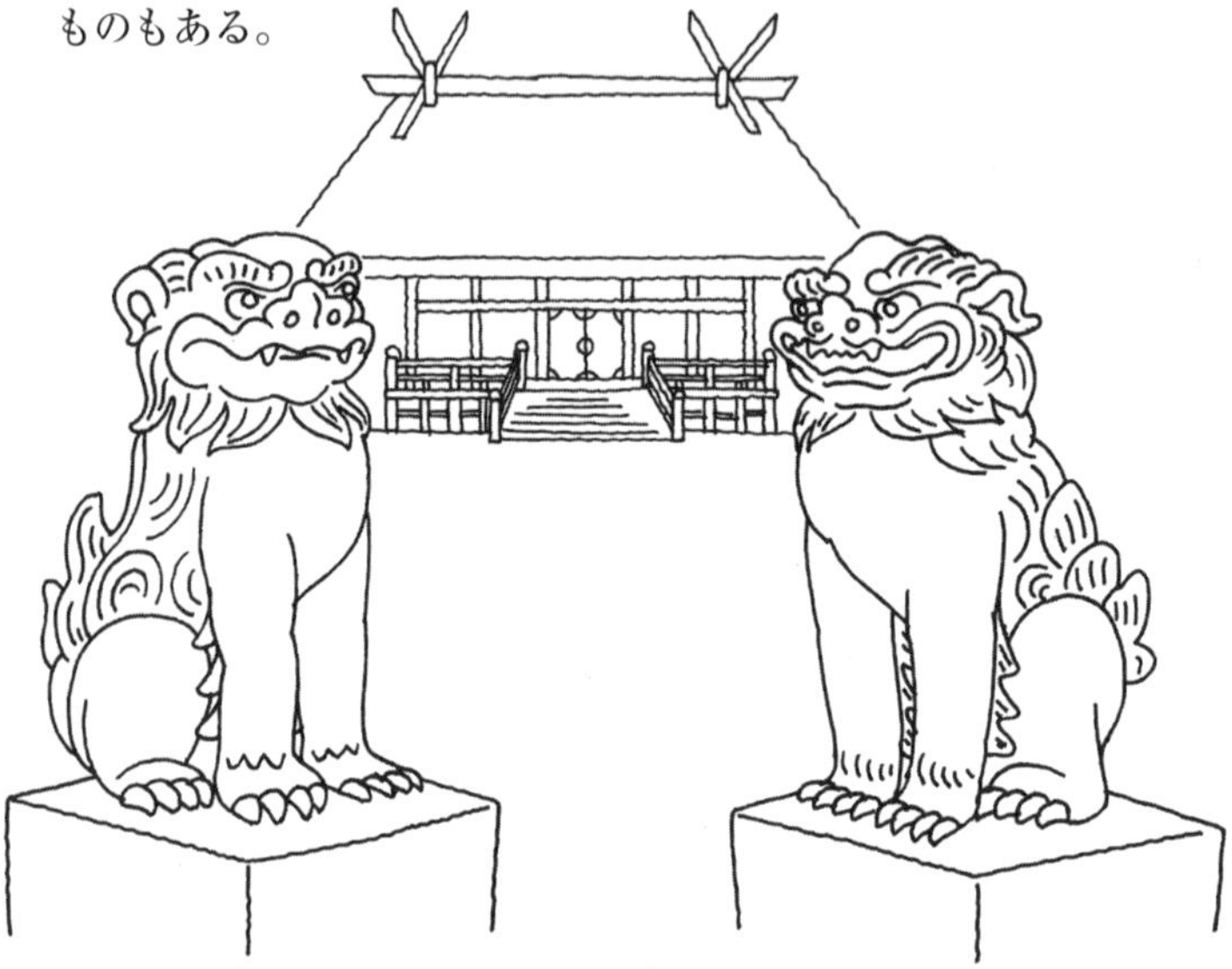

左側の狛犬は口を閉じた「吽形《うんぎょう》」

左右を合わせ「阿吽」となる。寺院の入り口にある仁王像（金剛力士像）と同じで、「始まり」と「終わり」を表す

社殿に向かって右側の狛犬は、口が開いた「阿形《あぎょう》」

●本殿の中にも狛犬がいる

日本に狛犬が伝わったのは平安時代。当初は、几帳《きちょう》（布）や門扉《もんぴ》、屏風《びょうぶ》が風などで揺れないようにするために、宮中で使われた。魔除けとしても用いられており、神社の守護にも転用された。

武具、防具

神をお守りするための鉾《ほこ》や弓矢、刀、防具などが置かれている

御神体の納所（神座《しんざ》）

人目に触れないように、御神体は御帳台という天蓋のような布で覆われている。手前に守護獣として狛犬が置かれる

社殿内はむやみに人目にさらすものではないため、白い布で覆われている

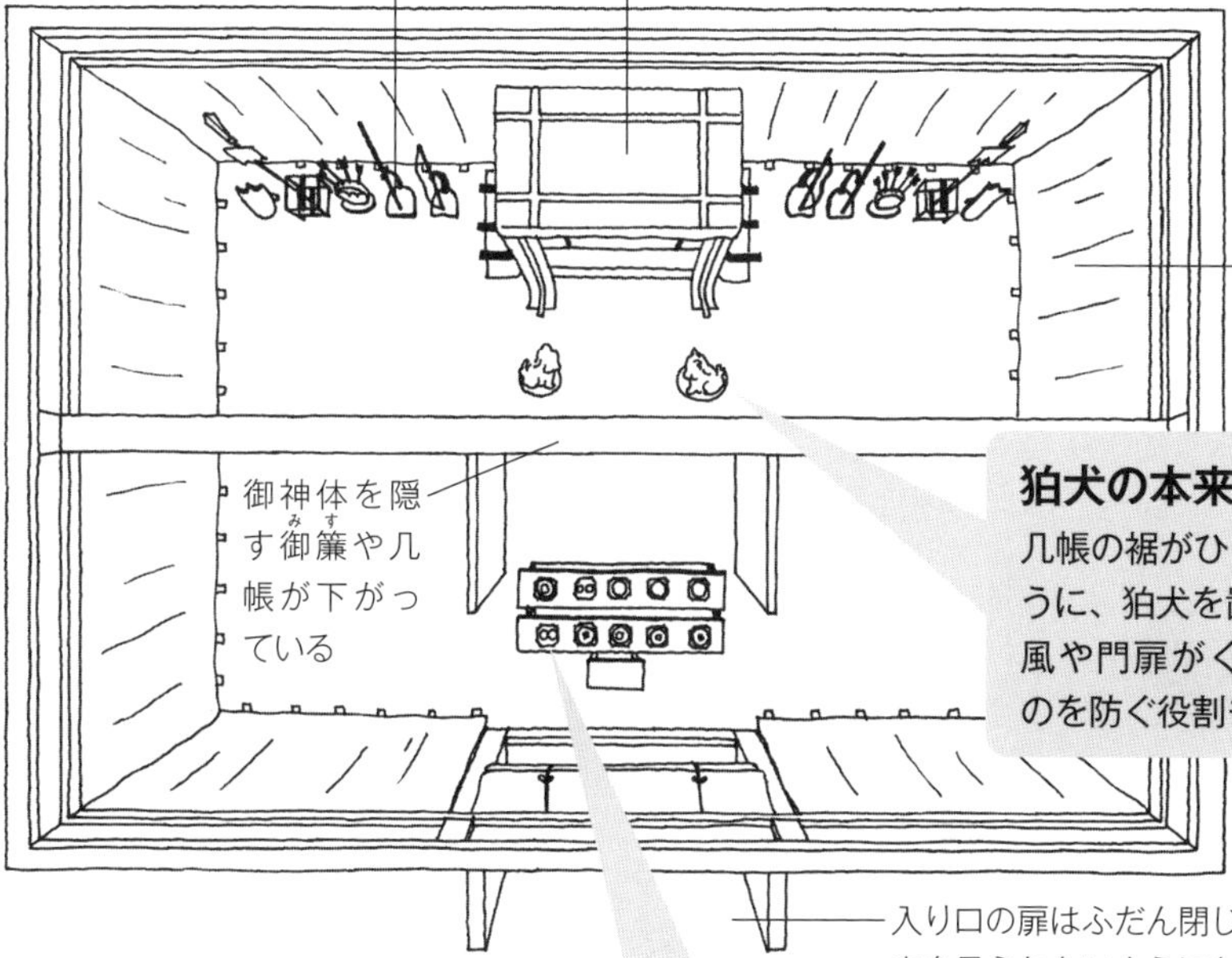
御神体を隠す御簾《みす》や几帳が下がっている

狛犬の本来の役割

几帳の裾がひらひらしないように、狛犬を置いていた。屏風や門扉がぐらぐら揺れるのを防ぐ役割もあった。

入り口の扉はふだん閉じられており、社殿内を見られないようになっている。扉が開かれるのは祭祀のときだけで、開くには特別な手順を必要とする

神のための食事を捧げる

本殿内には食べ物が供えられている。これを「神饌《しんせん》」という。通常の神饌は、「丸物《まるもの》神饌」「三方《さんぽう》神饌」といい、米、酒、餅、海魚、川魚、海菜、野菜、菓、塩、水をそのまま調理せずにお供えする。

皇學館大学佐川記念神道博物館の模型とパンフレットをもとに作成

神使

神の使いとして人間の前に現れる動物

●動物そのものも神とみなされる

神使である動物は、主祭神の使いとして神の言葉を伝えたり、神の代行として現世に接触したりする役割を担う。神使そのものも神と同様に祀られ、大切にされていることが多い。

神にしたがう小神

神に付きしたがう神使のことを「小神（しょうしん、こみ）」と呼ぶことも。神の代行ではあるが、神そのものとして考えられている

使いとしてだけでなく、神として祀られ、境内で保護されている

伊勢神宮の神使は鶏

伊勢神宮には天照大御神が祀られている。神使は鶏である

神道では、神様に付きしたがい、人々に神意を伝えたり、吉凶を告げたりする鳥獣や虫などを「神《しん》使《し》」と呼んでいます。

動物が神意を伝えるという考え方は非常に古く、『日本書紀』には大蛇が荒ぶる神の使いとして登場しています。

天照大《アマテラスオオ》御《ミ》神《カミ》が天岩戸に隠れたときも、神の使いとして鶏を横木に止まらせたとあります。

神使とされる動物は神社によりさまざまで、なかには狛犬の代わりに、守護獣として神前に構えているものもあります。

神の道案内をした小神の化身

八咫烏《やたがらす》は神武《じんむ》天皇の東征のさいに道案内をしたと伝えられる。賀茂建角身命《カモタケツノミノミコト》の化身といわれる。狐は主に稲荷神社で神使とされ、神としても祀られている。田の神を山から人里へ案内する霊獣とされている。

代表的な神社

●八咫烏
熊野本宮《ほんぐう》大社、熊野速玉《はやたま》大社、熊野那智《なち》大社（和歌山）

●狐
伏見稲荷大社（京都）、笠間稲荷神社（茨城）、祐徳稲荷神社（佐賀）など

魔が去る動物として信仰される

猿を神使としているのは山王（日吉）信仰の神社に多い。「魔が去る」といって縁起がよく、厄除けとして信仰されてきた。安産や子育ての神として祀られている。

代表的な神社

日吉大社（滋賀）、日枝《ひえ》神社（東京）、山王神社（長崎）など

神の乗り物として降り立った

鹿は春日大社や鹿島神宮の神使として有名。春日大社に御祭神の武甕槌神《タケミカヅチノカミ》が鹿島神宮からやってくるとき、白い鹿に乗ってきたことから、鹿が神使とされている。

基本的に一神に一神使で、ほかにも兎や鳩、亀、蛇などが見られる。神使を神域内で保護する神社もあり、参詣時に会うことができる

代表的な神社

春日大社（奈良）、鹿島神宮（茨城）、嚴島《いつくしま》神社（広島）など

神にゆかりの深い動物

牛は天神信仰の天満宮や天神神社の神使。ゆかりのある菅原道真《すがわらみちざね》が丑《うし》年の生まれで、亡くなった日も丑の日であったことから。

代表的な神社

太宰府《だざいふ》天満宮（福岡）、北野天満宮（京都）、湯島天満宮（東京）など

注連縄

むやみに立ち入ってはいけない境界を示す

神社の社殿、鳥居のほか、御神木や霊石などの御神体の周囲に張りめぐらされている縄のことを「注連縄《しめなわ》」といいます。神域や祭場にも注連縄が張られています。

注連縄を張ることは、内側が神聖かつ清浄な状態であることを示しています。

また、人がむやみに立ち入らないようにするためでもあります。

注連縄の起源は古く、『古事記』に記述があります。天照大御神《アマテラスオオミカミ》が天岩戸から出てきたときに、布刀《フト》玉命《タマノミコト》が「尻久米縄《しりくめなわ》（注連縄のこと）」を張ったといわれます。

●拝殿や御神木に張られている

「七五三縄」「〆縄」「標縄」（すべて、しめなわと読む）とも表記される。注連縄には「占め縄」という意味もあり、「神が占有している」ことを示す。

太いほうが右になる

注連縄は向かって左が末、右が本である。一般には、太いほうを右側にする。なかには向きが逆の神社もある。

●用途によって使い分けられる

注連縄は稲や麦のわらを使い、ふつうの縄とは逆向き、つまり左に回して綯《な》い、紙垂《しで》という紙片と注連《しめ》（〆）の子（わらの端）をたらす。最も一般的なのは前垂注連《まえだれしめ》。ほかに大根注連《だいこんじめ》、牛蒡注連《ごぼうじめ》などの種類がある。

前垂注連

紙垂と紙垂のあいだに、わらを2～3本たらしたもの。地《じ》鎮祭《ちんさい》などのときによく用いられるのがこの形。地鎮祭では4本の竹に張りめぐらせて使う

大根注連

中央部が特に太く、中央部分に注連の子がはさんである。特に出雲大社拝殿の大注連縄が有名で、両端が細くなっているのが特徴

牛蒡注連

牛蒡に似ていることから、この名がつけられた。右側が太く、左側が細くなっているのが特徴。神社の拝殿によく用いられる

「横綱」の名の由来は注連縄

相撲は国技であり、人気のスポーツですが、もともと物事を決する神事でした。

神事のさいに、力士の最高位である大関のなかから、特別に注連縄の一種である「横綱」を腰につけることを許された者がいました。この力士のことを横綱と呼んだのです。

現在の横綱の由来とされています。

横綱を張った力士は、神霊が降りているとされた

遙拝所

参詣できないときに神のおわす方角を拝む

現在のように道が整備され、交通手段が発達していなかった時代には、遠くの神社へ詣でるのはとても困難なことでした。

なかには病気や高齢のために、遠出が難しかったり山頂の本殿まで登ったりすることができない人も。また、昔は女人禁制とされる場所もありました。

そこで、わざわざ神社へ赴かなくても済むように、神のおわす方角に向かって拝む「遙拝所《ようはいじょ》」が設けられました。ここを通して参拝することによって、実際に参拝したことになるというものです。

●石の先に神が座す神社がある

現在ある多くの遙拝所は、近代になってから整えられるようになった。イスラム教徒がメッカの方向に礼拝するのと同じような意味がある。伊勢神宮などの大きな神社を拝むものや、複数の神社を兼任する宮司《ぐうじ》がお勤めに行けないときに代わりにお勤めをするためのものがある。

大きな神社にはない祈りの形がある

遙拝所は、伊勢神宮や秋葉《あきは》神社（静岡）など、有名な神社を遠くからでも拝めるように、地元の小さな神社に設けられていることが多い。神社ごとに遙拝日が決まっていることもある。

境内に
ひっそりとたたずむ

写真のように、遙拝所には大きな石が立てられていたり、鳥居や小さな祠《ほこら》が建てられていたりする。その方角に向かって拝めば、遠くの神社を参拝したのと同じことになる。

（上：三重県多気郡、右：奈良県都祁村。撮影：櫻井治男）

境内の整備によって
まとめられたものもある

右は珍しい遙拝所の形で、複数の遙拝所が一か所にまとめられたもの。明治時代末期の神社整理などによって、境内が整備されたためと考えられる。

□ 文化の系譜

境内は神にまつわるものであふれている

神社の規模にもよりますが、境内にはさまざまな設備や建物があります。それぞれが神にまつわるもの、神に捧げるものです。

●神庫《しんこ》

宝庫ともいう。御祭神《ごさいしん》の神宝や神社の宝物、祭具などが収められている。神社によっては、御神輿《おみこし》が収められていることも多い

●井戸

もともと井戸が神社創建に関連していることもあり、清水が湧き出る場所は聖地とみなされることが多い。神社内の井戸水は御神水《ごしんすい》として、お清めの儀式や神事に用いられる

●神饌所《しんせんじょ》（御饌殿《みけでん》）

神饌とは、神への供物《くもつ》として用いられる食べ物や飲み物のこと。神饌所は、神にお供えする御饌や御酒を調理する建物のこと

解説

奉納品には地域の文化が表れる

人間が神社に持ち寄り、神に納める

御守りや御札など、神社からいただくものを授与品といいますが、逆に人人が神にお供えしたり納めたりするものを奉納品といいます。

もともと奉納品は豊作や豊漁となったことを神に感謝し、御礼として捧げるもの。農作物や海産物などの地域の特産物がよく見られます。

●多彩な奉納品の例

願い事が叶ったときなどに、お礼として奉納品を納めることも多く、その神社ゆかりの品物を奉納することがあります。

例えば、子宝や子育ての御利益がある神社にはよだれかけや乳房を模したものを、火除《ひよ》けに御利益がある神社にはまといなどを奉納します。

各地の神社には、その神社ならではの珍しい品を奉納する習慣が残っています。

愛知には、県内の漬け物屋さんが漬け物を奉納する神社があります。東京の富岡八幡宮は、江戸時代に勧進相撲《かんじんずもう》がおこなわれたことから、力士の手形や足形の碑、巨人力士の身長碑などが奉納されています。

奉納品は、人生儀礼や祭祀などの儀式のときに納められることが多い

人生には、いくつかの節目が訪れます。
日本人には、母のおなかにいるときから、
節目のたびに
神の御加護を願う習わしがあります。
ふだんよりも
少し改まった気持ちで、
神に祈りを捧げます。

第三章
神に向き合い、人生の節目を寿ぐ

人生の節目に深い祈りを込める

初詣などでは賽銭《さいせん》を納めて拝礼する方法が一般的ですが、もう少しかしこまってお参りをするときがあります。それが、人生の節目の儀式。日本人には、母親の胎内にいるときから、節目ごとに神社でお参りをする習慣があります。

●節目は新しい生活の始まりを意味する

生を受け、天寿を全うするまでのあいだには、通過儀礼がおこなわれる節目が必ず訪れる。神社での儀式には、こうした節目におこなわれるものが数多くある。

人生儀礼

- 着帯《ちゃくたい》の祝い
- 御《お》七《しち》夜《や》
- 御宮参《おみやまい》り
- 御《お》食《く》い初《ぞ》め
- 初《はつ》節《ぜっ》句《く》
- 七《しち》五《ご》三《さん》参《まい》り
- 成人式

誕生を祝う

新生児に関する行事は多い。なかでも神社へ詣でるのが、妊娠5か月目の「着帯の祝い（76ページ参照）」と、生後30日以降の「御宮参り（初参りとも、78ページ参照）」。

御宮参りは、氏神《うじがみ》に誕生の奉告《ほうこく》と御礼をする意味がある。一般に、男児は32日目、女児は33日目を目安に、よい日を選ぶ

成長を喜ぶ

七五三は、子どもがこれまで無事に育ったことを神に感謝し、今後も健やかにあることを祈る儀式。20歳になったら成人式をして、大人の仲間入りをしたことを神に奉告する（80・82ページ参照）。

これで納得

節目の通過とともに新しい役割を得る

節目は、神の御加護に感謝するよい機会。少年から青年、壮年へと、年齢的にも立場が変化するとき。新たな役割を神から授かったと自覚し、新たな始まりだと考えるようにしたい。

家庭を築く

結婚は、神のはからいで２人の縁が結ばれたことによるもの。神前結婚式では、御神縁《ごしんえん》に感謝するとともに家内安全や子孫繁栄を願う（84ページ参照）。

結婚式

厄祓《やくばら》い

年祝い
還暦：61歳
古稀：70歳
喜寿：77歳
（数え年、八七ページ参照）

長寿を祈る

体が変化を迎える年に厄祓いを受け、今後の無事を祈る。また61歳の還暦以降、節目の年齢ごとに長寿を祝う習慣がある。長生きできたことを神に感謝し、健康を祈る（86・88ページ参照）。

還暦は数え年61歳の祝い。生まれた年の干支に還り、生まれ直すことを意味する

御祈祷《ごきとう》や御祓《おはら》いは、ふだんのお参りとは違い、「正式参拝」といいます。拝殿《はいでん》に上がるため、「昇《しょう》殿《でん》参拝」とも呼ばれます。

人生の節目には正式参拝をおこなう儀式が数多くあり、古くからの習慣として、今も多くの人がおこなっています。

初穂料

社務所に申し出て気持ちを金銭に込める

正式参拝を希望するときは、神社の社務所で手続きをします。申請書に氏名や住所などの必要事項を記入し、祈願・祈祷《きとう》の内容も明記します。神社ごとに奉納金の規定や目安が示されていますので、それをもとにお納めします。これを「初穂料《はつほりょう》」といいます。

初穂とは、秋の収穫時に最初に神に奉納する稲穂のこと。のちに、穀物の代わりの御供物《ごくもつ》や奉納金も初穂と呼ぶようになりました。初穂料は金銭の多寡《たか》ではなく、気持ちを込めて納めることがなにより大切です。

●略礼服がふさわしい

祈願や祈祷に行くのに、カジュアルな服装や肌が露出している服装は好ましくない。神社の厳粛な雰囲気を考慮し、きちんとした服装で参列する。

男性はネクタイ着用

略礼服かダークスーツで、ネクタイを着用する。和装の場合は、羽織袴。学生は制服でもよい

女性は訪問着やワンピース

落ち着いた色のスーツやワンピースを。スカート丈が短すぎないように注意。和装の場合は訪問着などが適している

主役がいるときは主役を立てる

七五三や成人式など主役がいる場合、参列者は主役以上の晴れ着は避け、控えめに。

●表書きは場に応じて使い分ける

御神前にお供えする金銭、食べ物、お酒などに記す表書きには、以下のような種類がある。そのときどきに応じて使い分けるとよい。

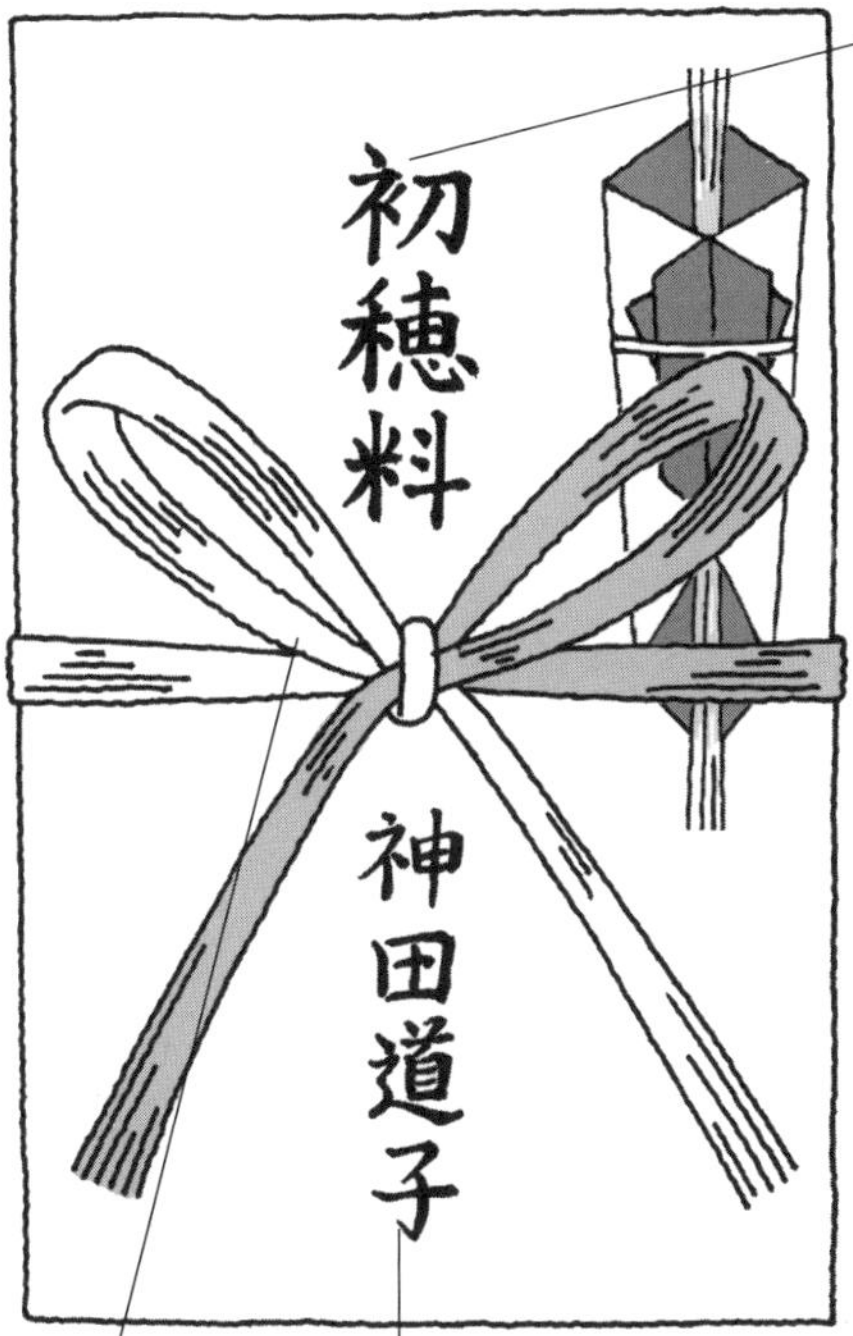

一般的な表書き

初穂料

最も一般的な表書き。原則として、七五三や成人式など祝い事の祈願・祈祷、厄祓《やくばら》い、地鎮祭《じちんさい》などの料金の表書きとして用いる

玉串料《たまぐしりょう》

玉串とは、榊の枝に紙垂《しで》がついたもので、祈願・祈祷のさいに用いる（74ページ参照）。玉串の代わり、あるいはその料金という意味。お通夜や葬儀のお供えに用いることもある。のしはつけない

御榊料《おんさかきりょう》

玉串と同じく、祈願・祈祷に用いる榊の代わり・料金という意味。お通夜や葬儀の御供えに用いることもある。のしはつけない

そのほか「御神饌料《ごしんせんりょう》」「御礼」「御祭祀料」「御祈祷料」などと書く場合もある。弔事の場合は「御霊前」もよく用いられる

名前は御祈祷を受ける本人

表書きには、本人の名前を書く。七五三などの子どもの祝い事なら、子どもの名前を書く

水引は基本的に蝶結び

神社でおこなわれる祈願・祈祷の多くは慶事にかかわるものが多い。水引は結び切りではなく、蝶結びのものを選ぶとよいだろう。結婚式では結び切りを用いる

これで納得

「上」は授与品の表書きにも使われる

神社で授与品を分けていただくとき、袋の表書きに「上」と書かれていることがある。上とは、神に捧げるときに記すもので、神に対する敬意を示している。丁寧さを示すために記していることも。

儀式

罪穢を祓ってから祝詞を奏上する

祈願・祈祷《きとう》の正式参拝は、拝殿に上がります。神職による御祓い、祝詞《のりと》の奏上のあとに、参拝者が神前に玉串《たまぐし》を捧げるというのが一般的な流れです。

まず初穂料を納めたら、控え室で順番を待ち、呼ばれたら拝殿へと向かいます。拝殿に上がる前に、忘れずに一礼しましょう。

拝殿では正座する「坐礼《ざれい》」、胡《こ》床《しょう》という椅子に座る「立礼《りゅうれい》」のどちらかの様式でおこなわれます。

祭祀《さいし》の開始を告げる太鼓が鳴らされ、いよいよ祈願・祈祷が始まります（上図参照）。

●儀にのっとって、敬意を示す

祈願・祈祷の参拝の手順は、その場で神職から指示がある。こころを落ち着け、厳粛な気持ちで臨むことをこころがける。

打鼓《だこ》

祭儀の開始を知らせる太鼓が打ち鳴らされる。

修祓《しゅばつ》

●祓詞《はらえことば》の奏上《そうじょう》

神職が祓詞を奏上する。祓詞とは、祈願・祈祷を始めるにあたって、神前に上がる前に「お清めください」とお願いすることば

●大幣《おおぬさ》（大麻）による祓《はらえ》

大幣は、大きな串にぬさがつけられた、祓い具の一種。神職が大幣を振り、参拝者や御供物の罪穢《つみけがれ》を祓《はら》う

立礼のときは
奏上の前に起立する

胡床に着席しているときは、祓詞や祝詞の奏上が始まる前に起立する。そして、頭を下げて「けい折《せつ》（左ページ参照）」の姿勢をとる。

敬礼は、神に祈りや願いを聞いていただくために、身を慎み敬意を示す作法。礼儀をもっておこなう

坐礼は頭を低くする

坐礼の場合、祓詞や祝詞の奏上のあいだは座ったまま両手をつき、頭を下げて敬礼する。この「平伏《へいふく》」の姿勢を保つ

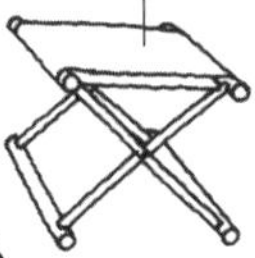

立礼は腰を深く折る

立礼では、祓詞や祝詞が奏上されるあいだは、立ち上がって腰を曲げ、頭を下げて敬礼する。これが「けい折《せつ》」の姿勢

祝詞の奏上

祝詞の内容は、参拝者の氏名や儀式の趣旨、目的などで、いわば神へのお願い事である。

玉串奉奠《たまぐしほうてん》

（74ページ参照）

打鼓

祭儀の終了を示す太鼓が打ち鳴らされる。

起立、着席のほか、平伏やけい折からもとの姿勢に戻るのは、その場で神職から指示があることがほとんど。指示にしたがえばよい。

直会《なおらい》、供物《くもつ》のお下がり

祈願・祈祷などの儀式のさいに神に捧げた供物は、終了後に神職や参列者がいただく。これを直会という。現在では簡略化され、御神《おみ》酒《き》や御守りをいただくのが一般的。

玉串拝礼

玉串に祈りを込めて神に捧げる

1 神職から玉串を受け取り、自分に向ける

玉串の葉先を左手で下から支え、玉串の根元を右手で上から持つ。胸の高さに捧げ持ち、左手の手のひらに載せて、時計回りに90°回す。

2 玉串に祈りの念を込める

両手で玉串の根元を持ち、玉串を立てる。目を閉じて、玉串に祈念を込める。

玉串を胸の高さに持って、祈りを込める

神前に玉串を奉納して祈願・祈祷をおこなうことを「玉串拝礼《たまぐしはいれい》」といいます。神に祈りを捧げるときにお供えする、米や酒、野菜、魚などを御神饌《ごしんせん》といいますが、玉串にはこうした御神饌と同様の意味があるとされています。

御神饌と異なるのは、玉串そのものに祈りや願いが込められていることです。玉串は、神に敬意を表し、神威《しんい》を授かるために祈りを込めて捧げるものです。

玉串拝礼は一般の祈願・祈祷とは違う、特別な意味があると考えられています。

3 玉串を神前に向ける

玉串の中ほどから下あたりを左手で支え、時計回りに回して根元を神前に向ける。

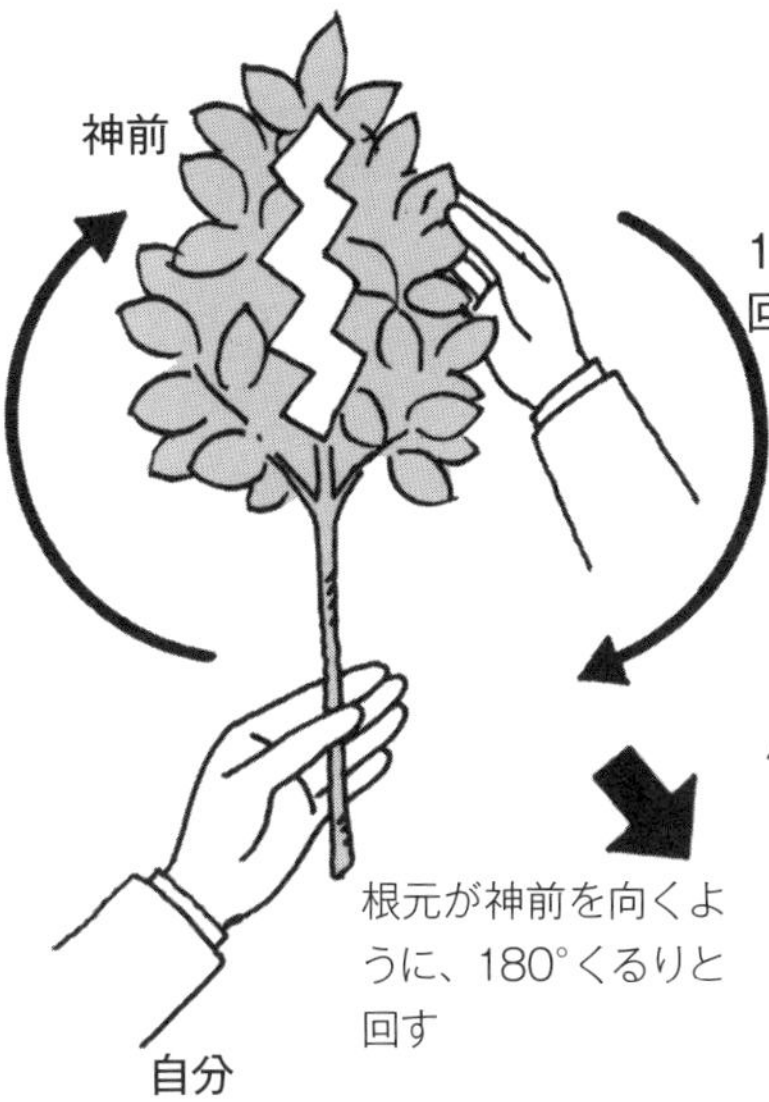
神前
180°
回転
根元が神前を向くように、180°くるりと回す
自分

神前
自分

4 案の上に玉串をお供えする

「案《あん》」という玉串を捧げる台が神前にある。そこに玉串をお供えする。

案

お供えしたら、一歩下がって、二拝二拍手一拝の作法で拝礼する

祈願が成就したら御礼参りを

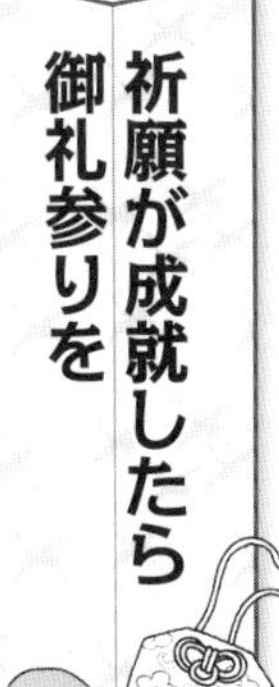
御守

神社で願掛けをしたあと、無事願い事が成就したら、丁寧に御礼をするべきでしょう。神社で祈願成就を奉告《ほうこく》することを「御礼参り（報賽《ほうさい》とも）」といいます。祈願成就から、一年以内におこなうのが目安です。

丁寧におこなうなら、正式参拝を。社務所で御礼参りであることを告げ、「御礼」と書いた奉納金と、安産守りなどを返納します。神職が祝詞《のりと》を奏上し、神に奉告します。

通常の参拝方法でもかまいません。賽銭《さいせん》を納め、二拝二拍手《にはいにはくしゅ》一拝《いっぱい》の作法（一八ページ参照）をもって神に奉告します。

着帯の祝い

胎児の魂を安定させ、安産を祈願する

●戌の日に帯祝いをする

妊娠五か月目の戌の日に、岩田帯を巻き、胎児の健康や安産を祈願する儀式。祝いの帯は、妊婦の実家が贈るのが習わし。仲《なこ》人《うど》や子宝に恵まれた親しい夫婦に贈ってもらうこともある。

胎児を保護する

腹帯を巻くことによって腹部を守り、安定させる目的がある。冷えを防いだり、動きやすくなったりするので母体の保護にもなる。

胎児の霊魂を安定させる

腹帯を巻くことで胎児の魂をこの世にとどめて安定させ、無事に生まれてくることを願うという意味もある。

帯の巻き方は産科で教えてくれることが多い

神社でおこなう儀式には、子授けや安産、子育てなど、子どもの健やかな成長を祈るものがあります。着帯《ちゃくたい》の祝いもその一つです。

妊娠五か月目の（地域によって差がある）戌《いぬ》の日に、「帯祝《おびいわ》い」といって妊婦のおなかに木綿の腹帯を巻く儀式です。この帯は、岩《いわ》田帯《たおび》ともいいます。戌の日を選んでおこなうのは、犬が多産で、安産が多いことなど、さまざまな理由が挙げられています。

現在は、医療機関でおこなってくれるところも多いようですが、もともとは民間の儀式です。

儀式のときは、御神威《ごしんい》にあやかるため、出産や子育てにまつわる奉納品を納めることもある（66 ページ参照）

犬はお産の象徴

多産

一度にたくさんの赤ちゃんを産む犬は、多産や子孫繁栄の象徴でもある。

安産

犬はお産が軽いことから、あやかろうという考え。

家を守る

番犬としてよく吠え、邪気を祓うことから、家を守るともいわれる。神社の守護獣として社殿の前に狛犬が置かれているが、同じような意味がある。

今世と来世をつなぐ

犬は、この世と来世のあいだを行き来して、道案内する役目があるといわれる。人の霊魂の往来にもかかわる動物だと考えられ、赤ちゃんの誕生にもかかわっているという。

文化の系譜　家庭の儀式にも神道の考えが根付いている

　出産後、家庭でもさまざまな儀式がおこなわれる。赤ちゃんの誕生を祝うとともに、これからの人生を健やかに過ごすために祈りを捧げる。

　日や儀式の内容については地域によって違いが見られるが、赤ちゃんが無事に成長することを祈るのは同じ。先人が培《つちか》ってきた伝統といえる。

●産湯《うぶゆ》（生後３日）

初めて赤ちゃんを湯に浸からせる。体を清めるほか、順調な発育を願う意味がある。お湯に酒や塩を入れると、風邪をひかないといわれる。

●御七夜《おしちや》（生後７日）

赤ちゃんの命名とともに、健やかな成長を祈って祝う。かつては、父方の実家が親類や近所の人を招いてお祝いの席を設けていた。名前を書いた紙を、神棚や床の間に貼り、氏神に御加護を願う。

●御食《おく》い初《ぞ》め（生後100日）

「お箸初め」「歯固め」ともいう。食べ物が豊富でなかった時代に、「一生食べ物に不自由しないように」という願いを込めた儀式。現在も、祝い膳を整えて、赤ちゃんに食べさせる真似をする。

御宮参り

赤ちゃんの忌明けに神に感謝を捧げる

御宮参りは、赤ちゃんがこの世に誕生して、初めて神社に詣でる儀式です。

地元の氏神《うじがみ》（土地を守っている神）に無事に出産できたことを奉告し、子どもの健やかな成長を祈願します。赤ちゃんを連れてお参りすることで、氏神に新しい氏子《うじこ》として認めてもらう目的もあります。

参拝の時期は、赤ちゃんの忌明《いみあ》けである三〇日以降におこなわれることが多いのですが、最近では母親の忌明けに合わせて百日《ももか》参りをする人も増えています。

●新しい氏子として認めてもらう儀式

地元の氏神に、赤ちゃんを新しい氏子として認めてもらうための儀式。赤ちゃんを氏神に見ていただくのが目的。

赤ちゃんの忌明けである32~33日目におこなう

神道では、産まれたばかりの赤ちゃんが罪穢に触れないよう、忌明けを待って御宮参りをおこなう。男児は32日、女児は33日におこなうのが習わしとされる。ただし、日数は地域によって異なる。

昔は父方の祖母や産婆が参拝した

産後の母親の忌明けは75日とされ、御宮参りには一緒に行かないのが一般的であった。そのため、昔は父方の祖母や産婆が赤ちゃんを抱いて参拝した。

これで納得

「忌《いみ》」には身を慎み吉事を待つ意味もある

現在は、「忌《い》む」概念が失われてしまったが、本来は罪穢に触れないように身を慎み、それらを取り除くことをいう。忌みは「斎《い》み」に通じ、吉事を待つという意味もある。

●現在は両親そろってお参りすることが多い

現在は、時期も32日や33日にこだわらず、赤ちゃんの体調や天候を見ておこなうのが一般的。父方の祖母と両親がそろって参拝する場合が多い。

赤ちゃんは祝い着を着る

赤ちゃんは、白羽二重《はぶたえ》の内着の上に、祝い着を着る。男児は、黒地の羽二重の紋付き、女児は友禅ちりめんの紋付きなど。祝い着は母方の実家から贈るのが習わし。

父親の服装は、ダークスーツなどの略礼装を。きちんとネクタイをすること

母親と祖母の服装は留め袖が正式とされる

父方の祖母が赤ちゃんを連れていく

赤ちゃんを抱くのは、本来は父方の祖母の役目とされる。ただ、最近ではあまりこだわらず、母親が抱いて参詣することも少なくない。

これで納得

わざと泣かせるのは、神に印象づけるため

地域によっては、神前で赤ちゃんをわざと泣かせる風習があるところも。泣き声を神に聞いていただくことで、新しい氏子の存在を神に印象づけ、神の御加護を得るためだという。

七五三参り

子どもの無事を感謝し、健やかな成長を祈る

子どもの成長を願う儀式としておこなわれるのが七五三です。その名の通り、数え年で三、五、七歳の子どもの成長を祝います。

一般に、男児は三歳と五歳のとき、女児は三歳と七歳のとき、一一月一五日に晴れ着で神社に参拝します。一一月一五日は吉日であり、五代将軍徳川綱吉《とくがわつなよし》の子、徳《とく》松《まつ》の祝儀をおこなったことも由来とされます。

なお関西地域では、十三詣《じゅうさんまいり》といって虚空蔵菩薩《こくうぞうぼさつ》を本尊とするお寺に一三歳で参拝する習慣があります。

●氏子として成長したことを奉告する

七五三は、三歳、五歳、七歳と、節目の年齢を迎えることができたことを神に感謝し、奉告するもの。これからも健康に過ごせるように祈願する。昔は年齢に応じて、髪型や服装も変える習わしがあった。

3歳

髪置《かみおき》(男女)

剃《そ》っていた髪の毛を伸ばし始める

2～3歳の子どもが、髪を伸ばし始めることを祝う儀式。髪立《かみだて》、櫛《くし》置《おき》ともいう。鎌倉～江戸時代にかけておこなわれていた。

公家《くげ》は2歳、武家《ぶけ》は3歳という説がある。あるいは、女児が2歳で、男児が3歳ともいわれる

7歳

帯解《おびとき》（女）

幼児用の紐付きの着物をやめ、帯を使い始める儀式

７歳の 11 月に吉日を選んでおこなう。５～９歳の男児にもおこなうことがある。

恵方《えほう》に向かって立たせ、帯を結ぶのが習わし

5歳

袴着《はかまぎ》（男）

男児に初めて袴をはかせる儀式

平安時代には３歳で祝ったが、後世には５歳、あるいは７歳で祝うようになった。

袴の腰紐を結ぶ役を有力者に頼むことも多かったという

千歳飴《ちとせあめ》の由来は東京

七五三につきものの千歳飴。飴は細長く伸びることから、命が延びるという縁起をかついだとされる。東京の神田神社（明神）や浅草周辺で売られていたものが広まったと伝えられている。

昔は、乳幼児の生存率が高くなかった

七五三のお祝いの儀式をおこなったのには、昔の乳幼児の生存率の低さが関係しています。

医学が未発達だった時代、乳幼児が無事に育つことは難しく、流行り病やけがなどで亡くなってしまうことがしばしばありました。

「七歳までは神のうち」といわれるほど、赤ちゃんや子どもの命はかよわく、神がすぐに連れていってしまうとされていました。

一定の年齢に達した節目に、子どもの成長を神に感謝し、今後も健やかであることを祈願して、七五三の儀式をおこなったのです。

成人式

神に成長を奉告し、大人の仲間入りをする

成人式は、二〇歳になったお祝いとして、一月に全国各地で式典がおこなわれています。そもそもの由来は、公家や武家の男子の成人の儀式「元服《げんぷく》加冠《かかん》の儀」だといわれています。

現在では、地方自治体が中心となってホールなどで式典をおこなうことがほとんどで、男性はスーツや羽《は》織袴《おりはかま》を、女性は振り袖やフォーマルドレスなどを着て式典に参加するのが一般的です。

ただ、現在の成人式はかつての元服に比べると、かなり形式的なものだといえそうです。

●儀式によって大人としての責任を自覚する

20歳になると法律上も成人とみなされる。その自覚を促す儀式として、成人式がおこなわれる。現在では個人で神社を参拝し、御祓いや祈祷を受ける人は少なく、各地で開かれる成人式の式典に参加する人が多い。

成人式をおこなう

||

一人前として周囲に認められる

成人式を迎えると、周囲から一人前の大人として見られるようになる。そのぶん責任もともない、地域によっては青年団や消防団、祭礼の当番などの仕事を任されるように。

同時に

共同体の一員として責務を担う

警備　消防　環境保全　祭礼

かつては「若者組」と呼ばれる成年男子の組織が地域にあり、防犯や防災、草刈りや土木工事などをおこなっていた。現在でも、特に地方などでは地域の若者が団結し、さまざまな役割を担っていることが多い。

□文化の系譜　武家や公家の元服が、成人式になった

成人式は武家や公家の「元服」の儀式が起源で、神前でおこなわれていた。年齢は、現在の20歳よりもずっと若く、15～16歳で大人の仲間入りを果たした。

烏帽子《えぼし》をかぶる
前髪を落とし、髷《まげ》を結う
烏帽子をかぶせ、烏帽子名（実名）をつけてくれる人を「烏帽子親」といい、この役目は有力者に頼むことも多かった
丸髷《まるまげ》
身分によって、髷の形は異なる
眉を剃《そ》る、抜く（引き眉）
歯を黒く染める（お歯黒《はぐろ》）
結婚した女性はお歯黒にするのが決まりであった。漆のように黒い歯が美しいとされた

男性

烏帽子をかぶり、名を改める

公家では冠を、武家では月代《さかやき》を剃って髷を結い、烏帽子を戴く儀式をおこなう。また、幼名から実名に改め、名実ともに大人の仲間入りをする。

女性

髷を結い、歯を黒く染める

女性の場合は、「裳《も》」という衣装を着ける「裳着《もぎ》」の儀式のほか、結婚すると丸髷を結い、お歯黒（鉄漿《かね》）にするのが習わし。

結婚式

結婚の奉告と誓いを捧げ、御神盧をいただく

●伝統的な婚礼を今に残す

神前結婚式の式次第は、神社によって多少違いがあるが、左のような段取りでおこなわれる。

1 **修祓《しゅばつ》**
（72ページ参照）

2 **斎主一拝《さいしゅ》**
祭礼の開始にあたり、儀式をつかさどる神職（斎主）が神に拝礼をおこなう

3 **神饌を供える（献饌《けんせん》）**
神に食べ物やお酒をお供えする

4 **祝詞奏上**

5 **三献《さんこん》の儀《ぎ》（三三九度《さんさんくど》の杯《さかずき》）**
指輪の交換をするときは、このあとにおこなう

6 **新郎新婦の誓詞《せいし》奏上**
新郎が誓詞を読み上げる。新婦は自分の名前の部分だけを読み上げ、奏上が終わったら神前に奉納する

7 **楽の奏上**
神楽や舞が奉納される

8 **玉串奉奠《ほうてん》**
（74ページ参照）

9 **親族固めの杯**

10 **神饌を下げる（撤饌《てっせん》）**
3で神に捧げた食べ物やお酒を下げる

11 **斎主一拝**
儀式の終了にあたり、斎主が神に拝礼をおこなう

新郎新婦と媒酌人《ばいしゃくにん》が捧げる
祈りと誓いの気持ちを込めて、神に玉串を捧げる。まず、新郎新婦が、次に仲人（媒酌人）がおこなう。玉串を捧げたあとは、二拝二拍手一拝で拝礼をおこなう。

御神酒を親族でいただく
斎主の案内で参列した親族は起立し、御神酒の杯をいただく。このときも三口で飲み干す。

●男女が杯を交わし、夫婦固めをなす

三三九度とは、杯を取り交わす回数のこと。酒を1杯飲むことを「一度」といい、3杯飲むことを「一献《いっこん》」とする。これを合計3回、つまり二人合わせて九度いただく作法をいう。こうした厳粛な作法で杯を交わすことによって、神の御加護と御神威《ごしんい》が増すとされる。

一度を3口で飲む

神酒を拝載する順

一の杯　新郎→新婦(→新郎)
二の杯　新婦→新郎(→新婦)
三の杯　新郎→新婦(→新郎)

(　)までおこなうのが正式だが現在は省略されることが多い。一の杯で新郎が一度、次に新婦が一度飲み、二の杯では新婦、新郎の順に、三の杯では新郎、新婦の順となる

神道の結婚式は「神前結婚式」といい、神社のほか式場などで神職によって執りおこなわれます。

実は現在の神前結婚式は、儀式として比較的新しい形です。

明治三三年、当時皇太子の大正天皇と九条節子《さだこ》姫のご成婚にあたり、宮中の賢所大前《かしこどころのおおまえ》でおこなわれた式がもとになったとされます。翌年、式次第が一般の人々の式でおこなわれ、全国に広まっていきました。

それまでの結婚式は、各家庭の床の間に伊邪那岐命《イザナギノミコト》と伊邪那美命《イザナミノミコト》の御神名《ごしんみょう》の掛け軸などを飾り、御《ご》神饌《しんせん》をお供えし、その酒で三三九度を交わすという形。

家庭か神社かという場所の違いはあったものの、基本的な儀式にはほとんど違いはありません。

厄祓い

転機を迎える年に厄を祓い、災いを避ける

年を重ねるにつれ、気になるのが「厄年《やくどし》」です。災厄《さいやく》が多いとされる年齢のことです。

厄年は、体力的な問題のほか、家庭内や仕事などの社会的役割でも転機を迎える節目とされ、さまざまな災難に遭いやすい年齢だといわれています。厄年を迎えるにあたり、災厄を未然に防ぐために神社で厄落としをする儀式を「厄《やく》祓《ばら》い」といいます。

神前で御祓いを受けるほか、地方や神社ごとにさまざまな儀式があり、厄年に該当する人々が参加するお祭りもあります。

●厄年は身を慎み、厄祓いを受ける

厄年には災厄に遭いやすいとされることから、身を慎み、無理や無茶をしないことが大切。厄祓いを受けると、神の御加護により難を逃れたり軽減したりできるとされる。

（数え年）

		前　厄	厄年（本厄）	後　厄
男性		24	25	26
		41	大厄 42	43
		60	61	62
女性		18	19	20
		32	大厄 33	34
		36	37	38

大厄《たいやく》は特に意識する年

大厄は特に大きな災厄が起こりやすいとされる年齢。男性は42歳、女性は33歳が大厄にあたる

前後の年も気を抜かない

大厄だけでなく、前後の年も厄がある。前年を前厄、後年を後厄といい、大厄の影響で災厄が起こりやすいとされる。前厄、後厄にも、御祓いを受けることが勧められている

●もともとは「役年《やくどし》」で、晴れの歳でもあった

現在厄年は、新しい事業を始めたり家を新築したりすることを避けるなど禁忌の観念が強い。もともとは「役年」と呼び、祭りの神輿の担ぎ手として神事に参加するなど、名誉なことであった。祭祀に参加するため、病気やけがをしないように身を慎む（斎戒《さいかい》）という教えが、禁忌につながったとされる。

これで納得

昔は「数え年」で年齢を数えていた

数え年とは、生まれた年を1歳として、それ以降は正月を迎えると1歳ずつ年を加えていく数え方。厄年の数え方には、数え年が用いられており、実際の年齢とずれが生じる。神社には厄年の年齢の早見表が掲示されているので参考にするとよい。

大人になってからの「節目」は、体や役目の変化の年を意味することが多い

もともとは

女性は子どもを産み育てる年

女性にとって妊娠、出産、子育ては大役であったため、その時期と重なる19歳から、厄が終わる33歳を役年として、ねぎらい、祝うのが目的であった。

男性は神事にかかわる年

厄年＝役年と考えられ、例えば、神輿の担ぎ手になる、宮座《みやざ》（地域の祭祀をおこなう組織）の当番になって祭祀をおこなうなど、地域での中心的な役割を担う年とされていた。

現在は斎戒する意識だけが強く残る

年祝い

喜びを神に伝え、さらなる加護を祈る

昔は平均寿命が四〇歳程度で、誰もが長寿を願っていました。長生きをしている人をお祝いするのが年祝いの儀式です。本人はもとより周囲に福を分け与える意味もあり、とても大切な祝い事とされています。

長寿を祝う儀式は中国から伝わったとされ、平安時代に「算賀《さんが》」という儀式がおこなわれていました。現在の「還暦《かんれき》」「古稀《こき》」「喜寿《きじゅ》」などの呼称が誕生したのは室町時代。人々のあいだに長寿を祝う習慣が広まったのは、江戸時代になってからです。

●還暦は「生まれ直し」の意味がある

還暦とは、満60歳、数え年で61歳のお祝い。生まれたときの干支《えと》に還ることは、生まれたばかりの赤ちゃんに戻る＝生まれ直しの意味がある。特に江戸時代以降に盛んにお祝いをするようになった。

赤は、魔除けとされる。昔は還暦を迎えると、それまでの役職や家長の座を退き、隠居することが一般的であった

これで納得

60年で生まれ年の干支に戻ることが由来

還暦は、「本卦還り《ほんけがえ》」ともいう。干支は60年で一巡し、還暦を迎えると生まれた年と同じ干支がめぐってくる。生まれたての赤ちゃんを祝うように、赤いずきんやちゃんちゃんこ、ざぶとんなどを贈る習慣がある。

●祝い年は字解きの意味が多い

年祝いは、奈良時代には40歳から始め、10歳ごとに祝ったという。現在は還暦、古稀、喜寿、傘寿、米寿、卒寿など。それぞれ年齢に応じた文字解きの意味が込められている。

70歳	
古稀	杜甫の『曲江詩《きょっこうし》』にある「人生七十古来稀なり」という句にちなんだとされる。

77歳	喜ぶ＝㐂→七十七
喜寿	喜という文字の略字が、漢数字の七、十、七と分解されることから、この文字を当てはめた。

80歳	傘＝仐→八十
傘《さん》寿《じゅ》	傘の略字が、漢数字の八、十に分解されることから、この字を当てはめた。

81歳	半→八、十、一
半《はん》寿《じゅ》	半という文字が、八、十、一に分解されることから、この字を当てはめた。盤寿ともいう。

88歳	米→八、十、八
米《べい》寿《じゅ》	米という文字が、漢数字の八、十、八に分解されることから、この字を当てはめた。

90歳	卒＝卆→九十
卒《そつ》寿《じゅ》	卒という文字の略字が、九、十と分解されることから、この字を当てはめた。

99歳	百ー《ひく》一→白
白《はく》寿《じゅ》	百という文字から一をひくと、白という文字になることから、この文字を当てはめた。

そのほかに、長寿を上・中・下に順をつけ、100歳を上寿《じょうじゅ》、80歳を中寿《ちゅうじゅ》、60歳を下寿《げじゅ》と呼ぶこともある。皇寿《こうじゅ》といって、白（白寿）＋王（漢数字の十と二）で99歳＋10歳＋2歳となり、111歳に当てることもある

解説

家庭に神職を招いて祭祀を執りおこなう

建築は神道とのかかわりが多い

建造物を造るときには、必ず土地神の許しを得て、工事の安全や無事を祈る「地鎮祭《じちんさい》」「上棟祭《じょうとうさい》」をおこないます。

地鎮祭では、御祓《おはら》いをし土地の祭神をお祀りします。御神饌《ごしんせん》を供え、祝詞《のりと》を奏上したら「草刈《くさか》り初《ぞ》め」「穿《うが》ち初《ぞ》め」「鎮物《しずめもの》の埋納《まいのう》」の三つの儀式がおこなわれます。上棟祭は棟上げともいい、柱や梁《はり》などの基礎が完成し、棟木《むなぎ》を上げるときにおこなう儀式。集まった人々に金銭や餅が撒かれます。

建築で神道の儀式がよくおこなわれるのは、自然界のみならず建造物にも神が宿るという考えがあるからです。

死者の葬送は神域ではおこなわない

神道の儀式は、神社の外でおこなわれるものもあります。特に葬儀（神葬《しんそう》祭《さい》）は、御祭神ではなく死者の御霊《みたま》を祀るため、神社でおこなうことはありません。自宅や斎場に神職を招いておこないます。

神葬祭の起源は非常に古く、『古事記』にアメノワカヒコの葬送が綴られています。

神葬祭の式次第は、名称は異なりますが仏式とほぼ同じ。違う点は、氏神《うじがみ》に氏子の死去を知らせる「帰幽奉告《きゆうほうこく》の儀《ぎ》」や玉串奉奠《たまぐしほうてん》があることなどです。焼香や戒名はありません。

神社で最も重要なことは、
祭祀《さいし》（祭り事）です。
祭祀は、神に仕える人々が
いにしえの習わしを受け継ぎ、
守り続けてきた祈りの形。
いにしえを想い、
非日常を深く味わうことができます。

第四章

祭祀をおこない、特別な日を神と祝賀する

祭祀

四季折々の祈りと感謝を捧げる

元旦から大みそかまで、日本では四季折々の祭りが各地を彩ります。古来、人々の生活の中心は、稲作や農耕でした。祭りは、種蒔《ま》きや収穫などの節目に合わせておこなわれてきました。

年始　国や地域の平穏を寿ぐ

神に、無事に新しい年の始まりを迎えられたことへの感謝をお伝えする。また、これからの一年も変わらぬ御加護を受けられるよう、祈りを捧げる（101ページ参照）。

祭祀を執りおこない、国・地域の安泰や発展を祈る

春　豊作を祈る

農耕生活では、自然の影響を受ける。災害が起きれば凶作に見舞われることも。田植えや種蒔きの前に、風雨に恵まれ豊かな稔《みの》りがもたらされるように神に祈りを捧げる。

神に食事や歌、舞などを捧げる（神楽《かぐら》）。国や地域が、五穀豊穣《ごこくほうじょう》に恵まれるように祈る

「祭り」は、「奉《たてまつ》る」が語源だといわれます。人が神に奉仕する、つまり食べ物や酒、舞楽《ぶがく》などを神に奉る行為を意味します。

日本には、四季に合わせた祭りが数多くあります。神社の中だけでなく、周辺の地域と一体となっておこなわれます。

●神の威光をいただいて、豊かな生活を祈る

祭りは、人々の祈りや感謝を神に捧げるもの。祭祀によって神の霊威《れいい》（神《しん》威《い》、神の威光）が増し、神威によって国や地域に恵みや御加護がもたらされる。四季にまつわるもののほか、神社の縁起にゆかりのある祭りもある。

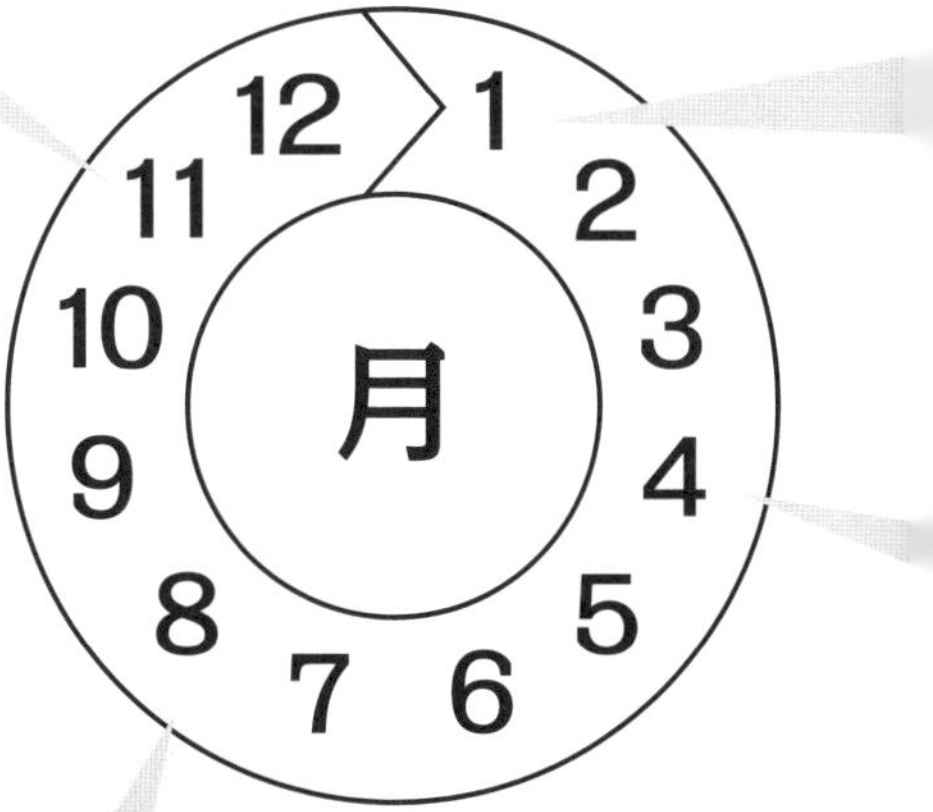

神社の一年は、いにしえから明治までは陰暦でめぐっていた。現在も伝統を守る祭りもあれば、太陽暦に合わせて変化したものもある

秋・冬　稔りに感謝する

無事に五穀が収穫できたのは、御神《ごしん》徳《とく》あってのこと。神に、その年に収穫された新穀《しんこく》を捧げ、豊かな稔りに感謝する。

伊勢神宮の神嘗祭《かんなめさい》は、一年のなかで特に重要とされる祭り（106ページ参照）。神嘗祭から一年が始まるともいわれる

夏　疫病の鎮静を願う

夏は疫病が蔓延しやすい季節。いにしえの人々は疫病を悪神のしわざと考え、祭りをおこなうことで、悪神の勢いを鎮め、退去を願った。

葵祭《あおいまつり》（112ページ参照）が有名。各神社でも夏《な》越祓《ごしのはらえ》（117ページ参照）がおこなわれる

神職

神に奉仕し、神と人との仲立ちを務める

神社で神事に奉仕する人を総称して「神職《しんしょく》」といいます。神への奉仕とは、すなわち祭祀をおこない神と人との仲立ちを務めることです。

神職には、「階位《かいい》」という資格が必要です。階位の取得は、國學院大學や皇學館大学などの神職養成機関で、神社本庁が規定した課程を修めるのが一般的です。

取得した階位によって、各神社内での「職階《しょくかい》」が定められます。一般企業での部長や課長などと同じようなもので、最高責任者は「宮司《ぐうじ》」と呼ばれます。

●平安時代の形が服装に残る

神社で神職を見かけると、袴の色が違うことに気付くだろう。神職には資格があり、級によって祭祀のさい身につける「装束《しょうぞく》」の色も異なる。

神職の資格・職名

神職は階位を有することが大前提。階位は、努力しだいで上の階を取得できる。階位をもとにし、年功によって職階や級が決められている。職階や階位は、必ずしも連動せず、たとえば権正階の宮司や、明階の権禰宜もいる。

職階（神社内での職名・役職）	階位（神職としての資格）
宮司	浄階《じょうかい》
（権宮司）	明階《めいかい》
禰宜《ねぎ》	正階《せいかい》
権禰宜《ごんねぎ》	権正階《ごんせいかい》
出仕《しゅっし》	直階《ちょっかい》

浄階は名誉職とされる。大きな神社では「権宮司」などの職階も定められている

級数による区分もある

年功（年齢や経歴、功績など）により、級数が決められる。特級、一級、二級上、二級、三級、四級の６段階がある。級によって装束の色が定められ、大きな神社では人事もこれによる。

装束

装束には、正装《せいそう》・礼装《れいそう》・常装《じょうそう》があり、祭祀の種類によって着るべきものが定められている。

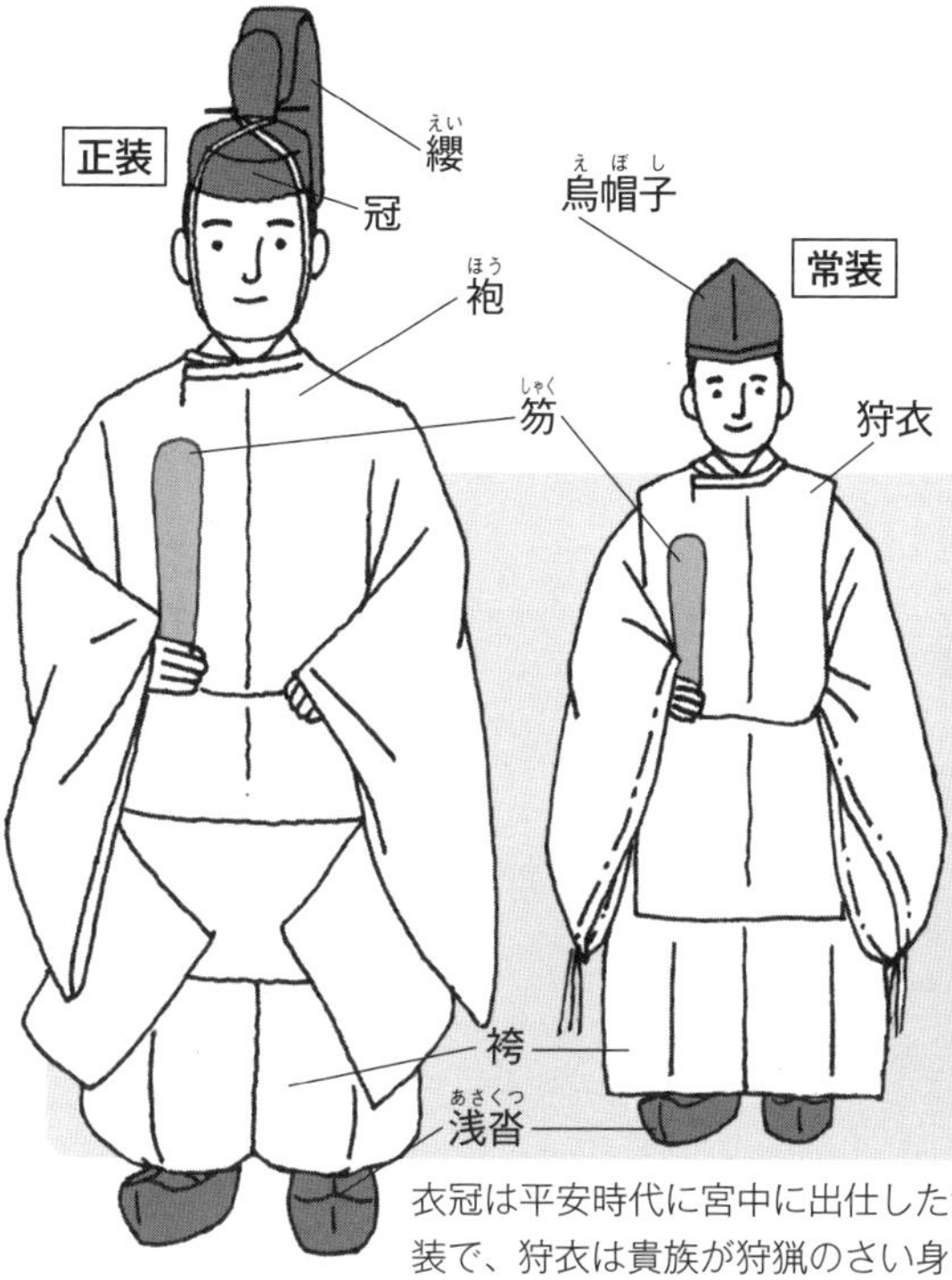
正装
纓《えい》
冠
袍《ほう》
笏《しゃく》
烏帽子《えぼし》
常装
狩衣
袴
浅沓《あさくつ》

男性

正装は「衣冠《いかん》」で、身分によって色が異なる。このほか礼装の「斎服《さいふく》」があり、形は正装と同じで、色は身分にかかわらず白。常装は「狩衣《かりぎぬ》」で、身分ごとに色分けされた袴、または「浄衣《じょうえ》」で模様がない白の服を着る（神事のみ）。

衣冠は平安時代に宮中に出仕した貴族の服装で、狩衣は貴族が狩猟のさい身につけたもの。浅沓は木と和紙でつくり、漆を塗ったもの。すべての祭祀の装束に用いられる

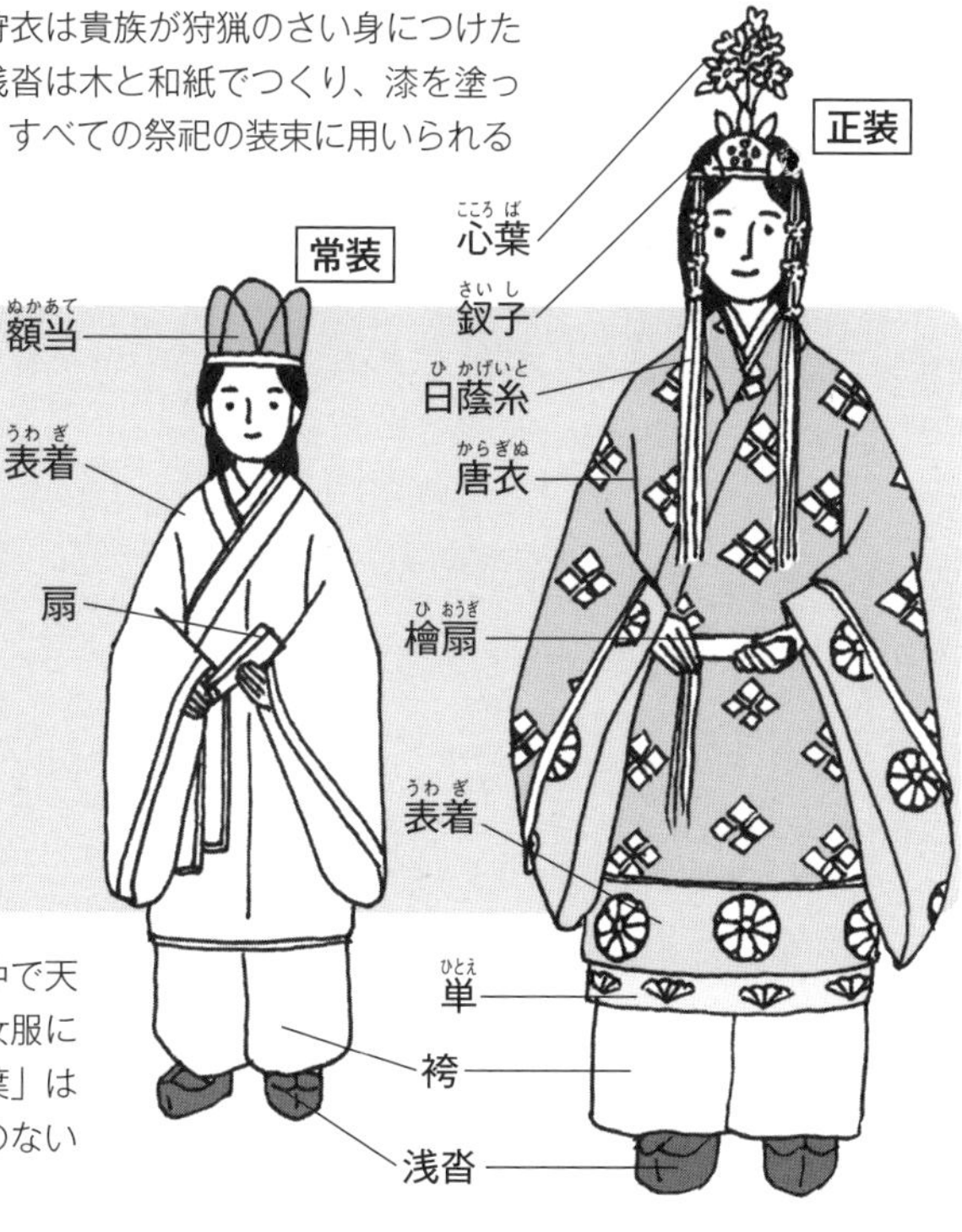
常装
額当《ぬかあて》
表着《うわぎ》
扇
正装
心葉《こころば》
釵子《さいし》
日蔭糸《ひかげいと》
唐衣《からぎぬ》
檜扇《ひおうぎ》
表着《うわぎ》
単《ひとえ》
袴
浅沓

女性

人数は男性ほど多くないが、女性の神職もいる。女性にも、装束の定めがある。正装は「正服」、礼装は白地の「斎服」、常装は「常服」と「浄衣（神事のみ）」。

平安時代の女官、采女《うねめ》（宮中で天皇の食事に奉仕）が着た采女服に由来。正装時につける「心葉」は装飾の造花。礼装時は心葉のない釵子をつける

巫女

神職を補佐し、舞や楽を奉納する

かつての巫女《みこ》は、その体を神の「依《よ》りまし」として神意《しんい》を人々に伝える、という呪術的な役割をもっていました。

現代では一般に、神社で神職の補佐にあたったりお守りなどを授けたりする女性を、「巫女」と呼んでいます。神社によっては、神前で神楽や舞を奉納するのも、巫女の重要な仕事です。

巫女になるには、神職のような資格はいりません。神に奉仕する意思（神明奉仕《しんめいほうし》）があり、心身ともに健康である、未婚の女性が条件となります。

●神明奉仕のこころで神に仕える

神社を訪れると、緋色（赤色）の袴を身につけた「巫女（神子、巫子）」が、授与所や拝殿で働く姿を見かける。作法を身につけ、しっかりとしたこころ構えをもって神に奉仕している。巫女の歴史は古く、「舞女《まいひめ》」などの名前で呼ばれる神社もある。

仕事

昔 神意を伝え、神事に奉仕する

↓

今 神職の補佐、舞楽の奉納

いにしえの巫女には、神がかりなどの呪術的な役割や、日常的に厳しく斎戒《さいかい》し神社で神事に奉仕する役割があった。

授与所や社務所で、御守りや絵馬を授与したり、儀礼の際に巫女舞を捧げたりする

条件

□神に奉仕する意思
□心身ともに清浄（健康）
□未婚の女性
など

巫女には、神職のような資格は不要。神社ごとに採用され、神道や神社の知識や神事の作法などの教育を受ける。

１人以上の巫女が、これらの装束をまとい、祓具《はらえぐ》などの採物を持って、洗練された美しい舞を奉納する

●宴を催して、神慮を慰める

神楽は、神社に欠かすことのできないもの。神話において、天照大御神《アマテラスオオミカミ》が天岩戸《あまのいわと》に隠れたとき、岩戸の前で宴を催したことが起源とされる。このとき天鈿女命《アメノウズメノミコト》が舞ったことが、現在の巫女の舞につながっている。

▼芸能の分類

雅楽　雅な音楽の総称

古代、大陸から日本に楽曲が伝来し、平安時代になって日本風に編曲された。伝来地によって高麗楽《こまがく》や唐楽《とうがく》などがある

神楽　神の前で奏する雅楽

神前で奉納される雅楽や芸能の総称。祭祀の場に神を招き、楽や舞を奏して神を祀る。神楽の名は、神がおわす「神座《かみくら》」が転じたとの説が一般的

御神楽《みかぐら》　宮中で奏する神楽

宮中にも、祭祀の場がある。現在の宮内庁には「楽部《がくぶ》」があり、伝来した形の古代の楽舞やいにしえの神楽を祭祀や行事で演奏している

里神楽《さとかぐら》　一般の神社で奏する神楽

巫女舞を中心とした、神社でおこなわれる神楽。神社ごとに伝承された、特色ある神楽が見られる

音

管・絃・打楽器で演奏する

龍笛（和笛）や笙《しょう》・篳篥《ひちりき》・琴・琵琶、拍子《ひょうし》や鼓《つづみ》などで、楽を演奏する。音楽だけを捧げるときもある

＋

歌・舞

神職や巫女が歌や舞を奉納する

もともとは神を身に降ろし、託宣《たくせん》をいただくためのもの。神がかりのための舞は回転動作が多いが、現在は美しさや優雅さが加わった

祭りの日

日常を忘れ、神話的空間で神と触れ合う

神に奉仕する人々にとって、特に大切なのが祭儀です。

前日から潔斎所《けっさいじょ》に泊まり（参籠《さんろう》）、身についた罪穢《つみけがれ》を祓《はら》います。「潔斎」といい、祭祀《さいし》に専念し心身を清めるのです。その後装束に着替え、手水《てみず》（一六ページ参照）や修祓《しゅばつ》をおこないます。

念入りに身を清めたあと、厳粛な雰囲気のなか、神との対話を図ります。舞楽が奉納されたり、街に御神輿《おみこし》や山車《だし》が繰り出したりすることもあります。祭祀後は神に捧げた食事を神と人とで分け合う「直会《なおらい》」がおこなわれます。

●厳かな空気のなか、粛々と執りおこなわれる

祭りの日、境内は緊張感のある空気に包まれる。神社にとって祭祀は一大行事。神に感謝を捧げ、それにより神が神威を表す。神職は十分な準備と作法をもって、祭祀に臨む。

潔斎《けっさい》

神職は参籠して身を清める

社務所や参籠所に泊まり、日常とは異なる食事をとり潔斎（水浴び）をして、体についた罪穢を祓い心身を清浄にする。潔斎が済んだら、装束を身につける。

手水《てみず》

（16ページ参照）

神職の手水は、一般的な方法とは異なる。巫女などほかの人の助けを受けながら、手や口を清める

これで納得

祭祀のあいだは食事やトイレは制限される

罪穢は汚れた悪しき状態を指し、自然に身につくものとされる。潔斎のあとは、心身の清浄を保つために、食事や汚物などの罪穢に触れることが制限される。

神職の装束姿は、日常ではなかなか見ることができない。
平安時代の装束は、いにしえの歴史を思わせる

神職が整然と歩くさまは厳か

神職は歩き方の作法も心得ている。玉砂利の上を、ザッザッ……と規則的な音を立てて整然と参進するさまには、神職たちの祭祀に臨む強い意思が表れている。

修祓《しゅばつ》

榊《さかき》と塩、水で清める

修祓は、祭具（玉串《たまぐし》など祭祀に使う道具）や神職、参列者の罪穢を取り除く行事で、祭祀の前に必ずおこなう。祭祀をつかさどる斎主の祓詞《はらえことば》の奏上、大麻《おおぬさ》や塩による祓えを受ける。

祭祀《さいし》

神社や街が非日常の神話的世界になる

神職によって祭祀は執りおこなわれる。御神輿や山車が出る祭りでは、神が楽や舞とともに街をめぐり、神威を分かち、人々と楽しむ。豊作を占う神事もある。

祭祀は本殿だけでなく、摂・末社のものもある。本殿と同様におこなわれる

一般公開されない「秘儀」もある

神職や祭祀に携わる奉仕者のみでおこなう祭祀もある。一般の参詣者は、一定の場所から立ち入りを禁じられる。

直会《なおらい》

神に捧げた食事を皆で分かち合う

祭祀が終わったら、神饌《しんせん》（神に捧げた食事）を神前より下げて、参列者も分かち合う。神饌に込められた神の霊力を取り込む意味があり、祭祀における重要な行事の一つ。

大祭、中祭、小祭

由緒や伝統にのっとり、祭祀を執りおこなう

人々は古くから、豊作豊漁や厄災の除去を願って、食べ物や舞楽を神に捧げました。これが祭りの原型です。祭りを執りおこなう場、神のおわす場として造られたのが神社です。

現在、神社でおこなわれる祭祀は、三つに分けられます。国家規模の特別な祭り「大祭《たいさい》」、次いで公共性が高い祭り「中祭《ちゅうさい》」、それら以外の祭りが「小祭《しょうさい》」です。

このほか、天皇が国家・国民の幸福を願う「宮中祭祀《きゅうちゅうさいし》」や、各家庭でおこなう「家庭祭祀《かてい》」もあります。

●規模や由緒で祭式が分けられる

祭りは、大祭・中祭・小祭の３種類のいずれかの祭式をもって執りおこなう。神社本庁の規定で定められており、規模や由緒、特に歴史や伝統、国家公共性から区分される。

大祭

国家規模の特別な祭り

神社で特に重要とされる祭り。国家公共性が高く、長い歴史と伝統をもつ祭りや、御神体《ごしんたい》の遷御《せんぎょ》をともなう祭りなどが大祭にあたる。神職は正装で臨む。

歴史と伝統があり、国家公共性が高い
- 祈年祭《きねんさい》
- 新嘗祭《にいなめさい》

特別の由緒がある
- 例祭
- 鎮座祭
- 式年祭

など

祭神の遷御をともなう
- 遷座祭《せんざさい》
- 合祀祭《ごうしさい》
- 分祀祭《ぶんしさい》

祭祀をどのように実行するかは、『神社祭式』で定められている。こうした規定の歴史は古く、飛鳥時代の律令制《りつりょうせい》にまでさかのぼる

中祭

公共性が高い、由緒ある祭り

大祭に次いで、国家公共性の高い祭り。年中行事の意味がある祭りが多い。神職は礼装（斎服）で臨む。

大祭に次いで国家公共性が高い

- **歳旦祭《さいたんさい》**
（1月1日、元旦を祝う）
- **元始祭《げんしさい》**
（1月3日、皇室の始まりを祝う）
- **紀元祭《きげんさい》**
（2月11日、日本が建国された日を祝う）
- **神嘗奉祝祭**
（10月17日）
- **明治祭**
（11月3日、文化と産業の発展を祈る）
- **天長祭《てんちょうさい》**
（12月23日、今上《きんじょう》天皇の誕生を祝う）

このほか上記に準ずる祭祀や神社に由緒ある祭祀

小祭

本殿の扉を開閉しない、すべての祭り

大祭・中祭に含まれない、すべての祭祀を指す。本殿の扉の開閉はとても重要な行事だが、小祭はそれをおこなわない。神職は常装で奉仕する。

大祭、中祭に含まれない祭り

- **月次祭《つきなみさい》**（毎月1日）
- **除夜祭《じょやさい》**（12月31日）
- **日供祭《にっくさい》**（毎日）

など

これで納得

伊勢神宮の月次祭は大祭

月次祭は、基本的に毎月1日におこなわれるが、伊勢神宮《いせじんぐう》では一年に2回で、大祭として扱われる。毎月の祭りを、6月と12月に集約したとの説もある。神嘗祭とまとめて「三節《さんせつ》祭《さい》」と呼ばれる（106ページ参照）。

伊勢神宮の祭祀

古代の様式を守り続け、国家の安寧を祈る

●弥生時代以来、祭りを続けている

およそ2000年前、天照大御神の鎮座以来、戦乱の世も絶やすことなく神宮では祭祀を続けてきた。歳旦祭《さいたんさい》から大みそかの大祓《おおはらえ》まで、まさにそこに神がおわすごとく、祭祀を執りおこなう。

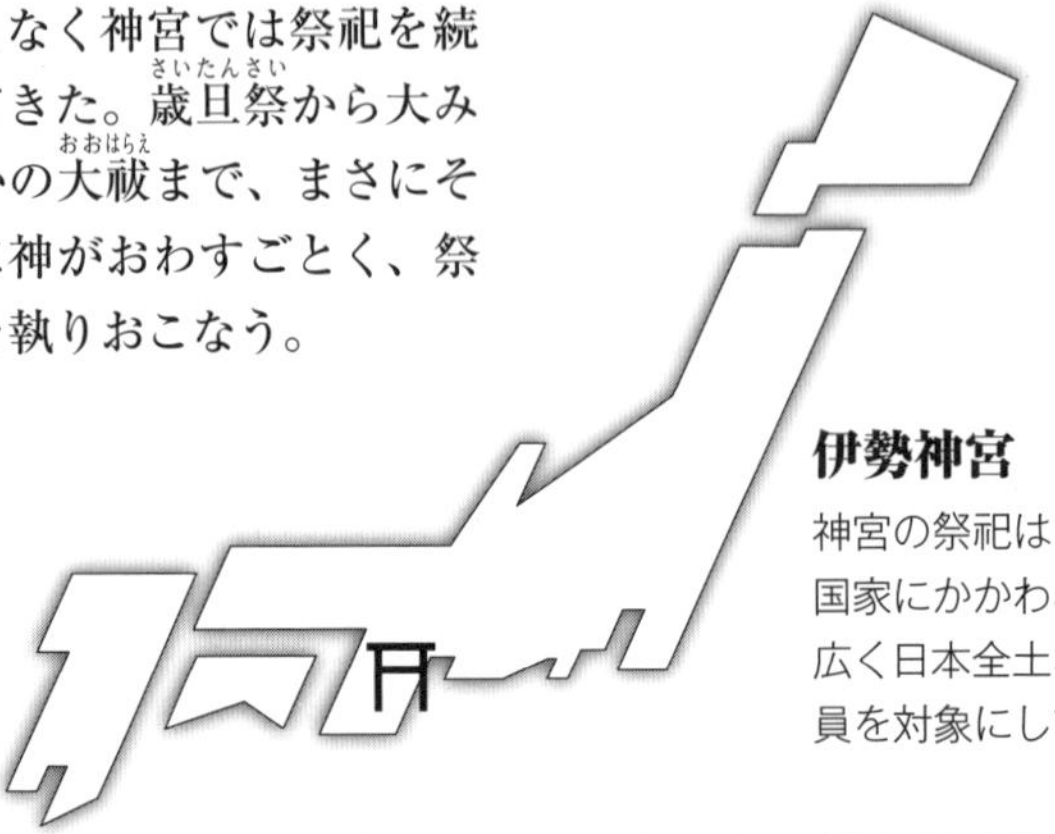

伊勢神宮

神宮の祭祀は、皇室・国家にかかわる祈り。広く日本全土、国民全員を対象にしている

神宮祭祀 ⟷ **神社祭祀**

国家・皇室の平穏を祈る

神宮は、日本国民の総氏神《そううじがみ》を祀る、全国の神社の根本たる格別の存在。祭祀の対象は、日本と国民全員となる。日本人の生活の原型を残し、いにしえの人々が神とともに生きていたことを感じさせる。

地域の平穏を祈る

神社の氏子《うじこ》のために祈り、地域の平穏を守る意味がある。各神社独自の祭祀も多く、さまざまな地域性が見られる。

お伊勢さんの名で親しまれる伊勢神宮（三重）。正式には、「神宮」といいます。

神宮には、ほかの神社のように神に祈ったり祈祷《きとう》を受けたりする拝殿《はいでん》がありません（神楽殿《かぐらでん》が拝殿の役割を果たします）。

皇室の祖先神である天照大御神《アマテラスオオミカミ》を祀る神宮は、純粋な祭祀の場であるからです。

皇室・国家の平穏を祈って、年間一五〇〇回以上もの祭祀がおこなわれています。代表的なものに「神嘗祭《かんなめさい》」「月次祭《つきなみさい》」「神御衣祭《かんみそさい》」「日別朝夕大御饌祭《ひごとあさゆうおおみけさい》」があります。

国家、皇室への祈り

国家、そしてすべての日本人の氏神たる神宮では、祈りの対象が別格。国を造った皇祖を祀り、国家の鎮護と平安を祈る。

●元始祭（1月3日）

皇統《こうとう》（皇室）の始まりをお祝いする

●春季皇霊祭遙拝《こうれいさいようはい》（3月春分の日）

●秋季皇霊祭遙拝（9月秋分の日）

御所（宮中）の皇霊殿《こうれいでん》で、天皇が皇祖をお祀りになるにあたり、内宮でも遙拝（64ページ参照）し、祈りを捧げる

●天長祭《てんちょう》（12月23日）

今上《きんじょう》天皇の生誕を祝う

ものづくりへの祈り

神に捧げる服や食事、お祓いに使う塩などは、自然のものから昔ながらの方法で作られる。

●神御衣祭《かんみそさい》（5月と10月の14日）

神に捧げる和妙《にぎたえ》（絹）・荒妙《あらたえ》（麻）の衣服を奉る

●御酒殿祭《みさかどのさい》（6、10、12月の1日）

神宮内宮にて、月次祭で捧げるお酒（御《ご》料酒《りょうしゅ》）が、うるわしく醸造されるように祈る

●御塩殿祭《みしおどのさい》（10月5日）

神宮の御塩殿神社にて、祭典で神に捧げる塩（御塩）がうるわしく奉製されるように、また塩業に携わる人の御加護を祈る

国家の平安と稔りに感謝する

神宮は、神社のなかでも最も格式高く、国民から崇敬を集める。神宮の祭祀では、個人や地域にとどまらず、国家・国民の安寧を広く祈り、願う。

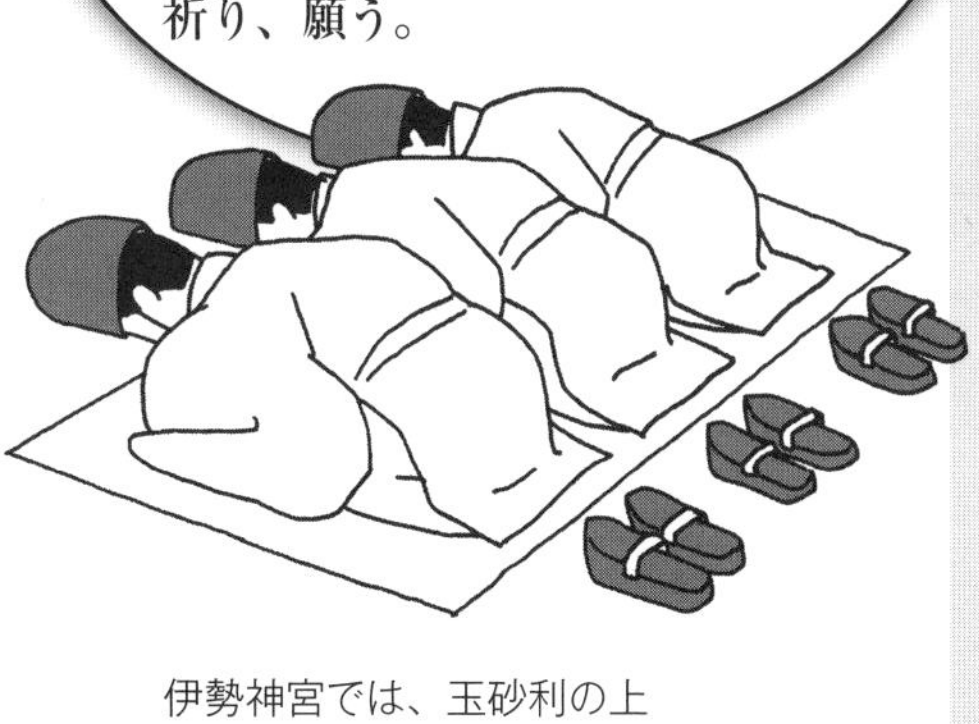

伊勢神宮では、玉砂利の上に敷物を敷き、大地に近く接して祈りを捧げる

豊作への祈り

自然とともに暮らし、自然の幸をいただくのが農業。稔り多きことを願い、収穫に感謝する祭りが、季節とともにおこなわれる。

●祈年祭（2月17日～23日）

「としごいのまつり」とも。神饌を捧げ、農業の安全と五穀豊穣を祈る。天皇陛下からの使い（勅使）が参向する祭典もおこなわれる

●御園祭《みそのさい》（3月春分の日）

野菜や果実の豊かな稔りを祈る

●風日祈祭《かざひのみのさい》（5月と8月の14日）

風雨の災害なく、五穀が豊かに稔るよう祈る。御幣《みてぐら》を神前に捧げる（5月は御蓑《おんみの》、御笠《おんかさ》も）

●新嘗祭《にいなめさい》（11月23日）

宮中でおこなわれる収穫祭にさいし、神宮でも神饌を捧げて祭典を執りおこなう

伊勢神宮

日《ひ》別《ごと》朝《あさ》夕《ゆう》大《おお》御《み》饌《け》祭《さい》

毎日神々に食事を捧げる

■時期
毎日朝夕
■場所
神宮外宮

●古代の様式で、神への食事をつくり捧げる

「常典御饌《じょうてんみけ》」とも呼ばれ、伝統的な様式を今に伝える、最も基本的な祭祀。天照大御神をはじめ、豊受大御神、相殿神、別宮の神々に、神饌《しんせん》を捧げる。祭祀には神職５人があたり、前日から参籠して身を清めたうえで臨む。

忌火をおこす

「火鑽《ひきり》」ともいい、火鑽具を使って清浄な火である「忌火」をおこす。神宮で使われる火は、すべて忌火が用いられる。火鑽には権禰宜《ごんねぎ》（94ページ参照）があたる。

火鑽具《ひきりぐ》

檜《ひのき》の板と、山ビワの棒を組み合わせた道具。棒を板の上で回転させ、摩擦によって火をおこす。火鑽具は、弥生時代のものとほぼ同じとみられている

神々に食事を捧げる祭祀《さいし》です。一般の神社では「日供祭《にっくさい》」といい小祭にあたりますが、伊勢神宮では中祭に分類されます。

神宮の内宮には天照大御神《アマテラスオオミカミ》が、外宮には豊受大御神《トヨウケノオオミカミ》が祀られています。

由来

豊受大御神は、雄略天皇の時代に天照大御神のお告げを受けて、丹波国から「御饌都神《ミケツカミ》」としてお迎えしたと伝えられています。〝御饌〟とは神に奉る食べ物のことで、食物をつかさどる神を御饌都神といいます。

そのため日別朝夕大御饌祭は、

神饌を調理する

上御井《かみみい》神社で御料水を汲み上げ、忌火屋殿《いみびやでん》で食事を調理する。食材は、神宮直轄の田畑から調達したものを使用する。調理した御饌は素焼きの土器に盛る。

基本
- ●御飯
- ●水（御料水）
- ●塩

＋

季節の食材
- ●鰹節
- ●魚、海藻（鯛、ひもの、こんぶ、あらめなど）
- ●野菜、果物
- ●御酒

神饌の内容は、夏のあいだはひものが供されるなど、季節に合わせて変化する。自然とともにあった生活が、神饌に表れている

祓所で修祓《しゅばつ》して神に捧げる

神々が食事をされるのが、外宮御垣内《みかきうち》にある「御饌殿《みけでん》」。御饌殿に入る前に、修祓が施される。こうした一連の行事は、御饌都神のおわす外宮の中でおこなわれる。

これで納得

御料水は神の国の井戸から毎日汲み上げる

神宮外宮にある上御井神社は、井戸を御神体にしている。井戸から湧く水は、高天原《たかまがはら》（神の国）の井戸から移されたと伝えられている。神にお供えする水（御料水）は、毎朝この井戸から汲み上げられる。

豊受大御神を祀る、外宮の御饌殿でおこなわれます。

祭祀は、朝夕の二回。神饌は御飯、水、塩が基本で、魚や季節の野菜、果物なども供されます。食材は神宮直轄の田畑のものが用いられ、調理には、木をこすり合わせておこした「忌火《いみび》」が用いられます。

歴史

日別朝夕大御饌祭が始まったのは雄略天皇即位二二（四七八）年。以来、荒天の日はもちろん、戦乱の世にも途切れることなく、神職は火をおこし、食事を捧げてきました。

一五〇〇年以上ものあいだ、粛々と受け継がれた祭祀は、まさに神とともに生きる神宮の基本の祭祀といえるでしょう。

伊勢神宮

三節祭《さんせつさい》

すべての神事を集約し、神饌を神に捧げる

■時期
6、10、12月の15〜25日
■場所
伊勢神宮、内宮・外宮

「神嘗祭《かんなめさい》」は、宮中や全国の神社で一一月におこなう「新嘗祭《にいなめさい》（収穫を祝う祭祀）」に先立ち、新穀を天照大御神《アマテラスオオミカミ》にお供えする祭祀《さいし》。

このとき供される特別に盛大な食事を、「由貴大御饌《ゆきのおおみけ》」といいます。同様に、由貴大御饌を捧げる祭祀が六月と一二月の「月次祭《つきなみさい》」で、神嘗祭とともに「三節祭《さんせつさい》」と呼んでいます。

歴史　神嘗祭は本来、旧暦九月におこなわれていました。

しかし明治時代になって現在の太陽暦が採用されると、太陽暦九

●伊勢の町と神宮が一体になる神嘗祭

神嘗祭は、神宮で最も重要な祭り。神宮で使われる敷物や器などの祭具は、神嘗祭で一新されるため、「神嘗正月《かんなめしょうがつ》」といわれる。伊勢の町でも祭りが開かれ、町を挙げて祝う。

これで納得

「外宮先祭」を忠実に守る

豊受大御神を伊勢の地にお迎えするさい、天照大御神が「私の祭りをおこなうとき、まずは豊受の神の宮、そのあとに私の宮の祭り事をしなさい」と命じた伝承が残る。この神託にしたがい、三節祭は外宮の神事を先におこなうことを現在も通例としている。

初穂曳《はつほび》き

新穀を車やソリに載せ、掛け声とともに神宮に曳き入れる。伊勢の町の人々がそろいの法被《はっぴ》を着、稔りへの感謝を示し奉祝《ほうしゅく》する。

外宮は陸から、内宮は五十鈴川《いすずがわ》を伝って、宮域の中に稲穂を曳き入れる

由貴夕大御饌《ゆきのゆうべのおおみけ》
由貴朝大御饌《ゆきのあしたのおおみけ》

初穂曳きがおこなわれた夜、神宮では午後10時と午前2時の2度、神職が新穀を使った神饌を捧げる。浄闇に包まれる神宮で、斎服の神職たちが白い玉石の上にぬかずき神に感謝を捧げる。

忌火屋殿前において神饌と奉仕員の修祓がおこなわれる

神饌　約30種類

- ●御飯三盛
- ●白酒、黒酒
- ●御塩
- ●あわび、鯛、伊勢海老
- ●野菜　　　　など

神嘗祭では、御飯に新穀が使われる以外、神饌や儀式の内容は月次祭と同じ。内宮ではあわびを刻んで塩で和える儀式が加えられる

奉幣・御神楽

夜が明けて昼間、勅使を迎え、幣帛を奉る儀式がおこなわれる。天皇陛下からの幣帛をお供えしたのち、勅使は、天皇陛下からの御祭文《ごさいもん》の奏上をおこなう。その夜、楽師による御神楽が奉納され、神慮《しんりょ》を慰める。

月では稲が未熟で神にお供えすることができません。そこで明治一二年からは、一〇月におこなわれるようになりました。

次第

　由貴大御饌は、御飯、酒、魚介、野菜など、約三〇品目に及びます。特に大切なのが米。神宮の一年は、米作りを中心に回ります。二月の祈年祭に始まり、九月の抜穂祭《ぬいぼさい》にいたるまで、ほぼすべての祭祀は神嘗祭のためにあるといえるでしょう。

　神嘗祭と月次祭の当日午後一〇時と翌日午前二時に、由貴大御饌が供されます。神楽歌とともに特別な神饌を捧げ、祝詞《のりと》を上げて収穫への感謝を示します。昼には、勅使《ちょくし》が幣帛《へいはく》を奉奠《ほうてん》する「奉幣《ほうへい》」の儀式がおこなわれます。

出雲大社の祭祀

神在祭で、神々が一年間の縁組を相談する

出雲大社《いずもおおやしろ》の「神在祭《かみありさい》」は、旧暦一〇月一〇～一七日（太陽暦一一月）におこなわれます。

意味

一〇月は「神無月《かんなづき》」という異称があります。これに対し、出雲では一〇月のことを「神在月《かみありづき》」と呼びます。

由来は定かではありませんが、神々が出雲に集うという伝承は古くからあったようです。『出雲国風土記』（七三三年）には、大国《オオクニ》主神《ヌシノカミ》の宮を造るために、諸所の神々が出雲に集まったとの記述があります。出雲は祭祀に用いる勾《まが》玉《たま》の生産量が群を抜いて多く、霊

●静寂の下、神々が集い、話し合う

神在祭のあいだは、話し合いのため神々が出雲の地に集まるとされる。出雲の人々は物忌《ものいみ》に服して生活するため、「御忌祭《おいみさい》」とも呼ばれる。

神迎え（10月10日）
神迎祭、神迎え神事とも。神話の舞台でもある稲佐の浜に注連縄《しめなわ》を張り、かがり火を焚いて、海のかなたからやってくる神々を迎える。

↓

神はかり（10月11～16日）
神々が集まるのは、大社の上の宮。神職たちは、上の宮や本殿の左右にある十九社で神事を執りおこなう。

↓

神送り（10月17日）
夜、すべての会議を終え、神々が出雲を旅立つ。拝殿で神職によって「からさで神事」という祭事がおこなわれ、合図とともに神々を送る。

これで納得

静かに過ごすのが礼儀

神はかりの邪魔にならないよう、神在祭のあいだは出雲の人々も静粛を保って暮らす。歌舞や楽の演奏を慎み、建造物の建築も避けている。

一年間の〝幸せ〟を相談する

大国主神は「縁結び」の神といわれ、人や社会が幸福であるように、つながりを結ぶとされる。男女の縁組だけでなく来年の収穫などの幸せについて、神はかり（会議）にかけて決定する。

大国主神は、神はかりの主宰を務める。神々は、人には計り知れない神事（かみごと）を話し合って定める

大国主神が神議を主宰する

大国主神は、死後の国、神々の国をつかさどる。八百万の神々も頼る存在といわれ、神はかりでは主宰の役割を担う

力の宿る地という印象が強かったのかもしれません。

神集《かみつど》いの伝説を具現化したのが神在祭だと推測されます。

次第

最初におこなわれるのが「神迎え」です。国譲り神話の舞台となった稲佐《いなさ》の浜で、斎場に立てた神籬《ひもろぎ》（依り代となる榊《さかき》）に神々を迎えます。そして、龍蛇神《りゅうじゃしん》（八《や》百《お》万《よろず》の神の御先導役）を先頭に、大勢の参拝者が列を成し、出雲大社へと向かいます。

集まった神々は出雲に滞在する七日間、「神はかり」をおこないます。一年間の縁組や未来の収穫など、世事諸般についての話し合いです。神はかりを終えると、「神送り」によって神々は諸国へと帰っていきます。

勅祭

天皇の特使が遣わされ、幣帛を捧げる

皇室とのかかわりが特に深い神社の祭祀には、天皇から使者「勅使」が派遣されます。古くから数多く派遣され、明治維新以降はこのような祭祀を正式に「勅祭《ちょくさい》」といいます。

現在は、石清水八幡宮《いわしみずはちまんぐう》、熱田《あつた》神宮、氷川《ひかわ》神社など一六社で勅祭がおこなわれており、これらは「勅祭社」と呼ばれます。伊勢神宮は別格で、勅使が派遣されますが、勅祭社とは呼ばれません。

勅使は天皇からの「幣帛《へいはく》」を神に捧げます。幣帛とは神への御供《ごく》物《もつ》のことで、特に布類を指します。

●皇室に関係が深い神社に差し遣わされる

「勅祭」は近代以降のことばだが、勅使が遣わされる祭りは古い文献にも見られる。特に皇室と歴史的なかかわりのある神社が勅祭社となっている。京の都周辺が比較的多い。

勅祭社	祭祀・祭日
賀茂御祖《かもみおや》神社（下鴨神社）、賀茂別雷《かもわけいかずち》神社（上賀茂神社）（京都）	葵祭（賀茂祭、5月15日）
石清水八幡宮（京都）	石清水祭（9月15日）
氷川神社（埼玉）	例大祭（8月1日）
春日大社（奈良）	春日祭（3月13日）
熱田神宮（愛知）	例祭（熱田まつり、6月上旬）
橿原神宮（奈良）	紀元祭（例祭、2月11日）
出雲大社（島根）	例祭（5月14日）
明治神宮（東京）	例祭（秋の大祭、11月3日）
靖國神社（東京）	春・秋季例大祭（4月22日、11月18日）
宇佐神宮（京都）	例祭（宇佐祭、3月18日）
香椎宮（福岡）	勅祭（10年ごと、10月9日）
鹿島神宮（茨城）	例祭（9月1日）
香取神宮（千葉）	例祭（6年ごと、4月14日）
平安神宮（京都）	例祭（6年ごと、4月15日）
近江神宮（滋賀）	例祭（4月20日）

これらのほか、臨時で幣帛が捧げられることもある

神への供物として布を納める

幣帛は緑・黄・赤・白・紫の５色から成る、絹や麻、木綿などの布。色は、古代中国の陰陽五行説に基づき、５つの元素が当てはめられている。

幣帛が納められる

幣帛は柳筥《やないばこ》に納められ、神前に供える。柳筥は幣帛を納めるために使われる祭具で、柳の木を三角に切って糸で編んで作った箱。

柳筥に黄色い布をかけて運ぶ
勅使
掌典職《しょうてんしょく》の「掌典」や「掌典次長」が務める。神社によっては、勅使となる人物の氏が決められている例もあった
随員
掌典《しょうてん》に属する掌典補が務める。２人一組で櫃を担ぐ

かつては奉幣使《ほうへいし》、祭使と呼ばれていた

明治時代に伊勢神宮を除いて一旦すべて廃止された。その後再興されて徐々に増加、現在は16社が勅祭社とされている。

これで納得

掌典は宮内庁とは別の組織

皇室にかかわる組織というと、真っ先に宮内庁が思い浮かぶかもしれない。宮内庁は公務員だが、掌典職は内廷《ないてい》職員であり皇室が直接雇用する。皇室祭祀全般を務め、掌典長から順に、掌典次長、掌典などが属する。

上賀茂神社、
下鴨神社

葵《あおい》祭《まつり》

盛大に祭りを執りおこない、神を鎮める

●王朝絵巻のような行列が街を練り歩く

葵祭は正式には「賀茂祭」といい、平安時代には「祭りといえば賀茂祭」といわれた。『源氏物語』にも登場する由緒正しい祭り。

行列は、勅使を中心とした「本列」と女性の多い「斎王代《さいおうだい》列」の2つに大別される

牛車《ぎっしゃ》や装束をまとった人たち全員が、葵の葉を身につけている

「葵祭」は、上賀茂《かみがも》神社と下鴨《しもがも》神社の祭祀。平安貴族の大行列で知られる華やかな祭りです。

歴史 欽明天皇（五四〇〜五七一年）の時代。ひどい凶作のために飢餓《きが》・疫病《えきびょう》が流行しました。原因は「賀茂大神の祟り」とのこと。

祟りを鎮めるべく、天皇が勅使を派遣して祭祀をおこなったのが始まりだといわれています。平安貴族の行列の衣冠や牛馬すべてに、葵の葉と桂の小枝を飾るところから、葵祭の名がつけられました。

■時期
5月15日
■場所
下鴨神社、
上賀茂神社、
京都市街

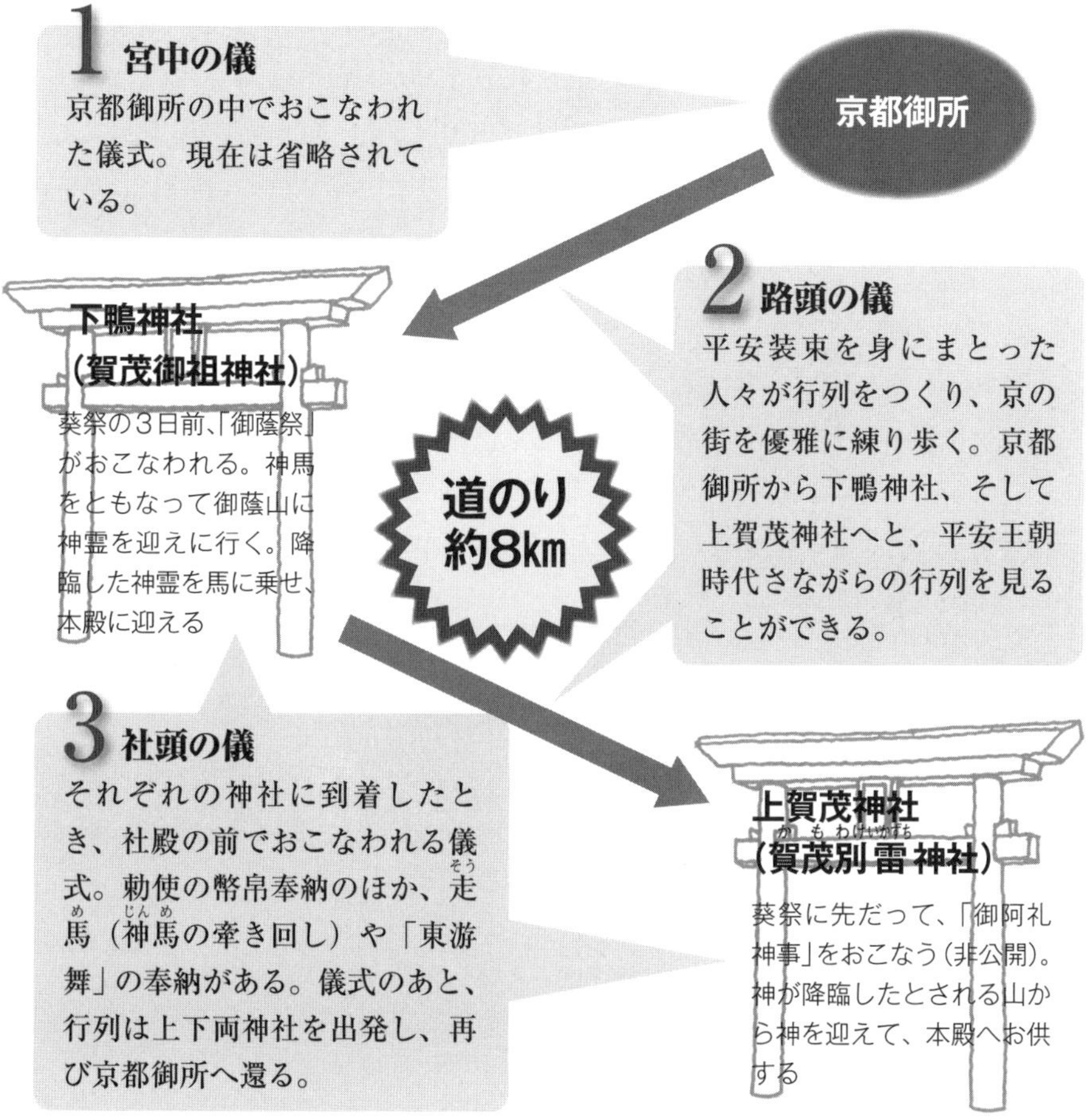
1 宮中の儀
京都御所の中でおこなわれた儀式。現在は省略されている。
京都御所
2 路頭の儀
平安装束を身にまとった人々が行列をつくり、京の街を優雅に練り歩く。京都御所から下鴨神社、そして上賀茂神社へと、平安王朝時代さながらの行列を見ることができる。
下鴨神社
(賀茂御祖神社)
葵祭の3日前、「御蔭祭」がおこなわれる。神馬をともなって御蔭山に神霊を迎えに行く。降臨した神霊を馬に乗せ、本殿に迎える
道のり
約8㎞
3 社頭の儀
それぞれの神社に到着したとき、社殿の前でおこなわれる儀式。勅使の幣帛奉納のほか、走《そう》馬《め》(神馬《じんめ》の牽き回し)や「東游舞」の奉納がある。儀式のあと、行列は上下両神社を出発し、再び京都御所へ還る。
上賀茂神社
(賀茂《かも》別雷《わけいかずち》神社)
葵祭に先だって、「御阿礼神事」をおこなう(非公開)。神が降臨したとされる山から神を迎えて、本殿へお供する

次第

祭の前、五月一二日に神を迎える神事がおこなわれます。上賀茂神社の「御阿礼《みあれ》神事」と下鴨神社の「御蔭祭《みかげさい》」です。

本来、葵祭は「宮中《きゅうちゅう》の儀」「路頭《ろとう》の儀」「社頭《しゃとう》の儀」の三つから構成されています。

祭りの中心となるのは「路頭の儀」。検非違使《けびいし》（平安時代、京の警察・裁判を担った役人）、勅使、斎王代（斎王は神に奉仕する皇族女性。現在は代理の女性が務める）など、平安時代の装束をまとった総勢五〇〇人以上に及ぶ行列が、京都御所から下鴨神社を経て上賀茂神社へと練り歩きます。

両神社で、勅使が祭文と幣帛《へいはく》を奏上し、東游舞《あずまあそびのまい》が奉納されます。これが「社頭の儀」です。

石清水八幡宮

石《いわ》清《し》水《みず》祭《さい》

生きるものの幸せを願い、魚鳥を放つ

■時期
9月15日
■場所
男山山上、
境内、
放生川（京都）

「石清水祭」は、京都・石清水八幡宮の例祭です。かつては八月一五日に「石清水放生会《ほうじょうえ》」としておこなわれていました。

葵祭、春日祭と合わせて「三大勅祭《ちょくさい》」と称されます。

意味

「放生会」とは、捕らえた生き物を池や野に放して、霊を慰める儀式です。もともとは殺生を戒める仏教の考え方に基づくものですが、日本では神仏《しんぶつ》習合《しゅうごう》（四七ページ参照）により神道にも取り入れられています。石清水八幡宮では、清和天皇の時代（八六三年）に始まりました。

●「不殺」の御神慮に応える儀式

生きとし生けるものの幸せを願い、魚や鳥を放つ神事。八幡大神が男山より下山し、放生川に臨む。

熟饌《じゅくせん》、生饌《せいせん》（調理したものと、生のままのもの）

古式の神饌《しんせん》が、神前にお供えされる。そのなかには、金海鼠《きんこ》（ナマコの一種）や河骨《こうぼね》（スイレン科の多年草の一種）などの珍しい品も納められる。海の幸が多いのが特徴。

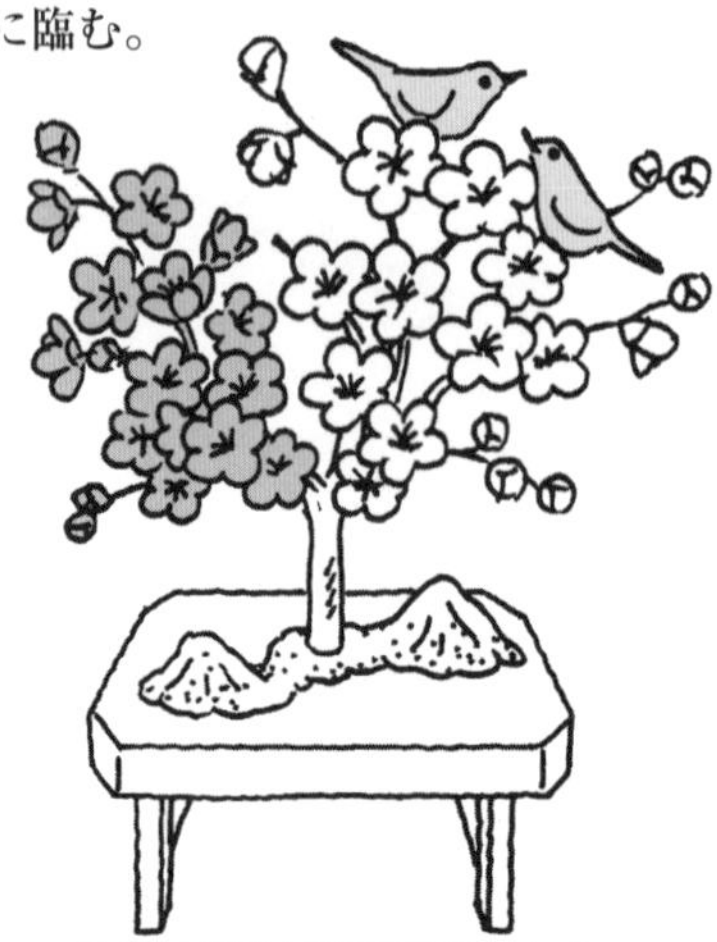

供花神饌は伝統工芸品。古くは皇室から納められた

＋

供花神饌《きょうかしんせん》（和紙で作られた草花鳥獣）

四季を示す草花や鳥獣を、和紙を染めて作ったもの。化学的なものを一切用いず、現代も古式さながらの手法で手作りされる。神饌として神前に捧げられる。

一年ごとに作り直す

御鳳輦は神の乗り物で、神輿の原型とされる

参列者によって魚が放たれ、川にかかる橋では神職が鳥を放つ

御鳳輦《ごほうれん》にて下山

午前2時。御神霊を男山山上の本殿から御鳳輦に迎える。平安装束に身を包んだ人々が御鳳輦を担ぎ、行列を成して松明と提灯《ちょうちん》の明かりだけで山道を下る。

↓

神幸《しんこう》の儀～奉幣の儀

ふもとの頓宮で御鳳輦を迎え、殿内に御神霊を遷す。空が明るくなり始めたころ、神饌が捧げられ、勅使によって御祭文が奏上される。

↓

見どころ

放生行事

午前8時。放生川で魚や鳥を放つ行事がおこなわれる。放生行事が終わると、橋の上で「胡蝶《こちょう》の舞」が奉納される。

←

還幸の儀

すべての儀式が終わると、御神《ごしん》霊《れい》が再び御鳳輦に移され、山上の本殿へお戻りになる。

次第

石清水祭の始まりは、真夜中の午前二時。男山山上の本殿で「御鳳輦《ごほうれん》（御神輿）」に祭神・八幡大神《はちまんおおかみ》の御神霊をお迎えし、約五〇〇人の供をしたがえて山麓の頓宮《とんぐう》へと向かいます。これを、「神幸《しんこう》の儀」といいます。

絹屋殿《きぬやでん》で勅使の奉迎を受け（絹屋殿の儀）、頓宮に御鳳輦が入ります（頓宮神幸《とんぐうしんこう》の儀）。天皇からの幣帛《へいはく》や神饌《しんせん》、御馬《おうま》などが奉納され、勅使が御祭文を奏したのち、雅楽が奏されます（奉幣《ほうべい》の儀）。

「放生行事」は放生川にかかる安《あん》居橋《ごばし》の上でおこなわれます。魚と鳥を放ち、御神霊の平安と幸せを願って舞楽が奉納されます。夕刻、御神霊を山上にお送りする「還幸《かんこう》の儀」がおこなわれます。

春日大社

春日祭《かすがさい》

古式ゆかしく、国家の安泰と繁栄を祈る

■時期
3月13日
■場所
境内

春日大社の例祭は、嘉祥二（八四九）年に始まったといわれています。かつては、二月と一一月の申《さる》の日におこなわれていたため、「申祭《さるまつり》」とも呼ばれます。明治に入って、三月一三日に定められ、勅祭《ちょくさい》となりました。

もともとは藤原氏が先祖を祀る祭祀でしたが、現在は天下泰平、国家安泰を祈る祭典が執行されます。

次第　祓戸《はらえど》之儀、着到《ちゃくとう》之儀をおこなったあと、御棚《みたな》（春日祭の中心的な神饌）奉奠《ほうてん》、御幣《ごへい》物《もつ》奉奠、祭文の奏上、饗膳《きょうぜん》（もてなし）之儀が斎行されます。

●勅祭として特殊の形式をとる

もともとが藤原氏の氏神《うじがみ》祭だったため、下記のようにほかの勅祭と異なる形を残す。一般参詣者は、参道からの拝観のみ。

藤原氏が祭主を務める、氏神祭

↓

のちに国家のつかさどる祭祀へ発展

勅使も神饌を供する
古くは五位（位階、181ページ参照）以上の氏人が、御棚神饌を御本殿にお進めしていた。現在は勅使自らお運びになり、お供えされる。この儀式はほかの勅祭と比べて、春日祭独特のもの。

勅使が藤原氏に限られていることも
昔は、春日祭の勅使（奉幣使《ほうべいし》）は藤原氏と定められていた。現在はこの限りではないが、藤原氏が勅使なら慶賀門《けいがもん》、それ以外であれば南門から入る、という違いが見られる。

南門は、現在使われている参入門で、本殿正面にあり表参道に続く。慶賀門は昔の正式な参入門。本殿がなかった時代に御神体の御蓋山《みかさやま》を望んだもの

□ 文化の系譜

大祓《おおはらえ》で半年間の罪穢《つみけがれ》を祓う

ふつうに生活していても、知らず知らずのうちに罪穢は身につくもの。大祓は、心身の罪穢、過ちを祓い清めることを目的とした神事。神話における伊邪那《イザナ》岐命《ギノミコト》の禊祓《みそぎはらえ》が起源で、日本人の伝統的な考え方に基づく。中世以降、各神社で広くおこなわれている。

6月30日 夏越祓《なごしのはらえ》

6月の大祓のこと。人形《ひとがた》(人の形に切った白紙)を身代わりにして半年間の罪穢を祓うとともに、無病息災を願っておこなわれる。神前に立てられた「茅《ち》の輪(茅《かや》や藁《わら》を束ねた輪)」の中を、祓詞《はらえことば》を唱えながら3回通る。

祓詞
水無月《みなづき》の 夏越祓
するひとは 千歳《ちとせ》の命
のぶというなり……
茅の輪
鳥居と同じように、茅の輪の前で軽く一礼し左右どちらかに寄ってくぐる

12月30日 年越祓《としこしのはらえ》

12月の大祓のこと。半年間に身についた罪穢を祓って、心身ともに清らかな状態で新年を迎えるためにおこなわれる。6月と同様におこなう。祓詞は6月の大祓に準ずる。

茅の輪を8の字にくぐるのが正式

参道に立つ茅の輪は、混んでいるときなどは単にくぐるだけでよいが、正式には3回くぐるもの。1回目は左回り、2回目は右回り、3回目はもう一度左回りでくぐり、最後にもう一度くぐって直進する。

伊勢神宮

式年遷宮《しきねんせんぐう》

二〇年に一度、社殿を新調し、御神体を遷す

■時期
20年に一度
■場所
神宮周辺

定められた年（式年）に社殿を一新し、神が遷座する祭祀です。同時に、殿内の御装束神宝《おんしょうぞくしんぽう》もすべて作り直します。

遷宮を発意されたのは、六七二年の壬申《じんしん》の乱を経て即位した天武《てんむ》天皇。次の持統《じとう》天皇の御代《みよ》に願いが果たされ、六九〇年に内宮、六九二年に外宮の遷宮が初めておこなわれます。以降、中断はあったものの、皇家第一の重事として一三〇〇年以上続けられています。

意味 社殿を定期的に新しく造り替える、という発想は世界的にも類を見ません。常に

●常に同じ姿を保つことで、永遠の存在を表す

神宮の社殿は、腐朽を避けがたい材質であり、一定期間で再造営が必要な建築様式。20年という期間は、建築や制作の様式、精巧な技術、豊富な経験を受け継ぐのに適度だから、という説もある。

唯一神明造《ゆいいつしんめいづくり》という独自の建築様式（38ページ参照）。基礎を穿《うが》たない掘立柱《ほったてばしら》に、茅葺屋根《かやぶき》という簡素さ

すべてを一新する

正殿、諸殿舎
両宮の正殿（本殿）をはじめ、宝殿、御垣、鳥居、さらに別宮の諸社殿を含めた60数棟のすべてを造り替える。宮大工のべおよそ12万2000人が、8年の歳月を費やす。

神宝、装束
神宝は機《はた》、武器防具、馬具や楽器などの調度品。装束は正殿の内外を飾る、神座や服飾品などの品々。これらの数は1576点に及ぶ。当代一流の名工の手により、神の宝が作られる。

白い絹垣で御神体を守り遷す
御神体は、美しく清らかな絹の白布に囲まれ、神職に守られながらお遷りになる。

これで納得

天岩戸伝承を模している

出立の合図は、鶏の鳴き声や羽音。天照大御神《アマテラスオオミカミ》が天岩戸に隠れたさい、常世（神の国）の長鳴鶏《ながなきどり》を鳴かせたことが起源とされる。鶏の鳴き声や羽音は、「鶏鳴所役《けいめいしょやく》」の神職が自らの声と着物のはためく音で起こす。

浄闇のなか遷御の儀をおこなう

御神体が新宮へお遷りになる「遷御の儀」。静寂が極まる夜、合図とともにかがり火が消され、御神体が厳かに遷御される。宮中では、天皇陛下も神宮に向かって遙拝する。

新しく、同じ姿形をとどめることで、ますますの神威と国家の発展を願います。

次第

遷宮の祭祀は、式年にあたる年だけではありません。まずは式年の八年前に、用材伐採の安全を願って「山口祭《やまぐちさい》」がおこなわれます。以降、作業工程に合わせて八年間に三〇の諸祭行事がおこなわれます。

式年の一〇月に勅使が参向しておこなわれるのが「遷御《せんぎょ》の儀」。暗闇のなか、一〇〇人以上の神職が御装束神宝を手にして付き添い、神を新宮に遷します。同時刻、天皇陛下は皇居で伊勢に向かって遙《よう》拝《はい》なさいます。その後、大御饌（新宮での初めての神の食事）や幣帛《へいはく》を奉る祭祀がおこなわれます。

諏訪大社

御柱祭《おんばしらさい》

七年に一度、宝殿の建て替えと御柱の曳き建てをおこなう

■時期
4、5、6月
■場所
諏訪大社、上社・下社

勇壮な祭りとして知られる「御柱祭」は、七年に一度の寅《とら》・申《さる》の四〜六月におこなわれる諏訪大社（長野）の大祭です。

宝殿の建て替えと、社殿四隅に御柱と呼ばれる大木の曳《ひ》き建てがおこなわれます。諏訪大社は上社《かみしゃ》と下社《しもしゃ》があり（一四〇ページ参照）、合計一六本を曳き建てます。

意味　いつごろから始まったのかはっきりしていませんが、平安初期・桓武《かんむ》天皇の時代の記録が残されています。費用を調達するために、元服や婚礼の式、家屋の新築や増改築が禁じられた

●山から曳き出した大木が神になる

何万もの氏子《うじこ》が山から16本の柱を曳行《えいこう》し(曳き)、境内に建てる。人力のみでおこなう、勇壮な祭り。

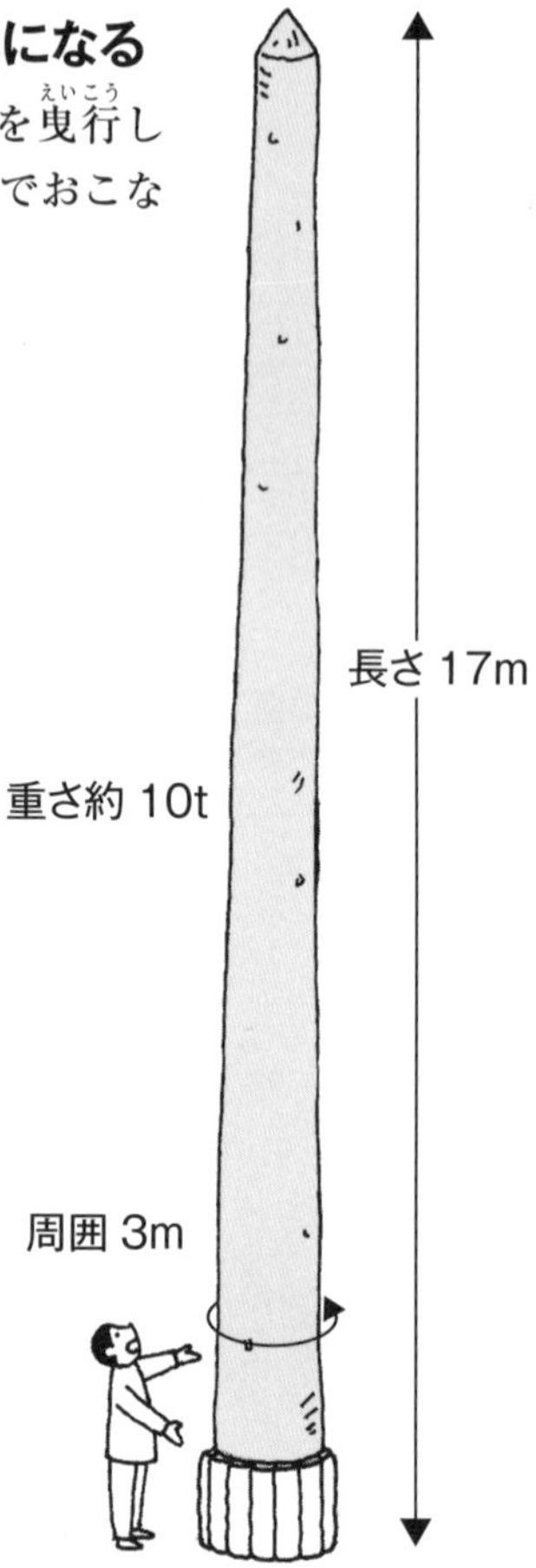

人力で約20kmの道程を曳き出す

長さ十数m、重さ約10tに及ぶ巨大な柱を、綱や梃子棒《てこぼう》を使うほかは、人力だけで運ぶ。曳き出す技と体力、なにより度胸が試される。

御柱は全部で16本

16本の御柱を、上下4宮の社殿の四隅の延長線上に建てる。御柱は祭りの3年前から見立てられ、用意周到に手順を踏んで祭りに臨む。

山出し

山から里へ木を曳き出す

響き渡る木遣り歌とともに、声を掛け合いながら柱をゆっくりと曳き出す。そろいの法被《はっぴ》に腹がけをつけた氏子たちが、巨大な柱を上手に操りながら、山から里へ御柱を導く。

見どころ

木落しの原始的な力は壮観

山出しの途中、難所「木落し坂」が立ちはだかる。土煙を上げながら、大木が猛然と滑り落ちる。御柱に乗った若者が次々に振り落とされ、歓声と怒号が巻き起こる。けが人が出ない方が不思議なほど荒々しい、度胸の見せどころ。

1か月後

山から曳き出された柱は、御柱屋敷《おんばしら》（上社）と注連掛《しめかけ》（下社）まで曳かれて、1か月ほど安置される

里曳き

境内に柱を曳き入れる

御柱が街のなかに曳き出され、境内へ向かう。境内に柱が建てられ、御神木となる。市内では、舞や踊り、騎馬、装束をまとった人々が行列をなす。山出しから一転して、華やかで豪華な雰囲気。

見どころ

建御柱の勇壮さに圧倒される

柱を神社の境内に建てることを、「建御《たておん》柱《ばしら》」という。大木の先端を三角錐に切る「冠落とし」をおこない、御神木の威儀が加わる。10人の氏子が、柱に乗って声を掛け合いながら豪快に建てる。

こともあったようです。

現在も、諏訪地方挙げての一大行事となっており、二〇万人以上の人が参加しています。

次第　御柱となるのは、モミの大木です。祭祀の三年前から御柱とする木を見立て、のちに伐採します。

祭りは、山で伐り出した大木を里へ曳き出す「山出し」から始まります。一か月後、社まで大木を人力のみで曳き、社殿四隅に建てる「里曳き」がおこなわれます。

大勢の氏子が乗った、一〇トン以上の御柱を、木遣《きや》り歌とともに数千人で曳き出していきます。御柱は境内に向けて一直線に進むため、急坂を落としたり、川を曳き渡したりすることもあります。

鹿島神宮、香取神宮

神《じん》幸《こう》祭《さい》・御《み》船《ふね》祭《さい》

十二年に一度、神輿と船で二柱の神が出会う

■時期
12年に一度
香取神宮：
4月15・16日
鹿島神宮：
9月2・3日

神社祭祀には、水上でおこなわれる船上祭もあります。よく知られているのが、鹿島神宮（茨城）と、利根川をはさんで対岸に位置する香取神宮（千葉）がともにおこなう祭祀。鹿島神宮では「御船祭」、香取神宮では「神幸祭」といわれています。

意味

『日本書紀』によると、香取神宮の祭神・経津主《フツヌシ》大神《オオカミ》は、天照大《アマテラスオオ》御《ミ》神《カミ》の命を受け、鹿島神宮の祭神・武甕槌《タケミカヅチノ》大神《オオカミ》とともに、日本建国に携わりました。

特に未開の地であった関東地方の開拓と平定に尽力したといわれ

●利根川をはさみ、空前の規模でおこなう

２柱の神が、船によって関東の地を開拓し巡幸したという神話をもとに、祭典がおこなわれる。利根川をはさんで、東に鹿島神宮、西に香取神宮が存在。祭りでは、行事がほぼ同じように進行する。

見どころ

豪華絢爛たる水上絵巻が広がる

龍の頭を船頭につけた御座船《ござぶね》が、神を乗せて水上を巡幸する。御座船の周りは供奉船《ぐぶせん》がお守りし、さながら水上絵巻を繰り広げる。神々の御神威が余すところなく表現される。

神が外へお出ましになり（神幸）、神輿や船に乗って境内や地域をめぐる。神が乗る船を「御座船」という。水上渡御《とぎょ》では、御座船の周りを供奉船が付きしたがい、大船団を組む

	鹿島神宮	香取神宮
4/15 式年大祭神幸祭	お迎え船を仕立て、香取市牛ヶ鼻（利根川）を目指し出航する。到着後、神職は香取神宮の御座船に移る	神輿が本殿を出発し、大行列をともなって市内を巡行。津宮浜鳥居より神輿と神職が御座船に乗船し、利根川を遡上。牛ヶ鼻で鹿島神宮の船に合流
正午	**御迎祭を斎行**（利根川の牛ヶ鼻にて）香取神宮の神輿の前で鹿島神宮の宮司が祝詞を読み、両神宮の神職が祭典に奉仕する	
	お迎え船に戻る	祭典終了後、水路と陸路を巡幸し、香取市内の御旅所（神輿が仮にとどまるところ）まで還御
9/2 式年大祭御船祭	神輿が本殿を出発し、大行列をともないながら市内を巡行。大船津一之鳥居より神輿と神職が御座船に乗船し、香取市加藤洲を目指す。常陸利根川の対岸にある加藤洲にて香取神宮の船と合流	お迎え船を仕立て、香取市加藤洲（常陸利根川）を目指し出航する。到着後、神職は鹿島神宮の御座船に移る
正午	**御迎祭を斎行**（利根川の加藤洲にて）鹿島神宮の神輿の前で香取神宮の宮司が祝詞を読み、両神宮の神職が祭典に奉仕する	
	祭典終了後、水路と陸路を巡幸し、鹿島神宮前の行宮（行幸のさいの仮宮）まで還御	お迎え船に戻る

両神宮が船上で出会う「御迎祭」。12 年に一度の祭祀では、互いの宮司が互いの神輿の前で祝詞を読み、それぞれの御祭神を称え、お迎えの祭りをおこなう。まさに鹿島神宮と香取神宮の深い関係を示すもので、こうした形で祭典をおこなうことは全国的にもまれ。

ています。その功績を称えるとともに、海上安全・豊漁を願っておこなわれるお祭りです。

四月と九月に、それぞれの神宮がともに祭祀をおこないます。

次第

本殿を出た神輿は、船（御座船）に乗って利根川を進みます。龍頭の飾りをつけた御座船を中心に、数十隻以上の船が行列を組んで、船上祭をおこないます。

神輿は、四月の神幸祭では牛ヶ鼻で、九月の御船祭では加藤洲で奉迎《ほうげい》を受けたあと（御迎祭《おむかえさい》）、御《お》旅所《たびどころ》・行宮《あんぐう》へと還ります。

利根川を舞台にして、二柱の神が再会するという伝承が壮大に再現されます。船上祭としては日本最大級の規模といわれています。

解説

境内で食べてはいけないものがある

地域の文化と歴史が神社と食に表れている

作法では、境内は基本的に飲食不可（一五ページ参照）。特に神使を食すことは、周辺地域で禁忌とされます。

三嶋大社《みしまたいしゃ》（静岡）ではウナギを神使とし、江戸時代には境内でウナギが保護されていました。しかし戦後の食糧難にともない、人々を救うために禁忌を取り払って、ウナギを提供することに。今では門前町で、ウナギの名店がのれんをはためかせています。

一方で、進んでウナギを食べる地域もあります。神社と食とのかかわりにも、地域の文化や歴史が表れていて面白いものです。

神道は肉食や飲酒を禁じていない

仏教の影響から不殺生・不飲酒の印象が強いのですが、神道では肉や酒を禁じるということはありません。今でも、神饌には魚や鶏が見られます。

歴史的には、四本足の獣食肉が忌避され、神饌から遠ざけられたこともありました。しかし、由緒を守って兎や猪の肉を捧げる習わしを続けている神社は多くあります。

お酒は米から直接つくられるため、神との関係も深く、神饌のなかでも重要な品物の一つ。神前結婚式の三三九度など、酒が人の縁を結ぶといった重要な役割を果たします。

神社は、地域の歴史や人々の
生活が深く根付いている場所。
神社を訪れ、
御利益を願うだけではもったいない。
周りを見渡し、
いにしえの風習や人々の祈りに
思いを馳せてみよう。

第五章

八百万の神々を訪ね、いにしえを憶う

神社・祭神

地域の守護への感謝と祈りが見える

神社に祀られている神は一柱《ひとはしら》だけとは限りません。八百万の神といわれるように、神社の祭神は実にさまざま。神社の祭神を知ることで、時代背景や地域の人々の心の拠り所を知ることができます。

奈良時代以前

神代《かみよ》の神 （古くから信仰される神）

神話の神

国造りの神や皇祖として崇められる

天照大御神《アマテラスオオミカミ》や大国主神《オオクニヌシノカミ》など、主に神話に登場する神が信仰の対象であった。奈良時代の日本神話の編纂により、崇敬が広まり深まった。

■代表的な神社

伊勢神宮《いせじんぐう》、出雲大社《いずもおおやしろ》など

神代とは、太古、有史以前の時代。古事記や日本書紀のなかでも、神々が活躍している

自然とともに暮らす人々は、恵みに感謝し、災害を恐れた。自然を象徴する滝や石などに神を見出した

土着の神、自然の神

地域で古くから崇敬される

自然の山や川、樹木などには神が宿るとされ、崇拝の対象とされた。土地に古くから土着の神がおり、これらの神々がのちに神話の神と同一化され、信仰の対象となった。

■代表的な神社

貴船神社《きふねじんじゃ》、大神神社《おおみわじんじゃ》など

神社の創建に伝承がかかわることも

日本神話は古事記と日本書紀に記されている

古事記、日本書紀は日本最古の書物。和文と訓読した漢文を交ぜて、天地開闢《かいびゃく》〜推古天皇の時代を物語風にまとめたのが古事記。日本書紀は、日本最初の公的な歴史書。漢文で書かれ、国外に向けて天皇支配の正統性を主張している。

奈良時代

古事記、日本書紀が編纂される

後世の神

失脚した人物が災厄をもたらすと考え、祀って霊魂を慰めたり、偉大な人物にあやかって祀ったりしている

人物神

優れた功績により、神として祀られた

鎮魂のために御霊（祟《たた》り神）を祀ることが多かったが、時代を経るにつれて天皇や将軍など、優れた功績を残した人物を神として祀るようになった。

■代表的な神社

日光東照宮《にっこうとうしょうぐう》、明治神宮、太宰府天満宮《だざいふてんまんぐう》など

太古、人々は自然に対する畏怖や感謝から、山や川を祈りの対象としました。自然界に宿る精霊に祈りを捧げていたのです。

　のちに人物神も崇敬されるようになりました。神社の祭神によって、地域の歴史がわかります。人々の生活や時代背景が、反映されているからです。

これで納得

神社は7世紀後半に制度として確立した

神社が国家制度上に位置づけられるのは7世紀後半ごろ。それ以前は、残念ながら記録でははっきりしない。おそらく、神社が時の政治にもかかわるようになったのが、この時代からだと考えられる。

一宮・総社制度

中世に地域の崇敬を集めた一宮、総社

神社はかつて政治に深くかかわっていた時代がありました。国（地域）を治めるうえで、神社のあり方を制度化し、管理することは重要な意味がありました。

制度化は古代～近代にかけておこなわれました。その一つが一《いちの》宮《みや》・総社《そうじゃ》制度です。

もとになったとされるのが『延《えん》喜式神名帳《ぎしきじんめいちょう》』（コラム参照）などに登載された神社です。現在でも神社の由緒書《ゆいしょがき》に「一宮」などの記述を見ることがあります。その神社が古い伝統をもつことを物語っています。

●地方の国司の神拝序列を表す

神社は、朝廷から諸国に赴任してきた国司の管轄下にあり、祭《さい》祀《し》などが執りおこなわれた。社格《しゃかく》は、国司が業務を円滑におこなうために、神社を巡拝する順番などで決まっていた。

一宮　一宮はその地域の象徴

一宮は各国の神社の代表であり、象徴的な存在でもあった。一宮を見れば、政治や経済、文化をうかがい知ることができるといわれた。

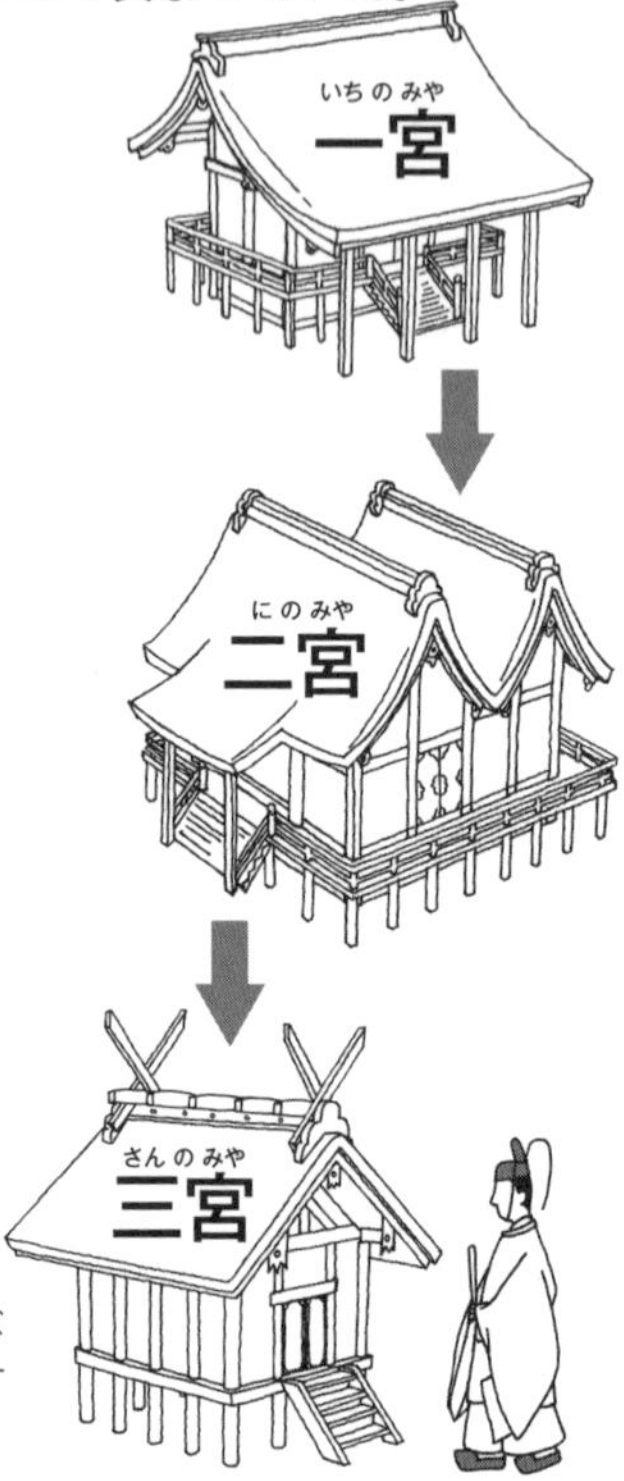

時代によって一宮が替わることも。なかには、一つの国に一宮が複数存在することも珍しくなかった

「一宮」をめぐる争いも起こった

一宮の選定は、政治や役人の権力の趨勢によって影響を受けた。地域の人々が自由に主張したものもあり、「一宮争い」が起こることもあった。

神の前で、
着任の奉告をする

●国内の主要な祭神を一か所に合祀した

神社の統括には、「総社」という制度もあった。国司が諸国内のあちこちの神社を巡拝する手間を省くため、神社の祭神を一か所にまとめたのである。一宮が総社を兼ねたこともあった。

新たに社殿を造るか、既存の神社があてられた

総社の場合、新たな神社が造られることもあったが、一宮が兼ねるなど、既存の神社に割り振られることもあった。

総社　国司の着任の儀がおこなわれた

総社では、朝廷から赴任してきた国司の着任の儀式がおこなわれた。これは、朝廷と総社が密接な関係にあったことを物語っている。神社は時の権力と結びつき、発展してきたともいえる。

社格制度は時代とともに変わった

一宮は広い意味での社格の一つ。社格とは神社の格式で、時代とともに制度が変遷しています。

平安時代、国家に選定された神社がありました。これらの社名は『延喜式神名帳』に登録されており、一般に「式内社《しきないしゃ》」と呼ばれ、国から認定された「官《かん》社《しゃ》」として扱われました。一宮や総社は、このあとにつくられた制度です。

近代になると、皇室から幣《へい》帛《はく》を受ける「官幣社《かんぺいしゃ》」と、主に国庫（政府）から幣帛を受ける「国幣社《こくへいしゃ》」に分類されました。これらはさらに「大社」と「小社」に分けられています。現在、社格制度は廃止されています。

社号

神宮と大社は神話の神と国造りの神の違い

神社の名前を「社号《しゃごう》」といいます。最も一般的で、数も多いのが「○○神社」ですが、現在、用いられている社号には「神社」を含めて、七種類あります。

使い分けは祀られている神によって異なり、例えば、神宮は神話に登場する神々が祀られた神社の社号とされています。国造りにかかわる神々を祀った神社の総本社には、主に大社が用いられています。

ほかに、「明神」「大権現」などの称号もありますが、これは神仏《しんぶつ》習合《しゅうごう》の名残で、通称として用いられます。

●神社の称号から祭神を知る

社号には「神社」のほかに、「○○神宮」「宮」「大社」「社」「大神宮」などがある。祭神によって大きく分けられており、社号を見れば祀られている神が大体わかる。

神宮

「神宮」は伊勢神宮のみ。「○○神宮」は皇祖《こうそ》を祀る社が多い

単に「神宮」とだけ呼ぶときは「伊勢神宮」のことで、別格として扱われる。ほかの「○○神宮」は、主に皇祖や皇族が祀られた神社を指す。また単に「大神宮」という場合は伊勢神宮の内宮と外宮の総称で、ほかは「○○大神宮」となる。

皇祖・皇族を祀る社以外は、特定の神社にしか使われない

■○○神宮の例

- 明治神宮
- 平安神宮
- 熱田《あつた》神宮
- 石上《いそのかみ》神宮
- 鹿島神宮
- 香取神宮

など

大社　「大社」はもともと出雲大社を指す。現在は広く用いられている

「大社」といえば、かつては天孫《てんそん》に国を譲った大国主神《オオクニヌシノカミ》を祀る出雲大社のことを指していた。現在は、特に広く崇敬される社にも用いられる。

■○○大社の例

- 春日大社
- 熊野三山（熊野本宮《ほんぐう》大社、熊野那智《なち》大社、熊野速玉《はやたま》大社）
- 日吉大社

など

出雲大社は、大国主神の偉大な功績を称えて、「大社」と呼ばれた

そのほか

○○宮

天皇や皇族をお祀りしている神社に用いられることが多い。また、古くからの呼称として呼ばれている場合もある

○○社

「○○の神の社《やしろ》」の意味。やがて（特に近代以降）、○○神社に統一された

これで納得

「皇祖」は天照大御神、「天孫」「皇孫」はその子孫

皇祖とは、皇室の祖神である天照大御神《アマテラスオオミカミ》のことで、初代天皇の神武天皇までを指す場合もある。天孫や皇孫《こうそん》とは天照大御神の子孫のこと。天照大御神の孫である邇邇藝命《ニニギノミコト》を指す場合もあるが、一般にはその子孫である歴代天皇を指すことが多い。

全国約八万の神社の中枢となる「神社本庁」

神社本庁は、現在全国にある約八万社の神社を包括する機関として、伊勢神宮を本宗《ほんそう》（格別の存在として尊崇を寄せる神社とすること）に設立された宗教法人です。

終戦後、GHQによって神社と国家が分離されたさいに設立されました。その役割は神社の管理や指導を中心に、伝統を守り、祭祀の振興を図るというもの。神職の養成、任命、広報など、活動は多岐にわたります。

（本宗）神宮（伊勢）
↓
神社本庁
↓
（各都道府県）神社庁
↓
下部組織

このつながりは神宮大麻《たいま》（23ページ参照）を頒布《はんぷ》するのにも役立っている

三重

伊《い》勢《せ》神《じん》宮《ぐう》

皇祖と日本人の総氏神を祀る神社の筆頭

祭神

伊勢神宮の正式名称は「神宮」です。皇大神宮《こうたいじんぐう》（内宮《ないくう》）と豊受大神宮《とようけだいじんぐう》（外宮《げくう》）、この二つの宮に属する別宮や摂社、末社、所管社などを合わせた一二五社すべての施設の神社群を総称して、伊勢神宮と呼びます。

内宮の主祭神は、「天照坐皇大御神《アマテラシマススメオオミカミ》」です。ほかの神社との違いは、皇祖《こうそ》・天照大御神の永久の祭場とされているところ。理由は創建のころにさかのぼります。

由緒

今から約二〇〇〇年前、天照大御神はこの地を「うまし（麗しい）国」と称え、自

●神宮参拝は「外宮から」が古くからの習わし

神宮の中心は天照坐皇大御神が祀られている内宮。参拝のさいは、まず外宮からお参りするのが習わしとなっている。

外宮と内宮で、建物の造りも少し異なる（37 ページ参照）。そこに注目するのもよい

外宮へ参る

産業の神に拝する

外宮に祀られている豊受大御神《トヨウケノオオミカミ》は、食べ物をつかさどる神（104 ページ参照）。衣食住や産業の神としても信仰されている。

内宮を詣でる

日本人の総氏神《そううじがみ》に拝する

内宮に祀られている天照坐皇大御神は、皇祖であり、すべての日本人の総氏神。約８万社ある神社の筆頭でもある。

時間があれば
別宮に足を延ばして

別宮とは、正宮の次に尊いとされる宮のこと。内宮域に「荒祭宮《あらまつりのみや》」「風日祈宮《かざひのみのみや》」、外宮域に「多賀宮《たかのみや》」「月夜宮《つきよみのみや》」「風宮《かぜのみや》」「土宮《つちのみや》」などの別宮がある。訪れたさいは、これらの別宮も詣でたい。

神嘗祭は、新穀を神にお供えし、感謝するための祭り。神宮では三節祭の一つとされ、重要な祭祀の一つ

見どころ

古式ゆかしい祭祀が季節のうつろいを告げる

神宮は祭祀が非常に多いことでも知られる。年間1500回以上もあり、毎日朝夕におこなわれるもの（104ページ参照）から、季節ごと、数十年に一度のものまで多数。なかでも特に盛大におこなわれるのが、毎年10月の神嘗祭《かんなめさい》（106ページ参照）。

●神社案内●

■鎮座地

外宮：三重県伊勢市豊川町279

内宮・神宮司庁：三重県伊勢市宇治館町1

■交通

外宮：JR・近鉄「伊勢市駅」より徒歩約5分

内宮：近鉄「宇治山田駅」よりバスで約15分。内宮前駅下車

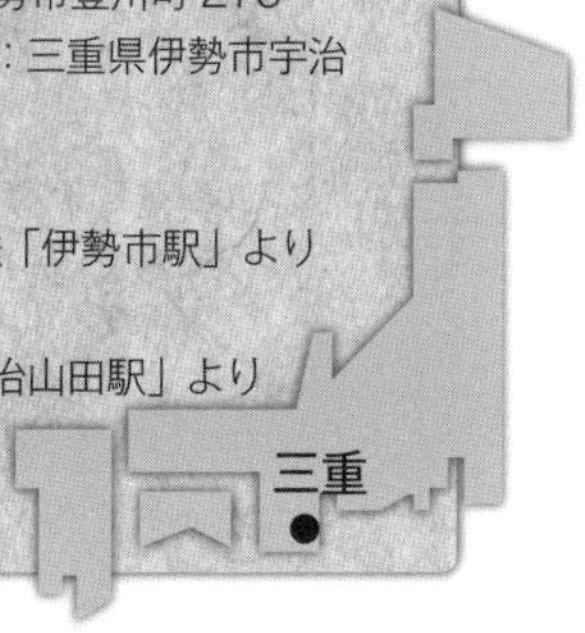

「伊勢へ行きたい……せめて一生に一度でも」とうたわれた

弥次さん喜多さんで有名な『東海道中膝栗毛』にもあるように、江戸時代には「おかげ参り」が庶民のあいだで大流行した。伊勢音頭には「伊勢へ行きたい、伊勢路が見たい、せめて一生に一度でも」とうたわれ、当時大流行したことがうかがえる。

ら鎮まりたいと告げました。そして、清流・五十鈴川《いすずがわ》のほとりに祠《ほこら》を建て、以来、ここにいるとされているのです。

外宮には、天照大御神の食事をつかさどる神である「豊受大御神《トヨウケノオオミカミ》」が祀られています。

そのほか、内宮の相殿《あいどの》に天手力《アメノタヂカラ》男神《オノカミ》、万幡豊秋津姫命《ヨロズハタトヨアキツヒメノミコト》、外宮の相殿に御伴神《みともがみ》三座が祀られています。

歴史

伊勢神宮は、本来「私《し》幣禁断《へいきんだん》」とされ、天皇陛下以外のお供えは制限されていました。しかし参拝は自由でした。中世には、御師《おんし》（参詣者を案内する者）の働きにより、庶民にも伊勢詣が広まります。江戸時代には「おかげ参り」といわれ、一大ブームになったほどです。

島根

出雲大社《いずもおおやしろ》

神話の世界を感じさせる神々が集う社

●「むすびの神」として福と愛情をそそぐ

出雲大社は縁結びの社として知られる。大国主神が、目に見えない世界＝縁をつかさどる神とされているため。良縁を望んで参拝する人も多く、木に結ばれた無数のおみくじは圧巻。

大国主神は、八百万の神も頼る存在といわれる

御利益 縁結び、農耕・漁業興隆など

出雲大社の縁結びは男女の仲に限らない。人間の成長、社会全体の幸福、互いの発展のためのむすびの神とされている。また、大国主神は国造り、村づくり、農業や漁業などの生活の基盤をつくる神としての顔ももつ。

●神社案内●

■鎮座地
島根県出雲市大社町杵築東 195

■交通
一畑電鉄「出雲大社前駅」より徒歩約7分

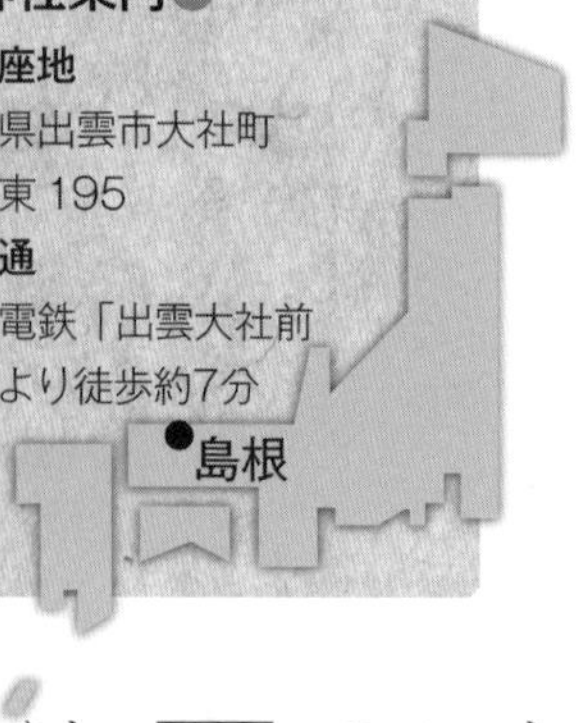

祭神

最近、パワースポットとしても知られている、出雲大社。『古事記』『日本書紀』にも創建の話が登場するほど非常に古く、長い歴史をもつ神社です。

正式名称は、「いずもおおやしろ」といいます。古くは、地名にちなんで「杵築《きづき》大社」と呼ばれていましたが、明治時代以降、現在の呼び名となりました。

由緒

出雲大社の主祭神は、「天《あめ》の下造らしし大神」といわれる大国主神《オオクニヌシノカミ》。大物主神《オオモノヌシノカミ》、大国玉神《オオクニタマノカミ》、八千戈神《ヤチホコノカミ》などの別名もあります。出雲の人々には「だい

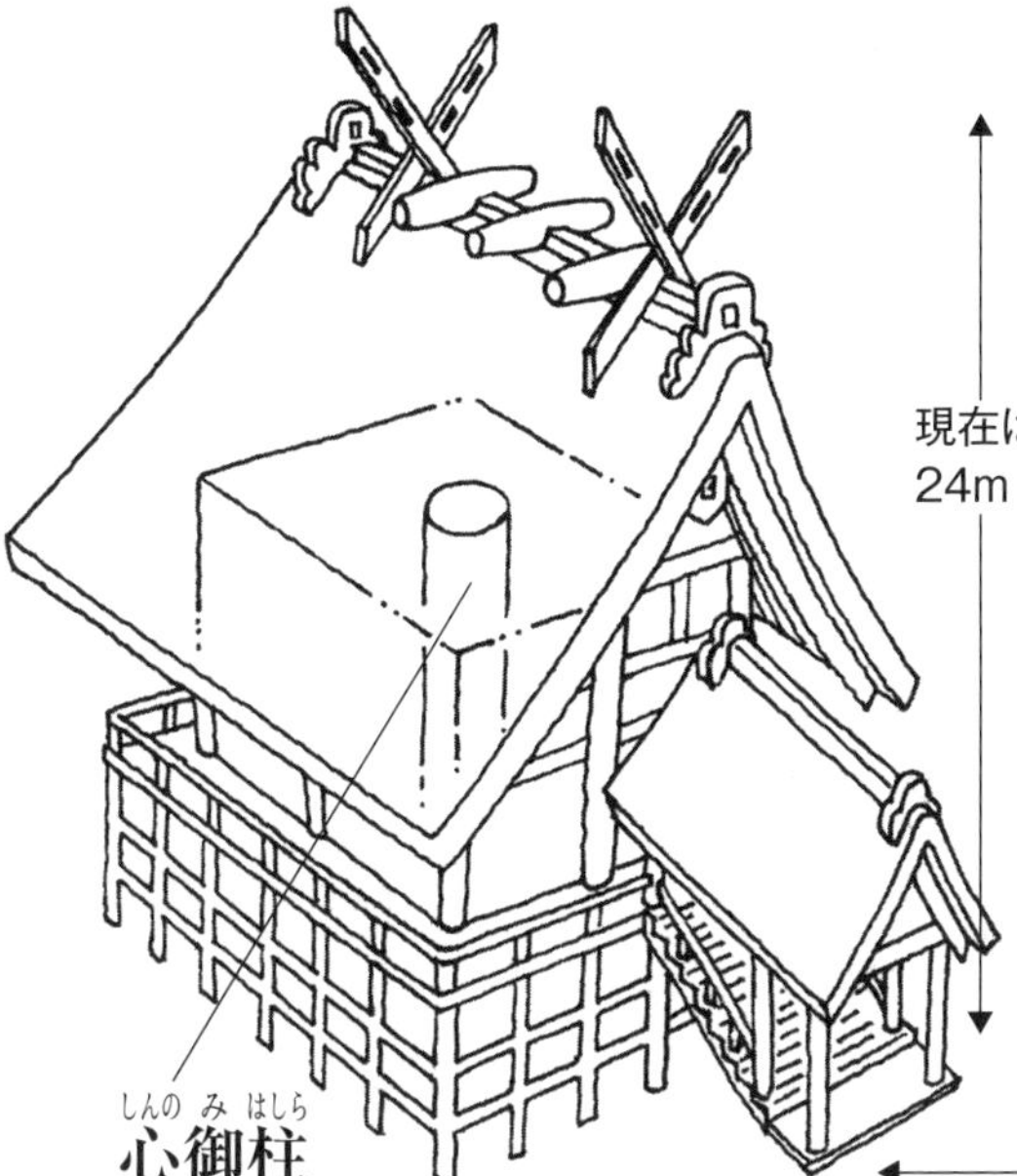
現在は
24m
千木《ちぎ》までの高さはなんと
48m もあった
心御柱《しんのみはしら》
(38 ページ参照)

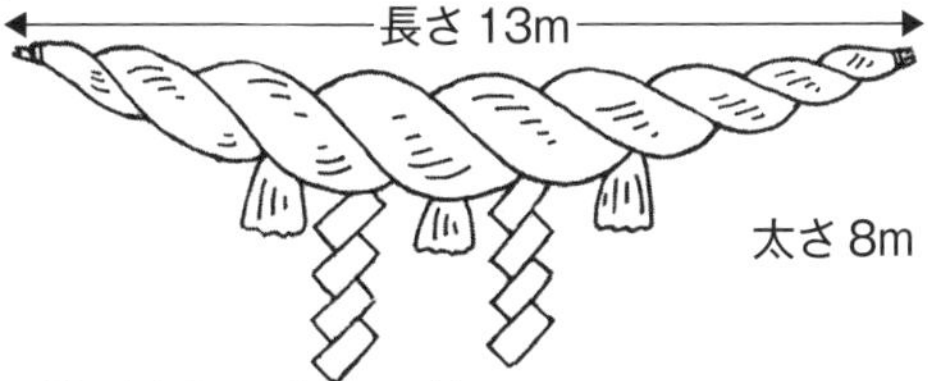
長さ 13m
太さ 8m

見どころ 神話を彷彿させる巨大建築の数々

出雲大社は、大社造《たいしゃづくり》の代表ともいえる建築様式。神殿の巨大な注連《しめ》縄《なわ》からもわかるように、非常に大きな社《やしろ》を有する。現在は 24 mだが、鎌倉時代以前は 48 mもの高さがあったとみられている。天空にそびえる巨大神殿は、まさに神話の世界を思わせる。

古代の本殿は高さ48m

古代の出雲大社は高さが 48 m。109 mもの長い引き橋があり、その階段は 170 段もあった。2000 年、境内から発掘された巨大な柱は、直径 1.35m の杉の木を３本一組にして用いていた。推定された古代神殿は、まさに想像を超える壮大さを誇る

注連縄の重さは約5t

神楽殿に掛けられた巨大な注連縄は、出雲大社の象徴。長さは 13 m、最も太い部分は８m。重さはなんと約５ｔに達する。その大きさに、訪れた人々は目を奪われる

こくさま」という呼び名で慕われています。

歴史

因幡《いなば》の白兎の説話でも知られるように大国主神は慈悲深く、幾多の困難に耐え、国造りに励んだ神です。国造りの功績を喜んだ天照大御神《アマテラスオオミカミ》が国譲りのときの願いを聞き入れ、壮大な社を創建したのが出雲大社の起源とされています。

出雲大社と神話の世界のつながりを感じさせるのが、「神在月《かみありづき》」の話です。一般に一〇月を神無月《かんなづき》と呼びますが、出雲の国では違います。日本中の神が出雲大社に集うため、逆に神在月と呼ばれるのです。出雲大社では、旧暦の一〇月一〇日の夜に神迎えの神事がおこなわれます(一〇八ページ参照)。

千葉・茨城

香取神宮《かとりじんぐう》、鹿島神宮《かしまじんぐう》

武神・軍神として、武将の崇敬を集める

祭神

香取神宮と鹿島神宮は、利根川をはさんで向き合うように鎮座しています。大和朝廷から遠く離れた東国守護のため、どちらも非常に重要な拠点でした。それぞれの神社には、国譲りで活躍したと伝えられる神が祀られています。

由緒

香取神宮の祭神は、経津主大神《フツヌシノオオカミ》（伊波比主命《イワヒヌシノミコト》）。天照大御神《アマテラスオオミカミ》の命により、大国主神《オオクニヌシノカミ》を説得して国譲りをさせたと伝えられる神です。

一方、鹿島神宮の祭神は、ともに説得にあたった武甕槌大神《タケミカヅチノオオカミ》で

●祭神が盟友なら神社も相通じるもの

２つの神社の祭神は、大国主神の国譲りで活躍した盟友どうし。神社にも共通点が多い。有名なのが、12年に一度おこなわれる式年大祭（122ページ参照）。境内に残る「要石《かなめいし》」の伝説にも共通する部分がある。

見どころ ナマズの頭と尾を押さえつける石棒

関東は昔から地震が多く、地中のナマズが地震を起こすと考えた。神々がナマズの頭と尾を押さえつけたとされる「要石」が、それぞれの境内にある。水戸光圀《みとみつくに》が２つの要石を掘らせたが、根元にたどり着けなかったという逸話も。

鹿を神使《しんし》として保護する

天照大御神から武甕槌大神と経津主大神のもとに使わされた天迦久神《アメノカクノカミ》は、鹿の神霊であった。鹿島神宮でも香取神宮でも、鹿は神の使いとして大切に保護されている

御利益 勝ち運、災難除け、平和・外交の守護など

武神・軍神として武運長久、開運招福の御利益がある。特に武芸を志す者に人気で、香取で誕生した香取神道流という剣法は、香取神宮の神威《しんい》を得て完成したと伝わる。鹿島新当流の祖・塚《つか》原卜伝《はらぼくでん》はその流れをくむ。

剣道場などの床の間には、武芸の神である「鹿島大明神」「香取大明神」を称え、軸が飾られていることが多い

●神社案内●

香取神宮

■鎮座地
千葉県香取市香取 1697
■交通
JR「佐原駅」よりバス約15分と徒歩5分、またはタクシーで約10分

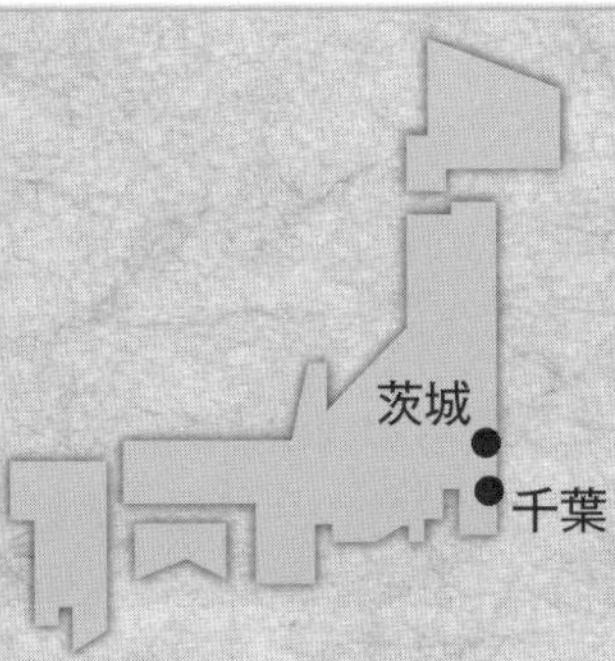

鹿島神宮

■鎮座地
茨城県鹿嶋市宮中 2306−1
■交通
JR「鹿島神宮駅」より徒歩約10分

す。どちらも名立たる武神・軍神で、国家創世に重要な働きをしたことで知られます。

平安時代の延喜式《えんぎしき》（一二八ページ参照）によると、「神宮」の社号を冠したのは伊勢神宮を除くとこの二社のみ。重要な神社であったことがうかがえます。

歴史

武神・軍神が祀られていることから、源頼朝、北条氏、足利氏といった多くの武将や時の権力者たちの崇敬を集めてきました。江戸時代には、徳川将軍家や水戸徳川家も手厚く加護しています。

鹿島神宮の拝殿は二代将軍秀忠が奉納したもの。香取神宮の朱塗りの楼門は、一七〇〇年に江戸幕府が造営したものです。

愛知

熱《あつ》田《た》神《じん》宮《ぐう》

神話の草薙神剣を祀る国家鎮護の神宮

●草薙神剣を天照大神の依り代として祀る

御神体である草薙神剣は、「御霊代」の役割をもつ。天照大神の神霊の依り代(40ページ参照)として、剣が祀られている(御神体は非公開)。

天照大神は神々のなかでも至高の存在。日本人の総氏神《そううじがみ》でもある(132ページ参照)

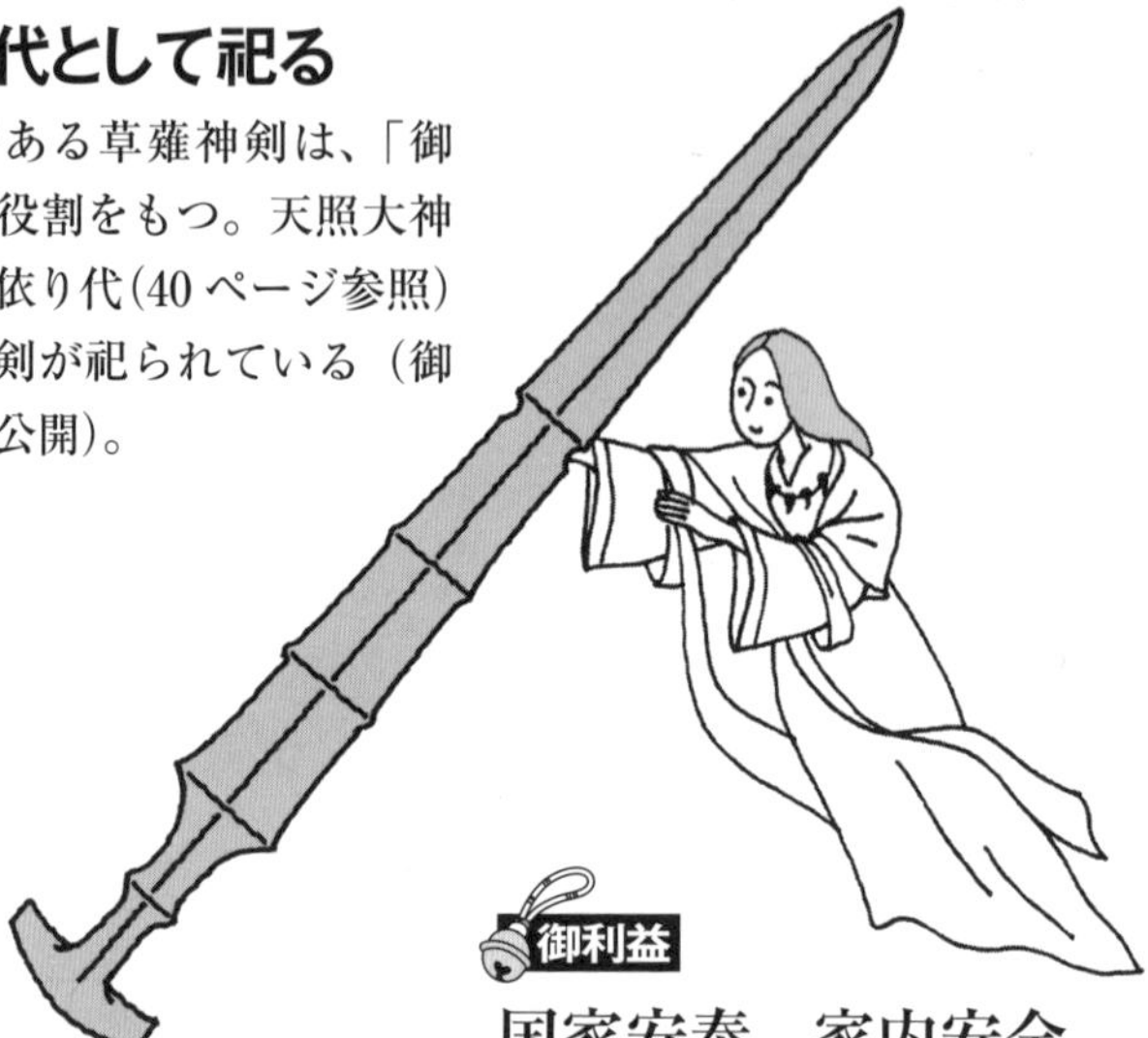

御利益

国家安泰、家内安全、身体健全など

祭神の由緒から、国家安泰や家内安全がなによりの御神徳とされる。そのほか、身体健全や災難除け、健康長寿などにも御利益があるとされる。

草薙神剣は「勇」を示す

八咫鏡《やたのかがみ》、草薙神剣(天叢雲剣《あめのむらくものつるぎ》ともいう)、八尺瓊勾玉《やさかにのまがたま》の三種の神器は、それぞれ「智」「勇」「仁」の三徳を示すという説がある。草薙神剣は、このうちの「勇」を示す

熱田神宮は地元名古屋では「熱田さん」の愛称で親しまれている歴史ある神社です。皇位の象徴である三種の神器の一つ、草薙神剣《くさなぎのみつるぎ》が御神体として祀られていることから皇室と深い縁があります。

祭神

主祭神は熱田大神《アツタノオオカミ》。これは、御神体である草薙神剣を御霊代《みたましろ》とする天照大神《アマテラスオオカミ》(天照大御神)のことです。

相殿神《あいどののかみ》(四四ページ参照)には御神体と縁のある天照大神、素盞嗚尊《スサノオノミコト》、日本武尊《ヤマトタケルノミコト》、宮簀媛命《ミヤスヒメノミコト》、さらに尾張地方開拓の神である建稲種命《タケイナダネノミコト》が祀られています。

見どころ

例祭は最も重要で皇室とも縁が深い

６月上旬におこなわれる例祭は、「熱田まつり」、別名を「尚武祭《しょうぶさい》」という。皇室からの勅使による御幣物《ごへいもつ》の奉納、御祭文《ごさいもん》が奏上され、皇室の弥栄《いやさか》（ますますの繁栄）、国家平安が祈念される。

地元の人は、祭りを迎えると、夏の始まりとして、その年初めて浴衣に袖を通す

弘法大師が植えた楠、信長ゆかりの塀が残る

境内では弘法大師お手植えと伝えられる大楠を見ることができる。樹齢約 1000 年の大木である。また、信長が桶狭間の戦いでの勝利を感謝して寄進した「信長塀」も残っている

●神社案内●

■鎮座地

愛知県名古屋市熱田区神宮 1－1－1

■交通

名鉄「神宮前駅」より徒歩3分

由緒

御神体の草薙神剣は、素戔嗚尊が八岐大蛇《ヤマタノオロチ》を退治したとき、尾から発見されたと伝えられています。その後、東国征討にさいし日本武尊に授けられます。東国平定後、日本武尊は尾張国造《くにのみやつこ》の娘である宮簀媛命を妃《きさき》としました。しかし、日本武尊は病で亡くなってしまいます。そこで、宮簀媛命が熱田の地に社を建て、神剣を祀ったのが熱田神宮の始まりとされています。

歴史

熱田神宮は、源頼朝の母が熱田大宮司の娘であったことから、鎌倉時代には幕府から多くの崇敬を集めました。特に、武家からの信仰が篤く、頼朝をはじめ、織田信長とも縁の深い神社です。

長野

諏《す》訪《わ》大《たい》社《しゃ》

天候・農業・武勇の神。諏訪神社の総本社

●諏訪湖をはさんで南北に4つの宮を構える

下社

諏訪湖の北側に建ち、春宮と秋宮がある。主祭神に加え、建御名方神の兄である八重事代主神《ヤヘコトシロヌシノカミ》が合祀されている。民間信仰で女神の社とされたためか、農耕にかかわる神事が多い

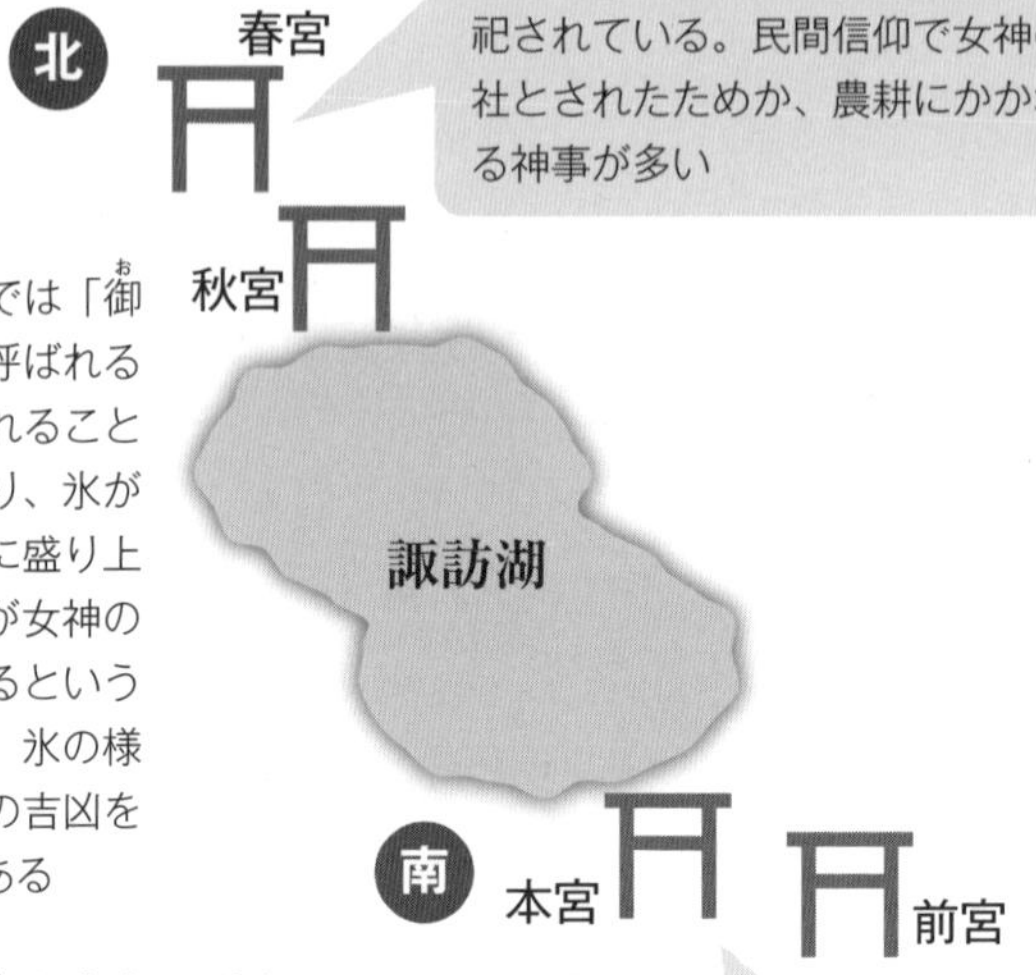

冬の諏訪湖では「御《お》神渡《みわた》り」と呼ばれる現象が見られることも。湖が凍り、氷が山脈のように盛り上がる。男神が女神のところへ渡るという民間信仰や、氷の様子で農作物の吉凶を占うこともある

上社

諏訪湖の南側に位置し、本宮と前宮がある。民間信仰で男神の社とされたためか、神事は狩猟に関することが多い。４月に上社でおこなわれる、鹿肉を神饌として捧げる「御頭祭」が代表的

上社と下社があり、それぞれ２つの宮をもつ。社に序列はなく同格。４つをまとめて諏訪大社とする。民間信仰では、上社は男神、下社は女神と考えられた。

諏訪大社は地元では「お諏訪さま」と呼ばれ、多くの人の崇敬を集めています。信濃国（長野）の一宮《いちのみや》であり、全国に分布する諏訪神社の総本社でもあります。

諏訪大社は四社を有し、上社《かみしゃ》は前宮《まえみや》と本宮《ほんみや》、下社《しもしゃ》は秋宮《あきみや》と春宮《はるみや》から成ります。本殿をもたないという特徴もあります。御神体は自然そのもので、上社は守屋山を神体山とし、下社は春宮が杉、秋宮がイチイを御神木としています。

祭神　主祭神は、大国主神《オオクニヌシノカミ》の御子神である建御名方神《タケミナカタノカミ》とその妃神の八坂刀売神《ヤサカトメノカミ》で、上社、

下社両方に夫婦神が祀られます。

由緒

『古事記』の国譲りの話によると、建御名方神は建御雷神《タケミカヅチノカミ》（武甕槌神《タケミカヅチノカミ》）との力比べに負け、諏訪湖まで逃げていきました。追い詰められ、「この土地から出ない」と誓ったと記されています。のちに、妃神とともに信濃国を開拓し、永久にこの地に鎮座したと伝えられています。

雨・風をつかさどる神として、五穀豊穣が祈願されます。また、開拓神や狩猟の神としても信仰を集めました。

中世以降には武門の守護神として信仰を集めました。武田信玄が祭祀や社殿の整備に努めたり、徳川家康が門を寄進したという記述が残っています。

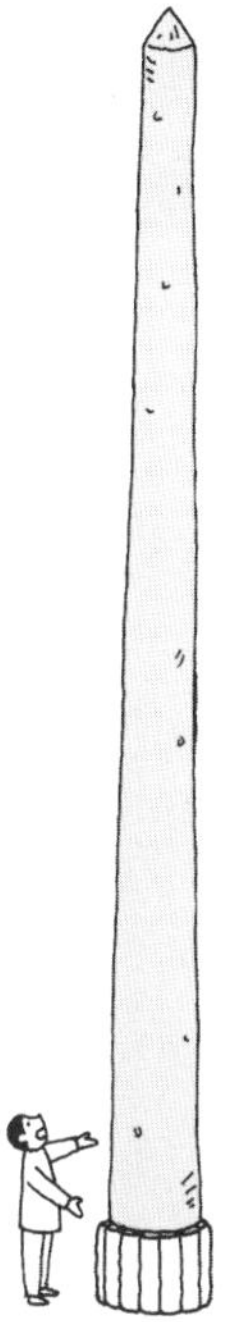

各宮の周囲の4本の御柱《おんばしら》が守る

4つの宮の周囲を守る4本（計16本）の御柱。御柱は7年ごとに建て替えられる。諏訪大社の有名な祭りである「御柱祭」は正しくは「式年造営《しきねんぞうえい》御柱大祭《みはしらたいさい》」といい、宝殿と御柱を建て替えるための祭である（120ページ参照）

御利益

五穀豊穣、生命・生活の安全

雨・風、農業をつかさどる神、開拓神・狩猟の神、武神として知られる。地元の人にとっては、昔から生命や暮らしを守ってくれる神として篤く信仰されている。

見どころ

古代の祭祀の姿を残す社《やしろ》と神事

太古の昔、神社は社殿をもたないことが当たり前であった。諏訪大社はその原初的な形を今も残している。本殿がなく、奥にある森と山を御神体として崇めている。

●神社案内●

■鎮座地

本宮：長野県諏訪市中洲宮山1

前宮：長野県茅野市宮川2030

春宮：長野県諏訪郡下諏訪町193

秋宮：長野県諏訪郡下諏訪町5828

■交通

前宮、本宮：JR「茅野駅」よりタクシーで約5～10分

春宮、秋宮：JR「下諏訪駅」よりタクシーで約10～15分

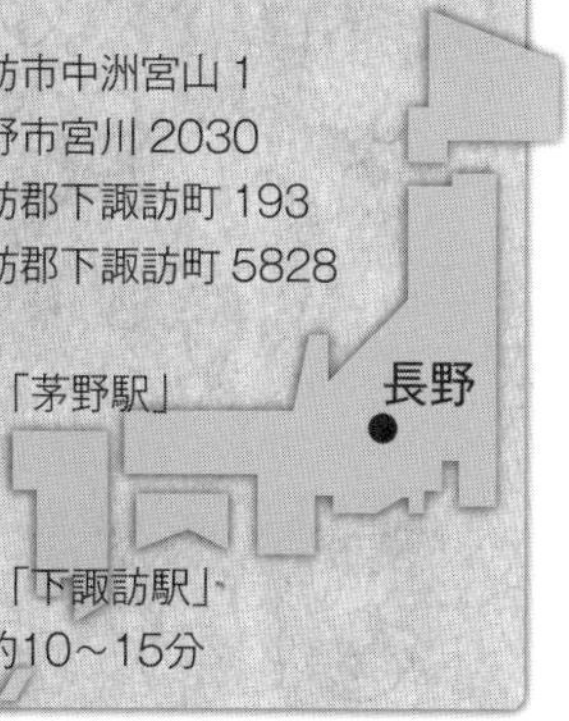

京都

八《や》坂《さか》神《じん》社《じゃ》

疫病祓いの神を祀る 祇園信仰の総本社

御霊《ごりょう》を祀り、疫を祓う

平安時代初期、京の都で疫病が大流行したとき、鉾《ほこ》を建て神輿を出して御霊会《ごりょうえ》（御霊や疫神を慰め、鎮めること）をおこなった。これが、現在の祇園祭の原型になった。

災厄の原因は御霊のしわざと考えた

いにしえの人々は、流行り病や凶作などの災厄は、御霊（怨霊）の祟りと考えた。御霊は、恨みや無念の思いを残して死んだ者の霊。御霊を鎮めることで、平穏と繁栄がもたらされると信じていた

疫神を祀って祟りを治めてもらう

疫神を祀ることで災厄を鎮圧する

荒ぶる猛々しい力で災害を起こす神がいる。荒ぶる神は祭祀を受けることで穏やかな神に変化するとされた。そこから、疫神を祀って災厄を治めてもらおうと考えた。一例が素戔嗚尊

御利益

厄除け、病平癒《やまいへいゆ》など

祇園祭の伝統のように、古くから強力な厄災除去の疫神として信仰される。また境内の末社に、宗像三女神《むなかたさんめがみ》（176 ページ参照）を祀った美御前社《うつくしごぜんしゃ》がある。美の神として、美徳成就の御利益がある。

京の人々から「祇園《ぎおん》さん」として親しまれています。

祭神

主祭神は素戔嗚尊《スサノオノミコト》という天照大御神の弟神。八《ヤ》岐大蛇《マタノオロチ》を退治した話で有名な武神ですが、高天原《たかまがはら》（神の国）で粗暴なふるまいをして追放されたという神話も残ります。人々は素戔嗚尊を疫神《えきしん》とみなし、社殿に祀ることで災厄を鎮めてもらおうとしたのです。

妃である櫛稲田姫命《クシイナダヒメノミコト》や、八柱《ヤハシラノ》御子神《ミコガミ》も祀られています。御子神には、稲荷神として有名な宇迦之《ウカノ》御魂大神《ミタマノオオカミ》（一五〇ページ参照）や、

見どころ　京に夏を告げる厄払いの「祇園祭」

古くは祇園御霊会といわれ、疫病退散を目的とした。山鉾巡行《やまほこじゅんこう》や神輿《みこし》渡《と》御《ぎょ》、奉納行事などの神事が、７月の１日から31日までのあいだに境内や市街地でおこなわれる。最後に神社でおこなう疫神社夏越祭で、祭りが締めくくられる。

17日の山鉾巡行が、最もにぎわう神事。山鉾や神輿を依り代（40ページ参照）として神が街を神幸し、厄病を祓う

●神社案内●

■鎮座地

京都府京都市東山区祇園町北側625

■交通

京阪「祇園四条駅」より徒歩約5分。または阪急「河原町駅」より徒歩約8分

山車《だし》、鉾、踊りから成る夏祭りの源流をつくった

全国各地でも、祇園祭や天王祭と呼ばれる夏祭りが、６～７月におこなわれている。それらの原型となったのが、京の祇園祭。ほかにも、山車や鉾を用いて街中を曳き回す祭りの多くが、影響を受けているとされる。

大国主神《オオクニヌシノカミ》（一三四ページ参照）の妃である須勢理毘売命《スセリビメノミコト》がいます。

由緒

創祀（最初のお祀り）には諸説ありますが、神社では斉明天皇二（六五六）年と伝えられます。朝鮮半島より渡来した人が、現在の八坂神社の周辺に住み、素戔嗚尊（牛頭天王《ごずてんのう》）を祀ったとされます。

歴史

神仏習合（四七ページ参照）の影響が強く、神社としての性格はもっていましたが、興福寺や延暦寺の支配を受けた時期もありました。

平安時代中期以降は、強力な疫病祓いの神の座す社《やしろ》として朝廷からの尊崇も増しています。明治時代の神仏分離によって、社号を祇園社から八坂神社に改めました。

愛媛

大《おお》山《やま》祇《づみ》神《じん》社《じゃ》

水軍の拠点にもなった社。瀬戸内海を守る自然神を祀る

大山祇神社は、自然豊かな瀬戸内海の大三島にあります。

瀬戸内海は神話と縁が深く、伊弉諾尊《イザナギノミコト》と伊弉冉尊《イザナミノミコト》の国生みで最初に造られたのが淡路島とされます。神話に彩られた地に建つ大山祇神社もまた、多くの伝説が残されています。

祭神

主祭神は大山積神《オオヤマツミノカミ》（大山津見神）。天照大御神《アマテラスオオミカミ》の兄で、天孫瓊瓊杵尊《ニニギノミコト》の皇妃・木花之佐久夜毘売命《コノハナノサクヤヒメノミコト》の父です。

由緒

創建したのは大山積神の子孫、小千命《オチノミコト》と伝えられています。境内には樹齢二六〇

●海に浮かぶ神の島として崇敬を集める

大山祇神社は、瀬戸内海の大三島にある。今治港から船やフェリーで渡る。大三島はかつて、神の島という意味の「御島《みしま》」と呼ばれ、人々に崇められてきた。

鳥居には「日本三蹟《にほんさんせき》」の手による扁額《へんがく》を見ることができる

鳥居には「日本総鎮守　大山積大明神」と書かれた扁額（50ページ参照）が掛かっている。この文字は、平安時代の日本三蹟（書道の達人）の一人、藤原佐理《すけまさ》が奉納した直筆の複製

御利益

武運、立身出世、海上安全など

海上守護、農業や鉱山の神として信仰を集めている。昔から戦いの神として多くの武士に崇められてきたことから、武運、立身出世の御利益がある。

●神社案内●

■鎮座地

愛媛県今治市大三島町宮浦3327

■交通

宮浦港より、徒歩約30分、または車約5分

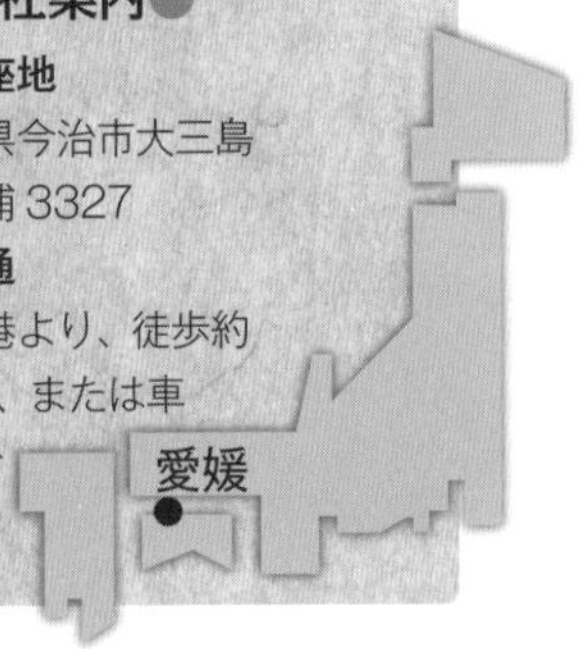

見どころ

武家から奉納された武具は日本の至宝

神社の宝物館では、武将が奉納したよろいを見ることができる。武将・河野通信が奉納した国宝『紺絲威鎧・兜・大袖付』や、源頼朝が奉納したと伝えられる『赤絲威鎧・大袖付』などが展示されている。

河野氏（伊予、現在の愛媛）が迎え撃った。鶴姫は河野氏の一族として出陣。当時16歳だったという

大山積神の化身として武士を奮い立たせた姫武将

周防（現在の山口）大内氏の侵攻のさい、鶴姫が出陣した。討ち死にした兄・安房《やすふさ》の代わりであったという。不利な戦況だったが、鶴姫の奇襲によって勝利を収めたと伝えられる。しかし、この戦いで兄と恋人を亡くした鶴姫は、のちに入水自殺したという悲しい伝説も生まれている

姫のよろいが宝物館に残る

宝物館には、鶴姫着用と伝わる胴丸《どうまる》（よろい）が残されている。現存する唯一の女性用胴丸といわれる。胸の部分が大きくふくらむ一方、腰周りが細くくびれていることから、女性用だったと伝えられている

〇年ともいわれる、小千命お手植えの楠が残っています。

小千命の子孫である河野氏は、のちに伊予国を治めました。同じく子孫の三島氏は、大山祇神社の神職として代々仕えています。

歴史　古くから瀬戸内海は海路の要所で、平安時代から水軍による独自の支配下に置かれていました。水軍とは、水上での戦法や操船に長けた武士の集団です。

戦国時代になると守護大名である大内氏が侵攻を開始。このとき水軍を率いて勝利に導いたのが、わずか一六歳の鶴姫でした。

水軍の武士たちは鶴姫を大山積神の化身と崇め、士気を鼓舞し、勝利したと語られています。

大分

宇佐神宮《うさじんぐう》

武士の信仰を集めた〝八幡さま〟の総本宮

宇佐神宮は、大分県国東半島に鎮座します。「神は八幡」ということばがあるように、八幡神を祀る神社は全国に二万社とも四万社ともいわれます。その総本社として、現在も多くの人々の崇敬を集めています。

祭神

主祭神は応神《おうじん》天皇で、八幡大神《ハチマンオオカミ》（誉田別尊《ホンダワケノミコト》）とも呼ばれます。宗像三女神《むなかたさんめがみ》とされる比売大神《ヒメオオカミ》（多岐津姫命《タキツヒメノミコト》・市杵嶋姫命《イチキシマヒメノミコト》・多紀理姫命《タキリヒメノミコト》）、八幡大神の母神・神功《じんぐう》皇后も祀られています。

由緒

宇佐神宮の創祀は、欽《きん》明《めい》天皇の代です。応神天

●託宣の伝承が残る

八幡神が朝廷に認められるきっかけとなったのが、託宣である。託宣とは、神が人に知らせる意思やお告げ。政局にかかわる重要な託宣を下したことによる。代表的な託宣が、以下の2つである。

東大寺の大仏建立

国の一大事業である大仏建立にさいし、大仏表面に施す金が不足する事態が発生した。八幡神が必ず金が出てくると託宣をしたところ、予言通りに。これにより八幡神は大仏開眼式に招かれ、大仏建立の守護神として勧《かん》請《じょう》された

人臣即位の危機

怪僧道鏡《どうきょう》による、天皇即位を企てた事件があった。道鏡は孝謙上皇の後盾の下暗躍していた。是非を問うべく宇佐神宮で八幡神に託宣を求めたところ、「天皇家以外は即位させてはならない」とのお告げがあった。これにより、人臣即位という天皇家の危機を免れた

御利益

国家鎮護、武運、開運など

もとは皇室の守護神。国家鎮護の神とされていたが、のちに源義家ら武家の篤い信仰を集め、武運や開運の御利益もあるといわれるように。

●神社案内●

■鎮座地

大分県宇佐市大字南宇佐2859

■交通

JR日豊本線「宇佐駅」より、タクシーかバス（宇佐八幡バス停）にて約10分

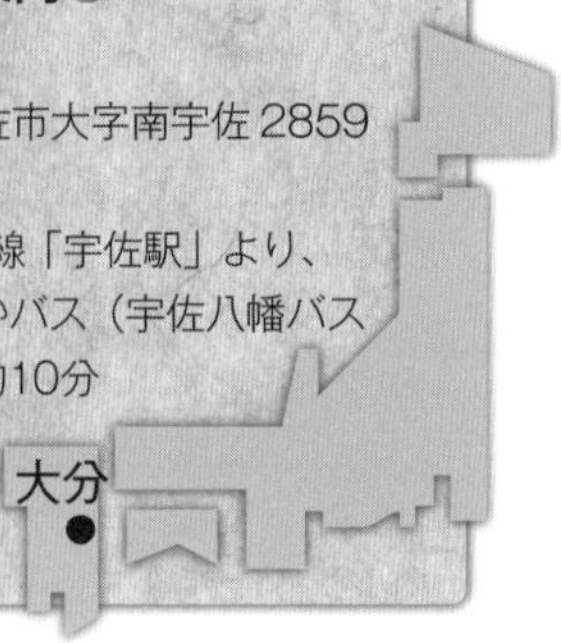

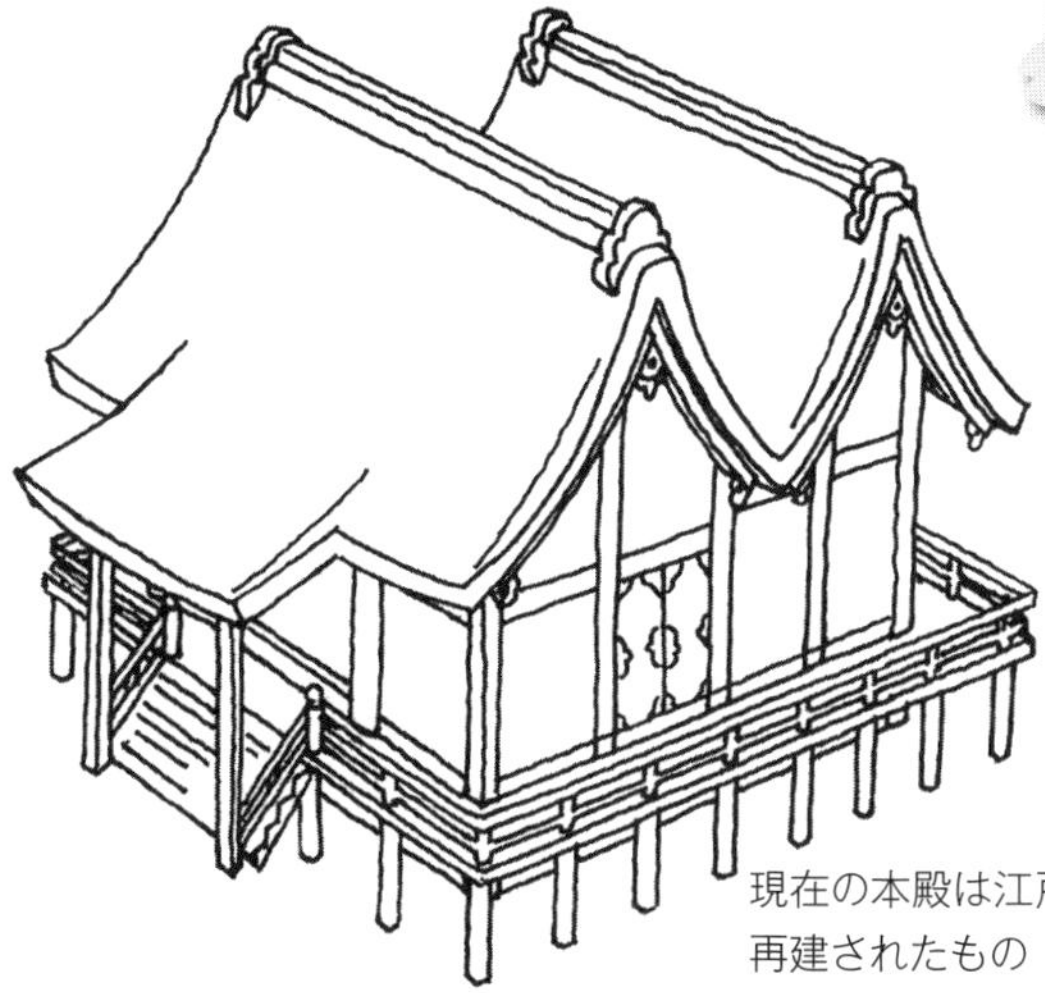

現在の本殿は江戸末期に再建されたもの

見どころ

美しい朱塗りの楼門と珍しい神橋《しんきょう》

楼門は檜皮葺《ひわだぶき》の屋根、白壁に朱塗りの柱が美しいコントラストを見せている。また、本殿の建築様式は八幡造といい、宇佐神宮から始まった様式。西参道の寄藻川《よりもがわ》にかかる呉橋《くれはし》は檜皮葺の屋根付きの神橋で、10年に一度、勅使が訪れたときだけ橋の扉が開かれる。

上宮《じょうぐう》、下宮《げぐう》の順に参拝。上宮は一之御殿から詣でる

下宮は御饌《みけ》（御供物）をつかさどり、上宮は神がいるところとされる。かつて上宮は皇族や勅使のみが参拝したが、現在は一般参拝が可能。「下宮を詣でなければ片参り」といわれ、必ず上宮、下宮の順番で詣でるのが決まり。上宮は一之御殿から三之御殿まであり、一から順に参拝する。

宇佐神宮では「二拝四拍手一拝」

一般に、神社での拝礼は「二拝二拍手一拝」が基本であるが、宇佐神宮では異なるので注意。二拝四拍手一拝の作法を守って拝礼する。

皇、つまり八幡神が、現在は奥宮がある御許山《おおもとさん》に顕現。その三年後に菱形池《ひしがたいけ》に現れ、「われは誉田天皇広幡八幡麻呂《ひろはたやわたまろ》なり」と告げたことから、これを祀ったと伝えられています。

歴史

宇佐神宮は、神仏習合始まりの地ともいわれています。八幡神は「八幡大菩薩《だいぼさつ》」とも呼ばれますが、八幡神が仏教を擁護する神であったことによります。

　奈良時代に朝廷軍が南九州を制圧したさい、「放生会《ほうじょうえ》」という仏教の儀式をおこなっています。実はこのとき、朝廷軍は八幡神を神輿に乗せて進軍しており、ここにも神仏習合の影響をみることができます。

滋賀

日《ひ》吉《よし》大《たい》社《しゃ》

魔除けや開運に霊験あらたか。〝山王さん〟の総本社

●平安時代、都を守る社として崇敬を受ける

陰陽道では、北東の方向は鬼門。平安京の平穏のため、この方角を守護する必要があった。都の平安を守るため、ちょうど北東の方向にあった日吉大社が魔除けの役目を果たした。

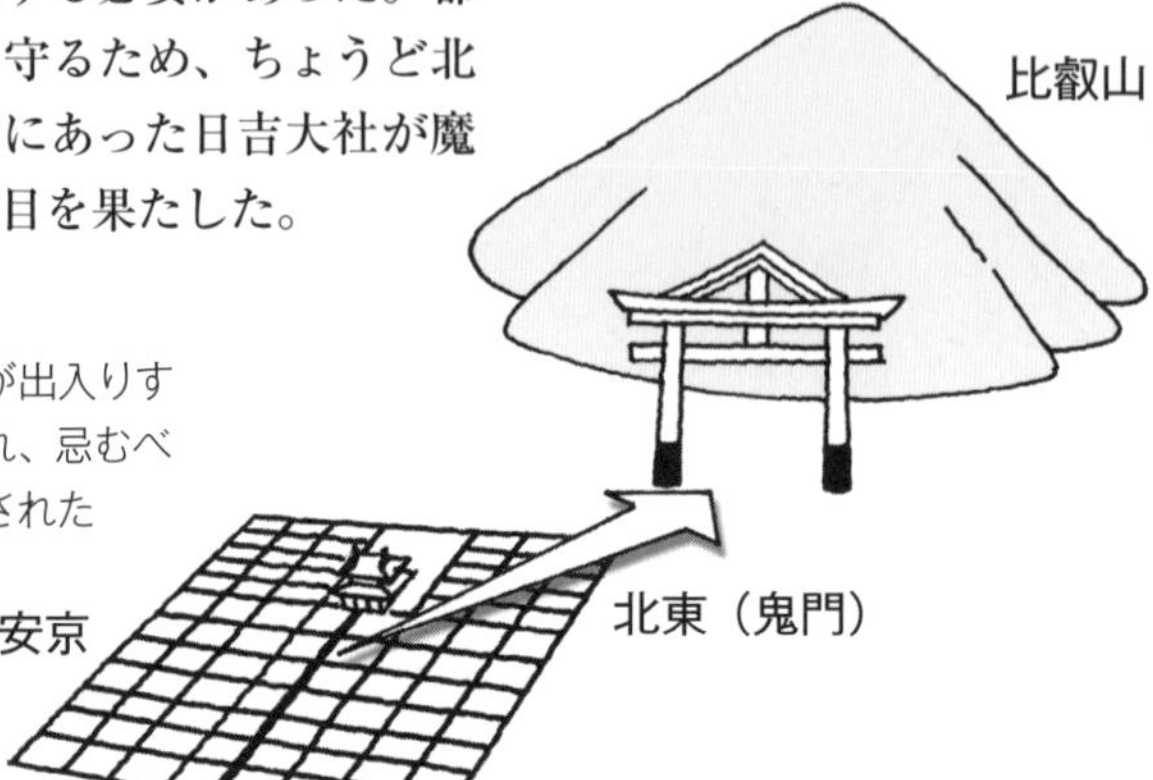
比叡山
鬼門は鬼が出入りするといわれ、忌むべき方角とされた
平安京
北東（鬼門）

御利益

方位除け、厄除け、家内安全など

都の鬼門を守る魔除けの役割があったため、方位除けの御利益があるとされる。神使の猿にちなんで厄除け御利益もある。

天台宗《てんだいしゅう》とのかかわりも深い

日吉大社の祭神である日吉大神は、天台宗の延暦寺《えんりゃくじ》の守護神としても崇められた。天台宗では、日吉大社への信仰が教えのなかに取り込まれ、これが天台宗の布教にともない全国に広まった。

日吉大社は「日吉神社」「日枝《ひえ》神社」「山王《さんのう》神社」の総本社です。これらは名前は違いますが、もとは同じ日吉信仰の神社です。

人々のあいだでは〝山王さん〟と親しまれ、信仰を集めており、全国に合わせて三八〇〇余りの社があります。

祭神

西本宮に大己貴神《オオナムチノカミ》、東本宮に大山咋神《オオヤマクイノカミ》が祀られています。また、敷地内に点在する社に祀られているすべての神々を総称して、日吉大神といいます。

由緒

約二一〇〇年前に比叡《ひえい》山《ざん》の神（大山咋神）をふ

境内には約3000本のもみじが植えられ、11月中～下旬の紅葉の時期にはライトアップもおこなわれている

見どころ 山のふもとに約40の社が点在する

日吉大社は13万坪という広大な敷地に、西本宮、東本宮をはじめ、約40の社が点在する。これらすべてを総称して日吉大社という。

神使の猿は魔除けや必勝の御利益がある

日吉大社の神使は猿で、「まさる」と呼ばれる。「魔が去る」「勝《まさ》る」に通じ、魔除け厄除け、必勝・開運に御利益があるとされる。西本宮楼門の屋根の下の四隅には、「棟持猿《むなもちざる》」といって屋根を支える猿の彫刻が施されている。

●神社案内●

■鎮座地

滋賀県大津市坂本5−1−1

■交通

JR湖西線「比叡山坂本駅」より徒歩20分。または京阪石山坂本線「坂本駅」より徒歩10分

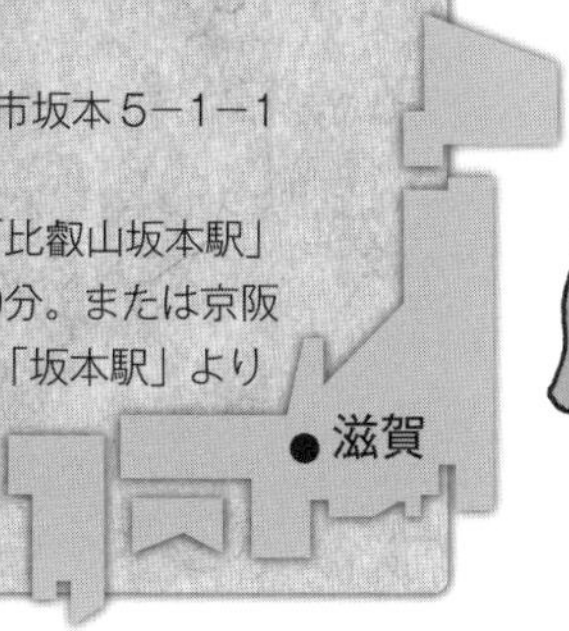

もとにお祀りしたことが神社の始まりです。その後、天智天皇七（六六八）年に大津京鎮護のために、三輪山から大物主神《オオモノヌシノカミ》（大三輪神《オオミワノカミ》）を勧請し、お祀りしました。

歴史

最澄（仏教、天台宗の祖）によって比叡山に延暦寺が建てられたとき、比叡山の神である日吉大神が守護神となり、「山王権現」「日吉山王」と呼ばれるようになりました。

山王とは、中国天台宗の守護である山王祠《さんのうし》にならい、用いられるようになった呼び名なのです。

天台宗の発展にともない、各地に日吉神社や日枝神社が勧請・創建されるようになり、神仏習合の思想とあわせて全国に広まっていったのです。

京都

伏《ふし》見《み》稲《いな》荷《り》大《たい》社《しゃ》

食べ物の神を祀る稲荷神社の総本宮

●商人に広く信仰される商売の神

稲荷は「伊奈利」と表記されるが、その意味は「いねなり」→「いねになる」が短く変化したとも考えられている。稲作は、人々の生活の糧であり命の源。自然の霊徳を象徴していると伝えられている。

稲荷神社といえば、朱色の鳥居と狐が真っ先に思い浮かぶだろう

御利益 商売繁盛、五穀豊穣など

主祭神の宇迦之御魂大神は「保食神《うけもちのかみ》」といわれ、繁栄のご神徳があり、商売や事業、家族の繁栄の御利益がある。また、佐田彦大神は道中の安全を守る神で、交通安全の御利益がある。

〝お狐さま〟として白狐も有名

稲荷神社の神使《しんし》は狐。狐は、田の神を山から人里へと導く霊獣と考えられていた。神使なので、本来目には見えないもの。そのため、白狐（白は透明という意味）、〝びゃっこさん〟と呼ばれることも。

伏見稲荷大社は、全国約三万の稲荷神社の総本宮。〝お稲荷さん〟の愛称で親しまれています。

大阪には「病弘法《やまいこうぼう》、欲稲荷《よくいなり》」ということわざがあり、病気平癒は弘法大師に、商売繁盛はお稲荷さんにお願いするといいます。大阪商人にとって、お稲荷さんは頼れる身近な神なのです。

祭神

主祭神は、宇《ウ》迦《カ》之《ノ》御《ミ》魂《タマノ》大神《オオカミ》です。また、佐《サ》田《タ》彦《ヒコノ》大神《オオカミ》、大宮《オオミヤ》能《ノ》売《メノ》大神《オオカミ》、田《タ》中《ナカノ》大神《オオカミ》、四《シノ》大神《オオカミ》が五社相殿《あいどの》（複数の神を合祀する本殿）として祀られています。総称して、稲荷大神といいます。

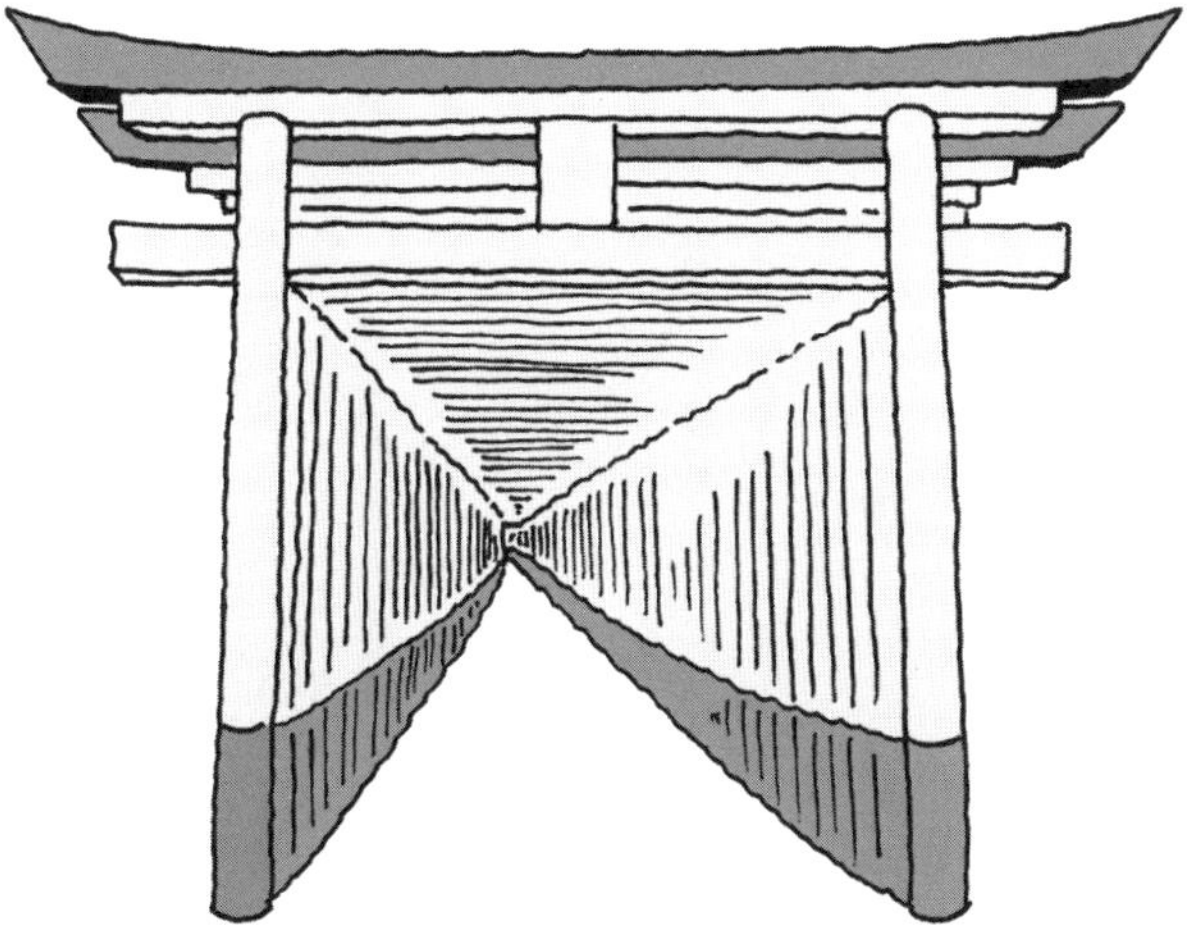

見どころ

数千基の朱い鳥居が回廊をつくる

伏見稲荷大社といえば、有名なのが鳥居の回廊。朱色の鳥居が、山の参道に数千基並ぶさまは壮観である。朱色は、赤や明、茜など、明るい希望に満ちたことばに通じ、魔除けの色ともいわれる。

境内に建つ鳥居の数は5000基以上。寄進する習慣は江戸時代から始まったとされる

正面にそびえる楼門は安土桃山時代のもの

表参道正面にある楼門は、1589年に豊臣秀吉が寄進したと伝えられる。秀吉の母、大政所の病気平癒を祈願し、成就されたら一万石を奉納すると記した古文書が残されている。

●神社案内●

■鎮座地
京都府京都市伏見区深草藪之内町68

■交通
JR奈良線「稲荷駅」より下車すぐ。または京阪「伏見稲荷駅」より徒歩5分

由緒

創建に関する説は複数残っていますが、そのうちの一つが『山城国風土記』逸文に記されています。

渡来人の秦公《はたのきみ》伊《い》呂《ろ》具《ぐ》が創建したという説です。伊呂具が餅を的にして矢を射ったとき、餅が白鳥になって稲荷山三ヶ峰に止まり、稲が実ったのです。その不思議なことにより、「伊《い》奈《な》利《り》」という社名になったと伝えられます。

歴史

稲荷信仰が全国に広まった一因には、東寺（教王護国寺）の鎮守となり、真言密教とかかわりをもったことも関係します。稲荷神は荼《だ》枳《き》尼《に》天《てん》の化身とされ、同じく商売繁盛の神として、人々の信仰を集めることになったのです。

京都

貴《き》船《ふね》神《じん》社《じゃ》

水の神、龍神を祀った雨乞いの神社

●水をつかさどり、庶民に福をもたらす神を祀る

創建の伝承のなかで、玉依姫命が「船の留まるところに社殿を建て、水源神を大事にお祀りすれば、国土をうるおし、庶民に福運を与えん」と託宣した。神とは高龗神のこと。この伝承により、民衆からも篤く信仰されている。

祈雨・止雨の神であり、雨乞いに馬を奉納して祈願したことから絵馬が誕生した。雨を地中に蓄え、適度に湧き出させる働きもつかさどる

御利益

降雨・止雨、航海安全、火伏せ、心願成就など

水に基づく信仰はもとより、庶民の幸福をもたらすことから、家内安全や商売繁盛にも御利益があるとされる。

平安時代には最も高い格式の一つに叙せられる

特に平安遷都後は、名神大社という最も格式の高い神社に列せられた。賀茂社（上賀茂神社・下鴨神社）とともに、平安京を鎮護する神社とされている。

古くから水の信仰「貴船信仰」の総本宮《そうほんぐう》として崇められています。

祭神

本宮には高龗神《タカオカミノカミ》、奥《おくの》宮《みや》には闇龗神《クラオカミノカミ》が祀られているとも伝えられています。神社の記録には、二柱の神は「呼び名は違っても同じ神」とあります。祈《き》雨《う》・止《し》雨《う》の神として、古くから崇敬を集める神社です。水の信仰以外に、平安時代以降は恋愛にまつわる説話や伝承も残っています。

由緒

古墳時代、貴船川の上流に鎮座したといいます。「貴船」の由来は、創建の伝承によるもの。玉依姫命《タマヨリヒメノミコト》という女神が、

見どころ

境内にはいにしえを偲ぶ奥宮や縁結びの社もある

貴船神社には数々の伝承や説話が残る。平安時代には縁結びの御利益も広まり、若い女性の参拝が絶えない。本宮だけでなく、境内の末社も魅力的。参拝は右記の順番でおこなうのが習わしとされている。

本宮

平安時代の半ば、天喜3（1055）年に、もともとの鎮座地である奥宮から現在の地に本宮が遷座された。

↓

奥宮

本宮の約500m上流に位置する。伝承では1600年前の創建で、古社中の古社とうたわれる。現在の本殿は文久3（1863）年のもの。

↓

結社《ゆいのやしろ》

本宮と奥宮のあいだに位置し、磐《イワ》長姫命《ナガヒメノミコト》を祀る。磐長姫命は、邇邇《ニニ》藝命《ギノミコト》に縁談を断わられたとき、「人のために良縁を得させん」と言い残してこの地に鎮まった。霊験あらたかな縁結びの神として広まり、平安時代の女流歌人である和泉式《いずみしき》部《ぶ》もお参りしたという。

●神社案内●

■鎮座地

京都府京都市左京区鞍馬貴船町180

■交通

叡山電車「貴船口駅」よりバス約5分、「貴船バス停」より徒歩5分

歴史

浪花の津（大阪湾）に御出現になりました。黄色の船に乗り、淀川を上り鴨川にいたり、さらに上流の水の湧き出る所に留まりました。ここが、現在の貴船神社の奥宮周辺といわれます。

玉依姫命の乗った黄色い船（黄船）が、名前の由来となっています。

創建の伝承にあるように、もともとの鎮座地は奥宮の地でした。一〇五五（天喜三）年に遷座され、現在にいたります。平安京遷都後は、京を守護する神として、最上級の格式に列されています。

貴船神社は、絵馬（二八ページ参照）の発祥の社《やしろ》としても有名です。古来、雨乞いの社として歴代天皇が御祈願あそばれました。

大阪

住《すみ》吉《よし》大《たい》社《しゃ》

本殿が海に向かって鎮座。御祓いの神を祀る

●社殿が船団のように縦に並んでいる

第一本宮から第三本宮までが縦に並び、第四本宮が第三本宮の横に配置されている。四隻で海を行く遣唐使の船団の並びにたとえられ、「三社の縦に進むは魚鱗《ぎょりん》の備え、一社のひらくは鶴《かく》翼《よく》の構えあり　よって八陣《はちじん》の法（中国の兵法のこと）をあらわす」とも伝えられている。

本殿が国宝「住吉造」

第一本宮から第四本宮の本殿は「住吉造」と称し（39ページ参照）、神社建築最古の様式の一つといわれる。現在の本殿は、江戸時代、文化七（1810）年の造営。

第四本宮だけ千木《ちぎ》が内削《うちそぎ》

第四本宮は、ほかの本宮と異なり、女性の神が祀られており、千木（37ページ参照）の形が違う。水平に削がれた、「内削《うちそぎ》」になっている。

本殿は４棟すべてが国宝指定建造物。第一本宮から第三本宮の千木は外削《そとそぎ》

住吉大社は大阪湾に向かって鎮座する、御祓いと航海安全の御利益で有名な神社です。

祭神

住吉大社には第一本宮から第四本宮まであり、それぞれに別の神が祀られています。第一本宮は底筒男命《ソコツツノオノミコト》、第二本宮は中筒男命《ナカツツノオノミコト》、第三本宮は表筒男《ウワツツノオ》命《ミコト》で、三柱を総称して住吉大神と呼ばれます。第四本宮は息長足姫《オキナガタラシヒメノ》命《ミコト》（神功皇后）です。

底筒男命、中筒男命、表筒男命の誕生については、『古事記』に記されています。亡くなった伊邪《イザ》那美命《ナミノミコト》を追い、伊邪那岐命《イザナギノミコト》は黄泉《よみ》

反橋の橋脚部分は、豊臣秀吉の側室であった淀君の寄進と伝えられる。作家・川端康成が小説『反橋』で「上るよりもおりる方がこはいものです」と書いたことでも知られる

見どころ　渡るだけで御祓いができるといわれる。住吉大社の象徴

境内には、太鼓橋《たいこばし》と呼ばれる反《そり》橋《ばし》がある。明治時代以前は人間の通行が禁じられた神のための橋であったが、現在は渡ることができる。しかも、渡るだけで御祓いしたことになるという。

御利益　海上安全、御祓いなど

祭神が禊祓によって誕生したので、御祓いの御利益は第一とされる。航海安全のほかに、意外なところでは和歌の神としても知られる。神功皇后が植女《うえめ》（田の神に奉仕する女性）を長門《ながと》国（山口）から招いて御田をつくり、五穀豊穣を祈願したことから農耕の神としても信仰が篤い。

●神社案内●

■鎮座地
大阪府大阪市住吉区住吉
2−9−89

■交通
JR南海本線「住吉大社駅」より徒歩3分。または南海高野線「住吉東駅」より徒歩5分

の国まで行きますが、連れ戻すことができず、穢《けがれ》を受けました。

穢を祓え清めるために海で禊をされ、海中より生まれたのが底筒男命、中筒男命、表筒男命です。禊祓《みそぎはらえ》より生まれたことから、古くより祓をつかさどる神として崇められました。

由緒

鎮座のきっかけは、神功皇后の新羅遠征です。約一八〇〇年前、新羅が大変荒れていたとき、第一四代仲哀《ちゅうあい》天皇と神功皇后が新羅を平定すべく、遠征されます。途中、仲哀天皇は崩御されますが、神功皇后は住吉大神の御神託により、無事海を渡り、新羅を平定されました。凱旋ののち、神功皇后は住吉大神のお告げを受け、この地に祀ったのです。

奈良

春日大社《かすがたいしゃ》

古来朝廷の崇敬が篤い国家鎮護の社

●約1300年のあいだ、連綿と祈りが続けられる

社伝より創祀は西暦768年とされるが、近年の調査によって、さらにさかのぼる可能性があることがわかった。今も、日ごと、季節ごとに祭りがおこなわれ、祈りが捧げられている。

春日山のふもとの広大な自然には、神使として大切にされてきた鹿が生息。現在は国の天然記念物に指定されている

●神社案内●

■鎮座地
奈良県奈良市春日野町160

■交通
近鉄奈良線「奈良駅」より徒歩約25分

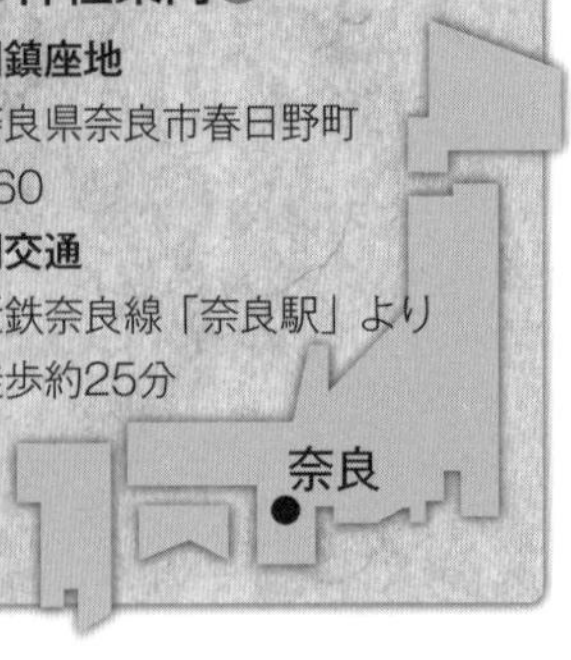

御利益 厄除け、開運、家内安全など

古来、開運と厄除けに霊験あらたかな神として知られ、厄年の御祈願を受ける人が多い。良縁や病平癒などにも御利益がある。

全国に約三〇〇〇社ある春日神社の総本社が春日大社です。

祭神

主祭神は、国を秩序に導いた武甕槌命《タケミカヅチノミコト》と経津主《フツヌシノ》命《ミコト》、そして神事と政治を守護する天児屋根命《アメノコヤネノミコト》と、その妃で平和と愛の神、比売神《ヒメカミ》です。四柱の神は、春日皇大神、春日大明神などと呼ばれます。

由緒

武甕槌命は、国の繁栄と民の幸福を願い、御蓋《みかさ》山《やま》に降り立ったとされます。このとき鹿に乗っていたという伝承から、鹿が神使《しんし》とされます。

奈良時代、神護景雲二（七六八）

見どころ

参道や回廊に数々の灯篭が並ぶ

春日大社の南門にいたるまでの参道や、本殿を囲む回廊には、数多くの灯篭が並んでいる。数の多さから昔からの信仰の厚さがうかがえる。

灯篭や火を灯すための油は、崇敬する人が願いを込めて奉納した。神へ献灯する習わしを、今に伝える行事だ

宵闇に灯篭の明かりがゆらめく「万燈籠」

２月節分の日と８月 14 ～ 15 日、境内のすべての灯篭に火が灯る。かつては毎夜灯されていたが、明治以降は上記の二回のみになった。朱色の社殿が灯篭の明かりに照らされて、境内が幽玄の世界に包まれる。

年、神々を勧請《かんじょう》し、御蓋山山麓に社殿が建てられたのが始まりです。

歴史

古来、御蓋山周辺の山々は神域とされていました。そこへ藤原氏が、平城京守護のために武甕槌命を祀りました。藤原氏が隆盛し皇室との縁が深まるとともに、神社も朝廷から崇敬されるようになったのです。

信仰の形は灯篭となって境内に奉納されています。その数およそ三〇〇〇基。古くは平安時代末期から今日まで、さまざまな祈りの込もった灯篭が、境内のいたるところに存在します。

三大勅祭の一つ、春日祭（一一六ページ参照）は、平安時代に始まったとされます。以来一一〇〇年以上続けられています。

沖縄

波《なみの》上《うえ》宮《ぐう》

琉球王国時代から信仰される海神を祀る

●在来の信仰と本土から伝来した神道が融合

沖縄は、琉球王朝の誕生以前から近代まで、独自の歴史を歩んでいた。琉球ならではの信仰の形が今も残る。波上宮はその一つで、もともとは「ニライ・カナイ」に祈りを捧げる聖地。本土の神社神道と習合して、現在の形になったと考えられている。

琉球王国（人間の住む国）

⇔

ニライ・カナイ（豊穣・死者・神の国）

豊穣や恵み、災厄をもたらす神がいる所とされ、祭りのときは、神々がここから人界にやってくると考えられた。人が死ぬと、ニライ・カナイに行くとされた。

すべてのものはニライ・カナイから来る

「ニ」とは根の意味。火や稲などの文化や恵みのほか、害虫などの災害をはじめ、この世のあらゆる物事を指す。災いが起こったとき、ニライ・カナイへ送り返す祭りがおこなわれた。

海のかなたにあると考えられている別世界

海のかなたにある、人界とは別の世界と認識される。地域によって方角に違いがあるが、東方と考える場合が多い。名前も「ニルヤ・カナヤ」など細かな違いがある。

沖縄の正月、参詣者が最も集まる神社です。「ナンミー」「はじょうぐう」とも呼ばれます。

祭神 伊弉冉命《イザナミノミコト》、速玉男尊《ハヤタマノオノミコト》、事解男尊《コトサカノオノミコト》の三柱を祀ります。これらは、熊野本宮《ほんぐう》大社にも祀られている神々です。

由緒 創建は不詳です。伝承では地元の漁師が沖から光り輝く霊石を得たため、波上（サンゴの隆起）に安置したところ、熊野権現であるとの神託が下りました。琉球王《りゅうきゅうおう》に事の次第を説明し、波上に宮を建てて祀ったとされます。

本殿の裏は崖になっている。海側から本殿を望むこともできる

見どころ **サンゴ礁の上に鎮座する美しい社殿**

海岸沿いの、サンゴ礁が隆起した崖の上に、目にも鮮やかな朱色の社殿が建つ。社殿の前を守る狛犬も、どことなくシーサー（唐獅子《からじし》）に似ている。

●神社案内●

■鎮座地

沖縄県那覇市若狭1－25－11

■交通

ゆいレール「旭橋駅」より徒歩20分

御利益 **豊漁・豊穣祈願、産業振興など**

鎮座時の伝説から、豊漁や豊作などに御利益があると考えられた。もともと琉球王朝からの崇敬が篤く、神仏習合時代には同時に護国寺が創建されたことから、国家鎮護の役割もあった。

歴史

琉球に本土の神道が入ってきたのは室町時代以降。琉球の伝統的な信仰と習合し、「琉球神道」という独自の信仰を成しています。「琉球八社」と称される神社神道の社が建造され、筆頭が波上宮とされました。

波上宮の社殿は、寛永六（一六二九）年に一度焼失しました。当時の琉球国王、尚豊王《しょうほうおう》が改めて熊野より勧請《かんじょう》し、再建されています。

明治時代以降、王朝の崩壊とともに、琉球八社は衰退します。しかし、波上宮は公的な経済支援を受けたため、荒廃を免れました。

第二次世界大戦で、沖縄は戦場となり、社殿は再び焼失。現在の社殿は、平成五（一九九三）年に建て直されたものです。

おとぎ話にまつわる神社もある

神社と文学のかかわりは深く、神社の創建・創祀には古代の伝承や説話がよく語られます。多くの人が子どものころに読んだ、おとぎ話のもとになった神社もあります。神社を訪れると、おとぎ話の一節を懐かしく思い出すことでしょう。

桃太郎伝説の原型となった

吉備津《きびつ》神社（岡山）

岡山といえば、『桃太郎』で有名。その伝説のもとになった神を祀るのが、吉備津神社（岡山県岡山市北区吉備津）だ。

主祭神は大吉備津彦命《オオキビツヒコノミコト》。吉備国に産業を教えて仁政をしいたため、産業の神として伝えられる。また大吉備津彦命が長寿であったことから、延命長寿の御利益があるとされる。備中国の一宮（128ページ参照）として、多くの崇敬を集めている。

鬼神伝説

大吉備津彦命は、吉備国で悪行の限りを尽くした温羅《うら》を討伐することになった。温羅は姿をさまざまに変えて大吉備津彦命に対抗したが、最後には退治された。この「温羅討伐伝説」が、『桃太郎』のもとになったといわれる。

大吉備津彦命は、犬と鳥をかわいがっていたという伝承があり、お供の動物につながったとされる。

鳴釜《なるかま》神事は現在も吉凶占いとしておこなわれている

討伐された温羅は、吉備津神社の御竈殿《おかまでん》に祀られている。討伐された温羅の首は御竈殿の竈の下に埋められ、湯を沸かしたときの釜の音で吉凶を告げるという。今も「鳴釜神事」として、吉凶を占う神事が日常的におこなわれている。鳴釜神事は、江戸時代の作家、上田秋成《うえだあきなり》の『雨月物語』にも登場する。

温羅がとりついたとされる釜は、拝観することができる。申し込めば鳴釜神事を受けることも可能

浦島太郎は時代によって名前が変わる

『浦島太郎』のもとになったのは、丹後半島に古くから伝わる「浦嶋子伝承」だ。浦島太郎は、古代～中世には浦嶋子と呼ばれていた。室町時代に浦嶋太郎、江戸時代に浦島太郎と、時代のなかで呼び名が移り変わった。亀に乗るのも江戸時代（正徳2・1712年）になってからのことで、それまでは舟だった。

『浦島太郎』にゆかりある

浦嶋《うらしま》神社（京都）

『浦島太郎』では、最後に浦島太郎（浦嶋子《うらしまこ》）が玉手箱を開け、老人になってしまう。そのあと、浦島太郎はどうなるのか知っているだろうか。実は神になるのだ。

京都の丹後半島には、浦嶋子を祀った神社が点在する。代表的なのが浦嶋神社（京都府伊根町字本庄浜）で、かつての延喜式内社（129ページ参照）。浦嶋子（筒川大明神《つつがわだいみょうじん》）を祀り、延命長寿の御利益があるといわれる。

『御伽草子』（中世～近代）が有名だが、古くは『日本書紀』や『万葉集』にも浦嶋子が登場する

タヂマモリ伝説から神になった

中嶋神社（兵庫）

タヂマモリ伝説は、知らない人も多いかもしれない。古代伝承の一つで、日本に菓子をもたらした人物の伝説である。

田道間守《タヂマモリ》を祀るのが中嶋神社（兵庫県豊岡市三宅）。全国のお菓子業者から崇敬されており、4月におこなわれる菓子祭では製菓にまつわる関係者が多く集まる。

田道間守がもたらした甘味とは、橘の実（みかん）といわれる

田道間守が日本にお菓子をもたらした

垂仁天皇の時代、命を受けて田道間守（古事記では多遅摩毛理）が常世国《とこよのくに》（人界とは別の世界）へ向かった。非時香菓《ときじくのかぐのみ》という常に香る木の実を持ち帰ったという。非時香菓は現在の橘の実とされ、当時最も優れた菓子とされた。この伝説によって、田道間守がお菓子の神として崇敬されるようになった。

山形

出羽三山神社《でわさんざんじんじゃ》

修験道と山岳信仰が融合した山伏の神社

●雪深い山中での暮らしが人々を鍛える

頭巾《ときん》
市松模様のすり衣
ほら貝
金剛杖《こんごうつえ》
短袴《たんばかま》
脚絆《きゃはん》
わらじ

ほら貝を吹き、参拝者を導く。山伏どうしはほら貝の音によって説法や問答、集合の合図などを聞き分けることができるという

出羽三山神社は、山全体が修験道の道場である。原野や険しい霊峰の数々、川や瀑布《ばくふ》（滝）があり、ここで暮らすことそのものが修行となる。特に、山形の冬は雪が多く、厳しい修行生活であることは想像に難くない。

御利益

産業繁栄、五穀豊穣、病気平癒など

出羽神社の祭神は衣食住の神なので、産業の繁栄や家内安全の御利益がある。月山神社は龍神、水の神で、五穀豊穣。湯殿山神社の少彦名命は医薬となる温泉や酒の神で、病気平癒の御利益がある。

出羽三山神社は、月山《がっさん》の月山神社、羽黒山《はぐろやま》の出羽《いでは》神社、湯殿山《ゆどのさん》の湯殿山神社の三つの神社の総称です。出羽三山は霊場や霊魂の鎮まる御山として知られ、羽黒修験《しゅげん》と呼ばれる修験道の重要拠点でした。

祭神

月山神社には月読命《ツクヨミノミコト》、出羽神社には伊氏波神《イデハノカミ》と稲倉魂命《ウカノミタマノミコト》、湯殿山神社には大山《オオヤマ》祇命《ツミノミコト》、大己貴命《オオナムチノミコト》、少彦名命《スクナヒコナノミコト》がそれぞれ祀られています。

由緒

創建は五九三年。崇峻《すしゅん》天皇の御子、蜂子皇子《はちこのおうじ》が蘇我氏との政争から逃れ、京都から出羽国入りをしたときのことで

見どころ 天狗と見まがう験力《げんりき》競べ

大みそかから元旦にかけて「松例祭《しょうれいさい》」という伝統行事がおこなわれる。12人の山伏たちが「烏《からす》飛び」「兎の神事」などの神事をおこなう。どれだけの験力を得たかを競い、日ごろの修行の成果を発揮し合う。

飛んだ高さと姿の美しさを競う烏飛び。山伏が天狗《てんぐ》に見間違えられるのも納得

修行は神山を駆け、沢を下って禊《みそぎ》をおこなう

本格的な修行にはかなわないが、一般の人が参加できる修験道場が年に2回おこなわれている。白装束に身を包み、御神域を訪れ、水垢離《みずごり》で禊をする。俗世間の穢《けがれ》を祓い、自分を見つめ直す機会にしたいと参加を希望する人が多い。

●神社案内●

■鎮座地
山形県鶴岡市羽黒町手向字手向7

■交通
JR羽越本線「鶴岡駅」より
バス50分終点下車

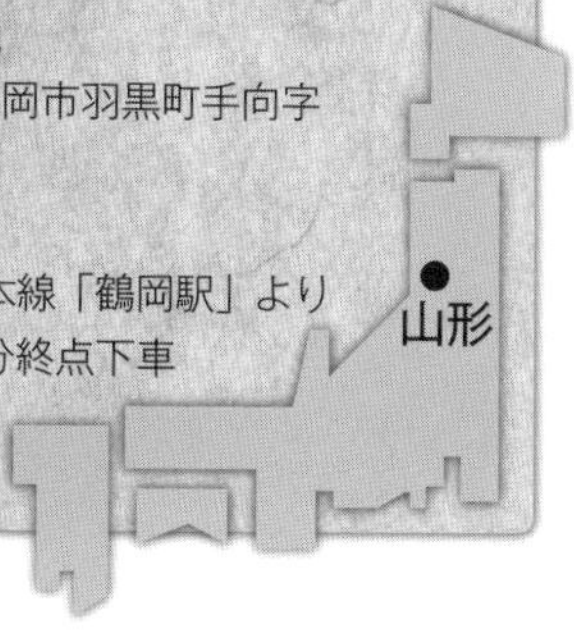

す。三本足の霊鳥《れいう》に導かれて羽黒山に上り、修行を続けました。

そのうちに羽黒権現が霊験を示したため山頂に祠《ほこら》を建て、お祀りしたのが始まりとされます。次いで、月山と湯殿山を開き、月山と湯殿山の二社の神を羽黒山に招いて、羽黒三所《さんじょ》大権現と呼びました。

歴史

神社の最大の特徴は、修験道の社《やしろ》であること。蜂子皇子の開山後、加賀白山《はくさん》を開いた泰澄大師《たいちょうたいし》や修験道の祖・役行《えんのぎょう》者《じゃ》、空海や伝教大師らが来山し、修行したと伝えられます。

神仏習合の時代には真言宗を中心に八宗兼学を、江戸時代には天台宗を中心としましたが、明治時代の神仏分離により神社となりました。

奈良

大《おお》神《みわ》神《じん》社《じゃ》

日本有数の古社。三輪山を御神体とする

●原初の祈りの形が今なお残る

大神神社には本殿がなく、三輪山を御神体とする。自然そのものに対し畏怖と感謝を抱き、祈りを捧げるのは最も古い祀りの様式である。

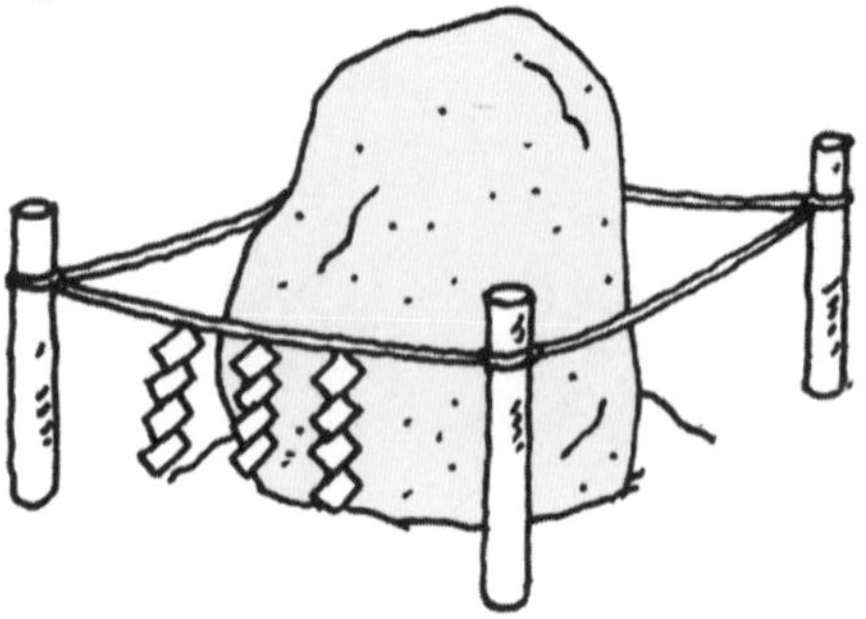

参道や山中に点在する岩を「神の磐座《いわくら》」または「磐境《いわさか》」と呼ぶ。原初の方法で、神事をおこなうときに神を招く依り代として用いたものである

御利益

生活全般、病気平癒、厄除けなど

祭神が国造りの神なので、農業、漁業などすべての産業をはじめ、生活全般、病気平癒、厄除けなど多くのことに御利益がある。

本殿はなく、拝殿を通して三輪山を拝する

拝殿奥の三ツ鳥居を通して、御神体である三輪山を拝む。鳥居より先は禁足地で、許可なく足を踏み入れてはならない。

日本有数の古社として知られる大神神社。大和盆地の東南に位置する三輪山《みわやま》を御神体とし、原初の信仰形態を今も残しています。

祭神

大国主神が、自らの幸《さき》魂《みたま》、奇魂《くしみたま》（どちらも和魂《にぎみたま》、安定した神霊の一種）を鎮めるために倭大物主櫛𤭖魂命《ヤマトオオモノヌシクシミカタマノミコト》（大物主大《オオモノヌシノオオ》神《カミ》）の名で祀ったのが始まりです。

由緒

創建の由来は、『古事記』に記されています。

大国主神とともに国造りをしていた少彦名命《スクナヒコナノミコト》がいなくなり、大国主神が国造りの進め方に迷っていたところ、「海をてらして依《よ》り来

山中の草木すべてに神が宿るとされ、草を摘んだり木の枝を折ったりしてはならない。ただ、祭りのときは山百合を集める習わしがある

見どころ 「神奈備山」の神気漂う三輪山

三輪山は神奈備山、つまり神が鎮座する山なので、勝手に足を踏み入れてはいけない。ただし、大神神社の荒魂《あらみたま》（活動的な神霊）を祀る狭井《さい》神社に申し込み、御祓いを受ければ入山することができる（登拝《とうはい》受付9～14時）。高さ467 mで傾斜もきついが、往復2時間ほどで登拝できる。

蛇は神の化身。畏怖と尊敬の対象

蛇は大物主大神の化身と伝えられており、地元ではとても大切にされている。数々の伝説も残っており、大物主大神が蛇から人間に姿を変えて、活玉依姫《イクタマヨリビメ》のもとに通ったという話がよく知られている。

●神社案内●

■鎮座地
奈良県桜井市三輪 1422
■交通
JR桜井線「三輪駅」より
徒歩5分

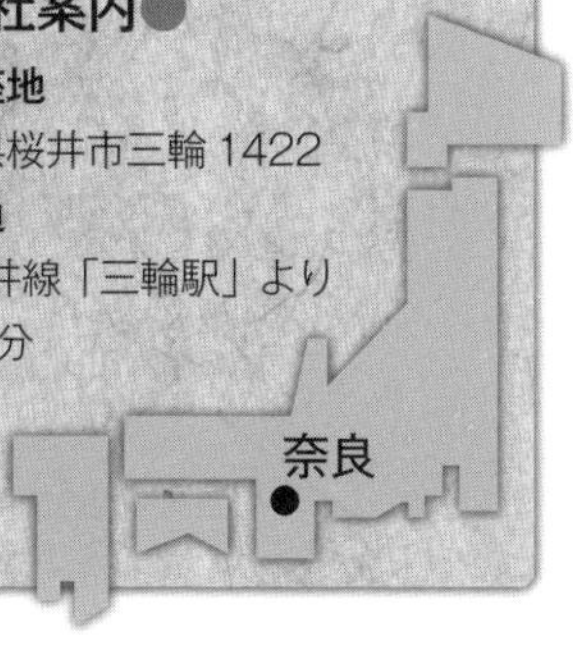

る神」が現れました。その神が、自分が協力するので大和国の青山の東にある三諸山《みもろやま》（三輪山）に自分を祀るように命じたといいます。この神が大物主大神だったのです。

ともに国造りをしていた少彦名命も祀られています。

歴史

大神神社には、蛇や大蛇にまつわる伝説が多数残されています。蛇は、大物主大神の化身とされているからです。

三輪山のような美しい円錐形の神奈備山《かんなびのやま》（神が鎮座する山）は、蛇がとぐろを巻いた姿ともいわれています。

現在でも、このあたりでは蛇のことを「巳《み》さん」と呼んで、大切にしています。

和歌山

熊野三山《くまのさんざん》

平安から続く「熊野詣」の聖地

●死と再生の国を巡礼する

平安時代、熊野詣は死を覚悟しなければならない危険な旅路。それにもかかわらず、宇多法皇から亀山上皇のころまでに朝廷で約 100 回もおこなわれていた。なかでも、後白河上皇は 34 回、次いで後鳥羽上皇は 28 回もおこなっている。

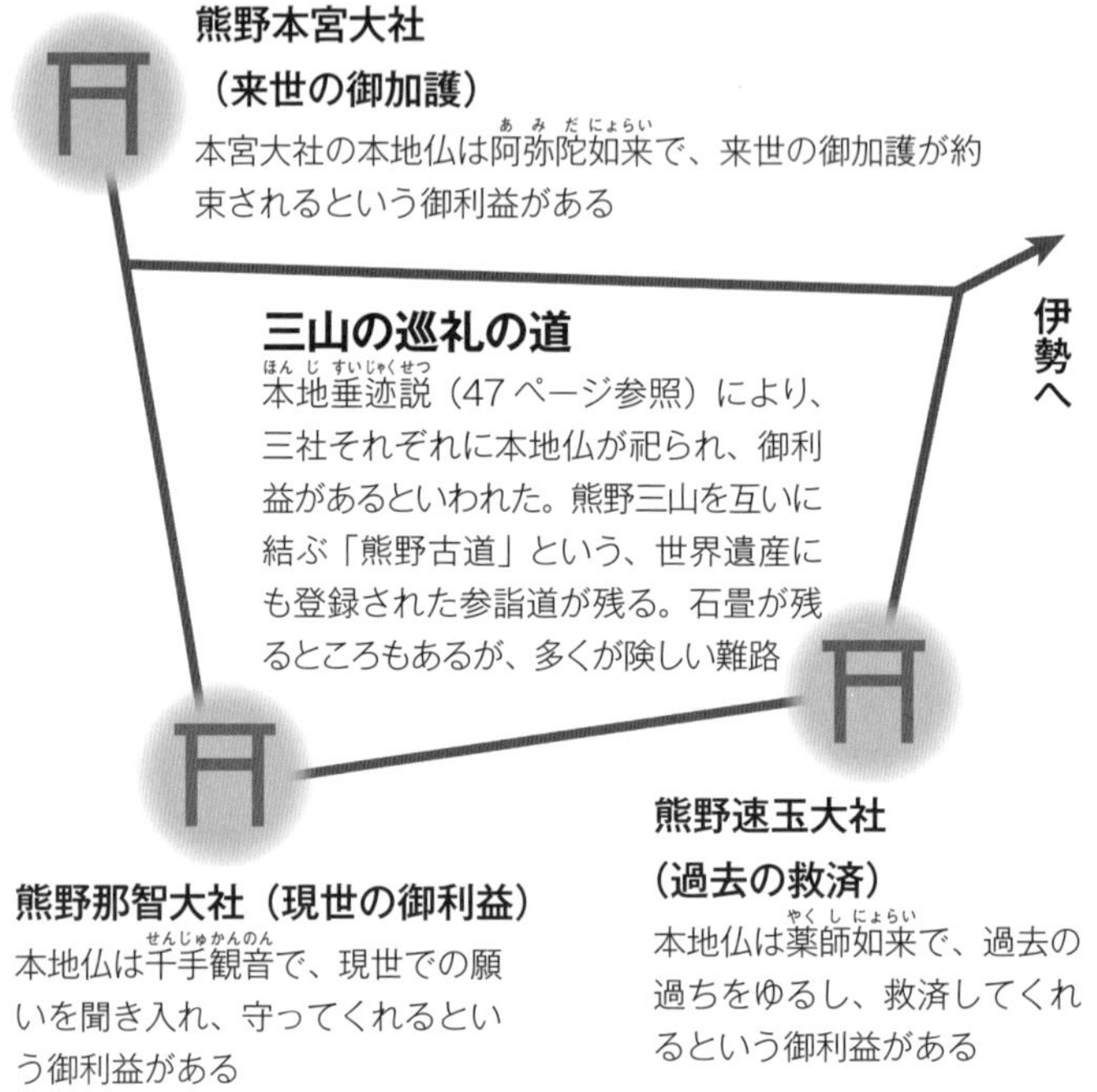
熊野本宮大社
（来世の御加護）
本宮大社の本地仏は阿弥陀如来《あみだにょらい》で、来世の御加護が約束されるという御利益がある
伊勢へ
三山の巡礼の道
本地垂迹説《ほんじすいじゃくせつ》（47 ページ参照）により、三社それぞれに本地仏が祀られ、御利益があるといわれた。熊野三山を互いに結ぶ「熊野古道」という、世界遺産にも登録された参詣道が残る。石畳が残るところもあるが、多くが険しい難路
熊野速玉大社
（過去の救済）
本地仏は薬師如来《やくしにょらい》で、過去の過ちをゆるし、救済してくれるという御利益がある
熊野那智大社（現世の御利益）
本地仏は千手観音《せんじゅかんのん》で、現世での願いを聞き入れ、守ってくれるという御利益がある

熊野三山とは、熊野本宮《ほんぐう》大社、熊野速玉《はやたま》大社、熊野那智《なち》大社の三つの社《やしろ》の総称です。

平安時代から続く熊野詣の聖地と崇められ、上皇をはじめ、多くの人々の信仰を集めました。

祭神・由緒

熊野本宮大社の主祭神は第一殿の家津御子大神《ケツミコオオミカミ》です。「家」とは「け（食）」のことで、食をつかさどる神のこと。須佐之男命《スサノオノミコト》の別名ともいわれています。創建は崇神《すじん》天皇六五年です。

熊野速玉大社の主祭神は、熊野速玉大神と熊野夫須美《フスミ》大神です。

見どころ
自然のなかで勇壮で美しい御神体を見る

熊野は高温多湿の気候で、深い山、うっそうと茂る森、豊富な水量を誇る川や滝といった自然崇拝のすべてがそろう。三山はそれぞれ自然を御神体としている。

水

那智の滝は熊野那智大社の別宮、飛瀧《ひろう》神社の御神体。高さは133ｍ、滝壺は水深10ｍ。那智の滝は一の滝ともいい、上流には二の滝、三の滝もあり、非常に険しい場所で、修験の場として知られている

木

熊野本宮大社は、旧社地の大斎原《おおゆのはら》にあったイチイの木に神が降りてこられたとされる。ほかにも境内には、御神体とされる樹木がある

石

ゴトビキ岩は、熊野速玉大社の元宮である神倉神社の御神体で、縦20ｍ、横10ｍの巨石。ゴトビキとはヒキガエルのことで、確かにカエルの姿に似ている

●神社案内●

熊野本宮大社

■鎮座地
和歌山県田辺市本宮町本宮1100
■交通
JR紀勢線「新宮駅」より車かタクシー約40分～1時間

熊野速玉大社

■鎮座地
和歌山県新宮市新宮1
■交通
JRきのくに線またはJR紀勢線「新宮駅」徒歩約15分

熊野那智大社

■鎮座地
和歌山県東牟婁郡那智勝浦町那智山1
■交通
JR紀勢線「紀伊勝浦駅」より、バス約30分またはタクシー約20分

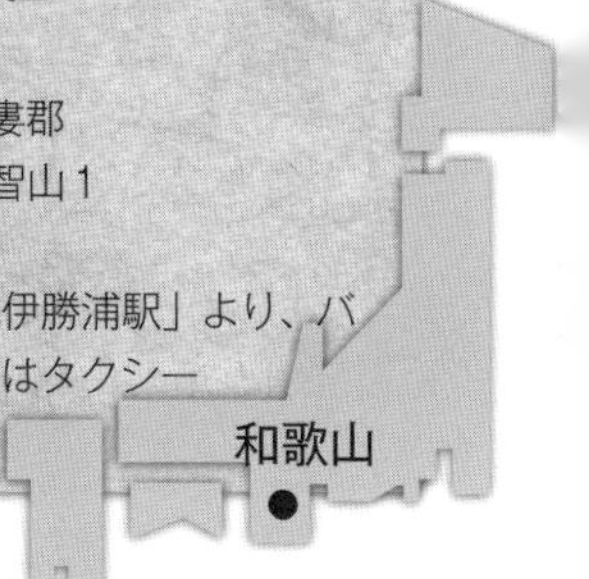

速玉大社は「新宮」とも呼ばれています。その由来は、元宮（古宮）である神倉《かみくら》神社のゴトビキ岩に、後に熊野三山の主祭神となる三神が降り立ったことによります。三神を祀るため、新しい宮を建ててお迎えしたことからこう呼ばれるようになりました。

熊野那智大社の主祭神は、熊野夫須美大神です。夫須美とは「結ぶ」という意味があり、万物の生成、和合、結びの神です。

熊野那智大社は、その名にもある那智の滝の、ほど近くに鎮座しています。高さ一三三メートルの巨大な滝は、遠く勝浦沖からも見ることができます。海上航行の目印であり、海の安全を守る神としても信仰を集めました。

静岡

富士山本《ほん》宮《ぐう》浅《せん》間《げん》大《たい》社《しゃ》

霊峰富士を御神体とする浅間神社の総本宮

富士山を信仰する「富士・浅間《せんげん》信仰」の総本宮です。

祭神　水と火山の神、浅間大《アサマノオオ》神《カミ》を祀ります。山の美しい姿から木花之佐久夜毘売命《コノハナノサクヤヒメノミコト》が連想され、同一神とされました。

木花之佐久夜毘売命は、大山祇《オオヤマツミノ》神《カミ》（一四四ページ参照）の娘で、邇邇藝命《ニニギノミコト》（皇室の祖先）の妃。貞節を疑われ、身の潔白を示すため、燃え盛る炎のなかで三人の子どもを産みました。

由緒　七代目の孝霊《こうれい》天皇の時代に富士山が噴火し、人人が逃げ惑い、国が荒れ果ててし

●江戸時代には庶民にも信仰された

信仰を表す手段として、富士山に登ることを「登拝」という。古くは聖徳太子の登拝記録が残っており、室町時代に盛んになった。江戸時代には富士信仰が庶民にも広まり、境内が登拝者でにぎわった。

8合目から頂上は奥宮《おくみや》の境内

登山道を進むと、8合目に鳥居が建っていることに気付くだろう。古来聖域であり、富士信仰の中心地とされている。富士宮口の頂上には奥宮が鎮座する。

古来「表口」として登拝者でにぎわう

現在の富士宮口は、かつての富士登拝の「表口」。境内にある湧玉池《わくたまのいけ》は、登拝者の禊《みそぎ》の場所だった。現在も山開きのときは、祭りをおこなって登山者の安全を祈願する。

北口本宮富士浅間神社
東口本宮富士浅間神社

北口本宮富士浅間神社は、現在の吉田口。東口本宮富士浅間神社は、須走口の近くにある。昔は、それぞれの境内から登り始めていた。今も境内の脇に、いにしえの登山道が残っている

見どころ **武士たちの寄進した社殿や桜が残る**

境内を彩る無数の桜。そのなかには、戦国武将・武田信玄お手植えの桜の子孫が今も残る。本殿や拝殿、楼門は徳川家康の奉納。美しい花と鮮やかな朱の建造物が、美姫と名高い女神の社にふさわしい。

桜は木花之佐久夜毘売命の表象とされる。境内に500本以上あるといわれている

●神社案内●

■鎮座地
静岡県富士宮市宮町 1－1

■交通
JR身延線「富士宮駅」より徒歩10分

御利益 **子宝、安産、家庭円満など**

炎のなかで子を産んだことから、安産の神とされる。富士山の噴火を鎮めるために建てられたため、火除けにかかわる祈願をする人も多い。

まいました。一一代目の垂仁《すいにん》天皇の時代になって、浅間大神を祀り、山霊を鎮めたとされます。

歴史

駿河国（静岡）で、日本武尊は敵の火攻めに遭い、浅間大神に祈り、刀で草を刈って難を逃れました。神に感謝を示し、山宮《やまみや》の地に篤く祀りました。

大同元（八〇六）年、勅命により征夷大将軍の坂上田村麻呂《さかのうえのたむらまろ》が富士山麓に壮大な社殿を建設し、神霊を山麓に遷座しました。これが現在の鎮座地です。以降、朝廷より信仰を受けています。

鎌倉時代以降になると、武士からの信仰が篤く寄せられました。江戸時代には、歴代将軍が祈祷《きとう》料や社殿の修理料などとして、寄進を繰り返しおこなっています。

静岡

秋《あき》葉《は》山《さん》本《ほん》宮《ぐう》秋《あき》葉《は》神《じん》社《じゃ》

秋葉山を御神体とし、火まつりで有名な神社

防火（火伏せ）の神として名高い秋葉山本宮秋葉神社。いにしえより神体山と仰がれた秋葉山は、赤石山脈の最南端、天竜川の上流に位置し、山頂に神社があります。

祭神

伊弉諾命《イザナギノミコト》と伊弉冉命《イザナミノミコト》の子、火の神である火之迦《ヒノカ》具土大神《グツチノオオカミ》を祀ります。失火を防ぎ、強力な力で罪穢を祓うとされます。火は人の生活を豊かにし、文化を発展させました。火之迦具土大神は、文明の神ともみなされています。

歴史

創祀は、和銅二（七〇九）年と伝えられます。

●消防関係から篤く信仰されている

43代元明天皇の御製《ぎょせい》として「あなたふと　秋葉の山に坐《ま》しませる　この日の本の　火防ぎの神」と伝えられる。古来火伏せに霊験あらたかとされ、各地に分社が祀られている。特に、消防関係者から篤い信仰が寄せられている。

消防関係の参拝者から、防火の祈りを込めてまといが奉納される。秋葉神社ならではの奉納品だ

御利益

火除け、家内安全、厄除け、開運など

火災を防ぐほか、厄除けに強力な力を発揮する。文明の神として、科学や工業の発展や商売繁盛などにも霊験を表す。

●神社案内●

■鎮座地

静岡県浜松市天竜区春野町領家841

■交通

遠州鉄道「西鹿島駅」よりバス、「秋葉神社」下車。またはJR東海道線「袋井駅」よりバス、「平尾」下車徒歩20分

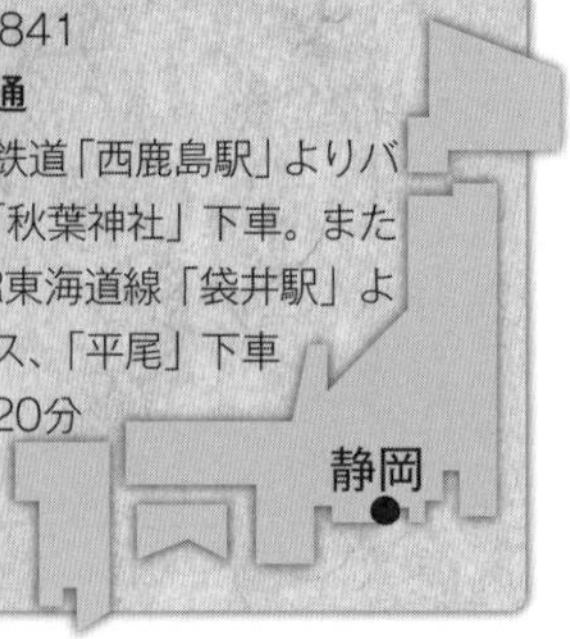

見どころ

火にちなんだ秘伝の舞を見る

防災の日、12月15・16日には「秋葉の火まつり」が開催される。15日は祈祷などの神事、16日は手筒花火の奉納や3つの舞を舞う防火祭がおこなわれる。

火は、本殿に安置されている万年の燈明から移されたもの。清浄かつ強力な祓具《はらえぐ》

弓の舞
来年の豊作を占う
弓と鈴を手に持って、舞い踊る。5本の矢を四方と中央の天井に向けて放ち、矢の当たり方によって豊作を占う

→

剣の舞
罪穢を祓う
剣と鈴を手に持って舞い、地上の聖霊をなだめ、悪魔を鎮める。次に両手に剣を持ち、罪穢を祓う

→

火の舞
火難・疫病を祓う
火の舞は、本宮のみに伝わる秘伝の舞。火を振りかざし、火や水の難、厄病を祓い、人々を守る

鎌倉時代になると、修験者が入山し、秋葉大権現と称され、広く火防の神として秋葉信仰が流布しました。戦国時代になると、武田信玄や徳川家康など武将たちの崇敬を受けています。

貞享二（一六八五）年、秋葉神社の神輿が、江戸と京に向かって渡御しました。行列が数千人に及んだため、幕府に治安を乱すものとみなされ禁止されてしまいます。

この「秋葉祭」の熱狂と禁止令によって霊験が全国的に知られ、各地に分社や講が広まって、庶民のあいだでも秋葉詣が盛んになりました。参詣者に使われた道は神社から放射線状に伸びており、「秋葉街道」と称され、参詣者でにぎわったといわれています。

京都

愛宕神社《あたごじんじゃ》

武神としても信仰される、火伏せの神を祀る

「火の用心（火廼要鎮《ひのようじん》）」の護符で有名です。火の神を祀る「愛宕神社」の発祥の地であり本社。愛宕山の山頂に鎮座しています。

祭神

神生みの神・伊弉冉命《イザナミノミコト》、土の神・埴山姫命《ハニヤマヒメノミコト》、食物神・天熊人命《アメノクマヒトノミコト》（天熊大人）、蚕や桑と五穀の神・稚産霊神《ワクムスヒノカミ》、豊穣の神・豊受姫命《トヨウケヒメノミコト》という五柱の神を祀ります。若宮社には、迦倶槌命《カグツチノミコト》（火の神）などを祀っています。

古くから火伏せの神として崇められてきました。愛宕山が京の西北にあり、農耕の神、火の神といわれたのが始まりです。

●武士がいくさの前に祈願を寄せた

愛宕神社には、戦国武将にまつわる話が多い。例えば戦国時代の武将・直江兼続のかぶとは、愛宕神社の「愛」の一文字をかたどって作られている。本能寺の変を起こした武将・明智光秀は、主君である織田信長を攻める数日前に、連歌会《れんがかい》を開いた。それが愛宕神社の境内だった。

かぶとの飾りは、武将の信仰や意思を表すことが多い。直江兼続の「愛」の字には諸説あり、その一つが愛宕神社への信仰を表したというもの

かつては武神としての信仰も篤かった

神仏習合の時代（47ページ参照）、本地仏として「勝軍地蔵《しょうぐんじぞう》」を祀ったため、武将たちから武運を願う祈りが寄せられた。戦いを始める前に神前に詣でて、勝利を祈願したといわれる。

御利益

火除け、開運、厄除けなど

火伏せの神であり、防火に霊験あらたかとして広く知られている。また清浄なる火が、厄や罪穢を祓うとされる。

見どころ
「千日詣《せんにちもうで》」に参拝すると千日分の御利益がある

正式には「千日通夜祭《せんにちつうやさい》」といい、毎年7月31日午後9時から8月1日の午前8時ごろに開かれる。深夜から早朝にかけて参拝すると、1000日分の御利益が得られるといわれる。

当日は、暗闇のなか、約4㎞の参道に明かりが灯される。暗いところもあるので、参拝者自身も明かりを持って登拝する

31日の夜と1日の早朝に御饌祭《みけさい》がおこなわれる

夕御饌祭は午後9時。「護摩焚《ごまたき》神事」で、山伏が護摩を焚く。朝御饌祭は午前2時で、神楽奉奏と火を消す「鎮火神事」がおこなわれる。

●神社案内●

■鎮座地

京都府京都市右京区
嵯峨愛宕町1

■交通

JR嵯峨野線「保津峡駅」
下車、徒歩2時
間半～3時間

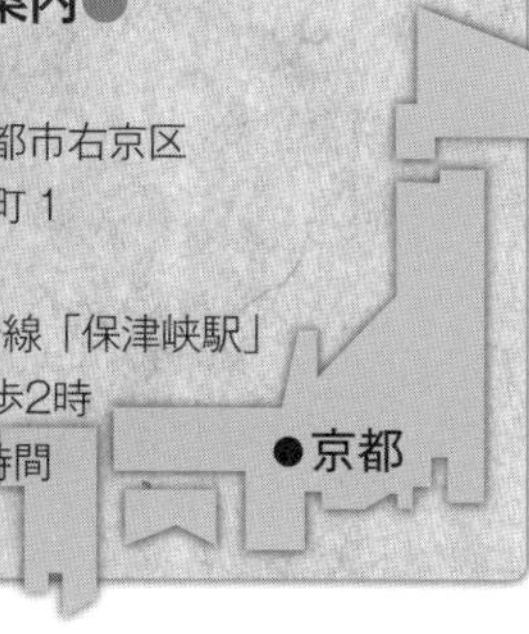

由緒　創建は、飛鳥時代の大宝年間。修験者の役小角《えんのおづぬ》と泰澄《たいちょう》大師（白山《はくさん》神社の祖）が、朝廷の許しを得て愛宕山に開いたとされています。

歴史　奈良時代、天応元（七八一）年、和気清麿《わけのきよまろ》公と僧の慶俊《けいしゅん》によって再興されました。

愛宕神社は、神仏習合の影響が色濃く残っています。本地仏として本殿に「勝軍地蔵」を祀っていました。愛宕山には天狗がすむと信じられ、奥宮には天狗太郎坊が祀られています。

平安時代に山岳道場の霊場とされ、白雲寺と称しました。明治の神仏分離令により、名を愛宕神社に改め、現在にいたります。

京都

松《まつ》尾《のお》大《たい》社《しゃ》

太古より松尾山に鎮まり、神像群が拝観できる珍しい社

●「松尾の猛霊」と呼ばれ、皇城鎮護の神とされた

松尾大社は、京都有数の古社の一つ。平安京が造られたときに、都を鎮護する神とみなされた。「賀茂の厳神《げんしん》、松尾の猛霊《もうれい》」と並び称され、上賀茂神社・下鴨神社とともに篤く信仰された。

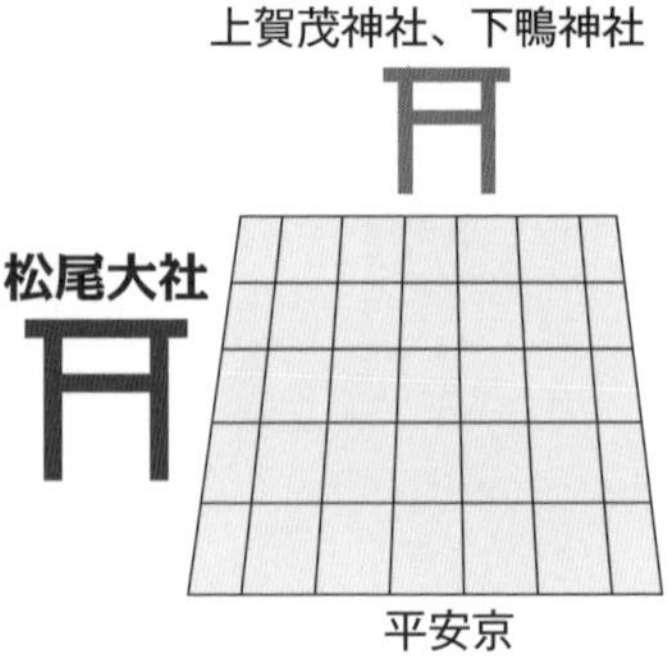

松尾大社は、都の洛西、桂川のほとりに鎮座する

室町時代から、日本第一の醸造祖神として仰がれている。「上卯祭《じょううさい》」（醸造祈願祭）のときには、全国各地の酒造関係者がお参りする

御利益

酒業繁栄・醸造安全、厄除け・厄祓い、安産祈願など

醸造の神として、特に酒にかかわる人からの信仰が篤い。酒だけでなく、みそ・しょうゆ・酢の仕事に携わる人からも崇敬を集めている。

京の洛西《らくさい》、松尾山のふもとに鎮座するのが松尾大社です。

祭神 大山咋神《オオヤマクイノカミ》と中津島姫命《ナカツシマヒメノミコト》という二柱の神を祀っています。大山咋神は須佐之男命《スサノオノミコト》の孫で、松尾山の頂上付近に鎮座し、山とその周辺を支配する神。中津島姫命は、宗像三女神《むなかたさんめがみ》（一七八ページ参照）の一人、市杵島姫命《イチキシマヒメノミコト》の別名とされます。

由緒 松尾の地に住む人々によって、松尾山の磐座《いわくら》に祀られたと考えられています。

社殿ができたのは大宝元（七〇一）年。勅命により社殿の造営が

壮年男神像

大山咋神の御子神と伝えられ、男神像はともに冠を戴き、纓《えい》をたらし、袍《ほう》（95ページ参照）を着た官人姿をしている

老年男神像

大山咋神の像と伝えられ、形相は松尾の猛霊と呼ばれるにふさわしい。足は半跏趺坐《はんかふざ》（座禅の足の組み方の一つ）に組んでいる

女神像

中津島姫命の像と伝えられている。頭頂で束ねた髪をたらし、左前の唐服姿である。初期女神像の典型例とされる

●神社案内●

■鎮座地

京都市西京区嵐山宮町３

■交通

阪急嵐山線「松尾駅」より徒歩約３分

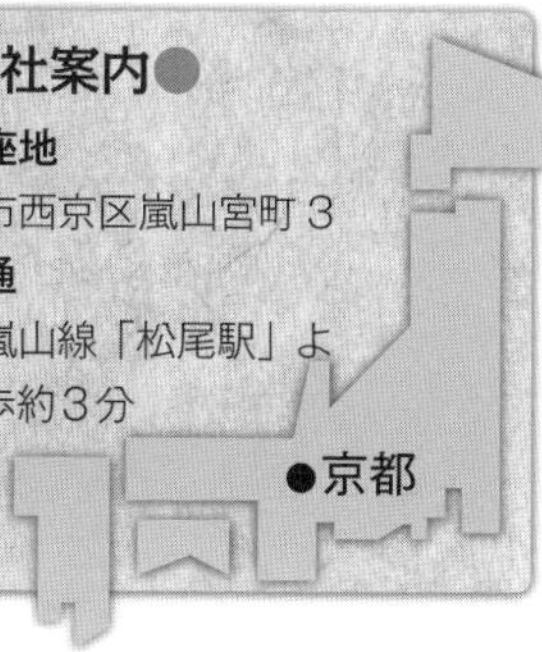

見どころ　全21体の御神像群を神像館で拝観する

通常、御神像は非公開（40ページ参照）。松尾大社の神像館では、上記の重要文化財三体の御神像をはじめ、極彩色の女神像や俗体・僧形神像など、平安時代初期から鎌倉時代にかけて造られた貴重な神像を拝観することができる。

なされ、松尾山の磐座から神霊が遷座されました。

歴史

五世紀ごろ、朝鮮から渡来した秦《はた》一族が、山城地方の開拓にあたり、松尾山の神霊を総氏神として祀りました。中津島姫命は、九州から近畿に移るさいに、海上安全を願って祀られたものと思われます。

また、秦氏は酒造の技術を伝えたので、松尾の神は日本第一の酒造の神として仰がれるようになりました。

平安京が開かれると、皇城を鎮護する神として、皇室や朝廷から篤く信仰されました。貞観八（八六六）年には、神として最も位の高い正一位《しょういちい》（一八一ページ参照）に叙せられています。

（神像イラスト　松浦すみれ）

広島

嚴《いつく》島《しま》神《じん》社《じゃ》

世界遺産に登録されている王朝時代を偲ぶ社

「安芸《あき》の宮島」といえば、日本三景の一つとしてよく知られています。世界遺産にも登録され、さらに注目されています。

象徴的な存在が、優美な姿で海上に浮かぶ嚴島神社です。嚴島とは、神を「斎《いっ》く（祀り崇める）島」というのが由来で、宮島は神の島、霊島として崇められてきた歴史があります。

祭神

嚴島神社の祭神は、市杵島姫命《イチキシマヒメノミコト》、田心姫命《タゴリヒメノミコト》、湍津姫命《タギツヒメノミコト》の宗像三《むなかたさん》女神《めがみ》です。

由緒

宗像三女神は天照大御神《アマテラスオオミカミ》と須佐之男命《スサノオノミコト》の誓約《うけひ》に

●雅《みやび》な斎《いつ》く島を船で詣でる

昔から宮島は神の島とされ、島全体が御神体と考えられてきた。そのため、陸地ではなく、遠浅の砂浜に社が建てられたのだという。

御利益

海上守護、航海安全、交通安全など

宗像三女神は海上交通の安全を守る神。航海安全や海での戦の神としても信仰された。また、末女《すえめ》神《がみ》の市杵島姫命を本地仏とする弁財天信仰と相まって音楽や芸能、財宝の神としても信仰された。

大鳥居は、倒れないように島木《しまぎ》の中に約8t分の玉石が入っており、その重みで建っている

●神社案内●

■鎮座地

広島県佐伯郡宮島町1−1

■交通

JR山陽本線「宮島口駅」または広島電鉄「広電宮島口駅」下車、宮島口よりフェリーで約10分、宮島桟橋で下船し徒歩約10分

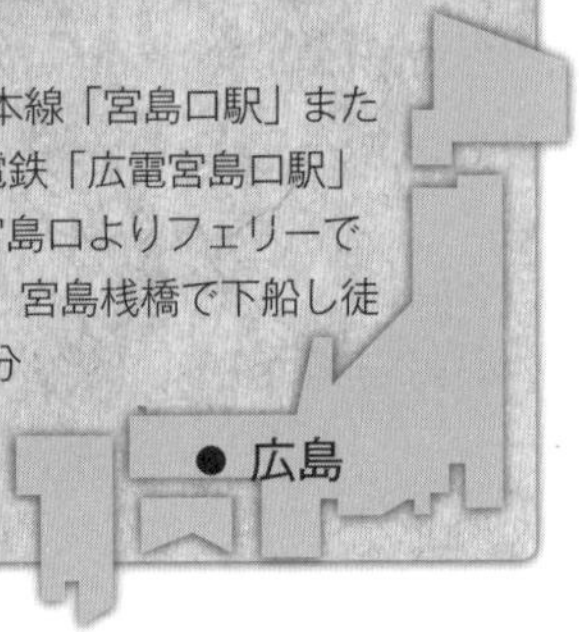

見どころ
平安時代の寝殿造が海に浮かぶ

嚴島神社といえば優美な寝殿造の社殿で知られる。108間の回廊で結ばれた社殿はまるで竜宮城のよう。瀬戸内海の静かな海を池に見立て、中央の寝殿前には舞や儀式の舞台となる庭が広がる。潮が満ちると社殿や回廊が海に浮かぶ、幻想的な風景を見ることができる。

自然な重みで建つ大鳥居と社殿

大鳥居や社殿は支柱を海底に埋めていない。基礎の上に置いてあるだけという。杭を打って地盤を強化し、内部に玉石を詰めて重量を増すことにより、その重みだけで建つようになっている。

昔は大鳥居から参詣していた

昔は、船でわざわざ大鳥居をくぐって参詣していた。現在でも、新造船の御祓いは、満ち潮を待って船で大鳥居をくぐり、本殿に向かうこともあるとか。

よって誕生した神。『日本書紀』には天照大御神に「海の中に降り居て、天孫を助け奉りて、天孫のために祀られよ」と命じられ、海の守護神になったと伝えられています。宗像信仰の姫神ですが、嚴島神社に祀られたことから嚴島信仰の祭神としても知られています。

歴史　創建は、推古天皇元年の五九三年。佐伯鞍職《さえきのくらもと》が神勅を受けて社殿を造営したのが始まりです。

平清盛は、現在の基礎となる「海の寝殿造《しんでんづくり》」と呼ばれる美しい社殿や大鳥居を造営し、特に篤い信仰を寄せました。平家一門をはじめ、当時は多くの貴族にも信仰されていました。平家滅亡後も、源氏や朝廷、毛利氏の崇敬を集めました。

福岡

宗像《むなかた》大社《たいしゃ》

古代から海の道を守る三女神を祀った社

●古墳時代の奉納品も残存する「海の正倉院」

沖ノ島は周囲約4㎞の小島だが、「海の正倉院《しょうそういん》」と呼ばれるほど、珍しい神宝が多数発見されている。島に残る祭祀遺跡からは銅鏡、勾玉《まがたま》、鉄製の刀、新羅《しんら》製の金製品、ペルシャ製のガラスなどが出土している。

もともとは宗像氏の土地神を祀る社

九州北部は宗像氏という地方豪族の支配下にあった。宗像氏は朝鮮半島との交易によって財を成していた。宗像氏が代々祀ってきた土地の氏神が宗像大社の基礎にあたると考えられている。

↓

宗像三女神を祀る社へ変化

朝廷は、交易・軍事の重要拠点である北九州を治める宗像氏と手を結びたかった。そこで、もともと祀られていた氏神を天照大御神の御子として神話に取り込むことにより、宗像氏との関係強化につとめたと考えられている。

御利益

交通安全、芸道・武道向上など

古代から道の神として信仰され、交通安全の御利益がある。辺津宮は市杵島姫命が弁財天信仰と結びついており、音楽や芸術の向上、縁結び、財宝をもたらす金運の御利益がある。

宗像大社は、三姉妹の姫神を祀った三宮から成る社です。三宮とは、福岡県宗像市本土に鎮座する総社・辺津宮《へつぐう》、一〇キロメートル沖合にある筑前大島の中津宮《なかつぐう》、玄界灘沖合約六〇キロメートルの沖ノ島に鎮座する沖津宮《おきつぐう》のことです。

祭神　辺津宮には市杵島姫命《イチキシマヒメノミコト》（末女神）、中津宮には湍津姫命《タギツヒメノミコト》（次女神）、沖津宮には田心姫命《タゴリヒメノミコト》（長女神）が、それぞれ祀られています。

三姉妹の姫神は、天照大御神《アマテラスオオミカミ》と須佐之男命《スサノオノミコト》の誓約《うけひ》のさいに、天照大御神の息吹から生まれました

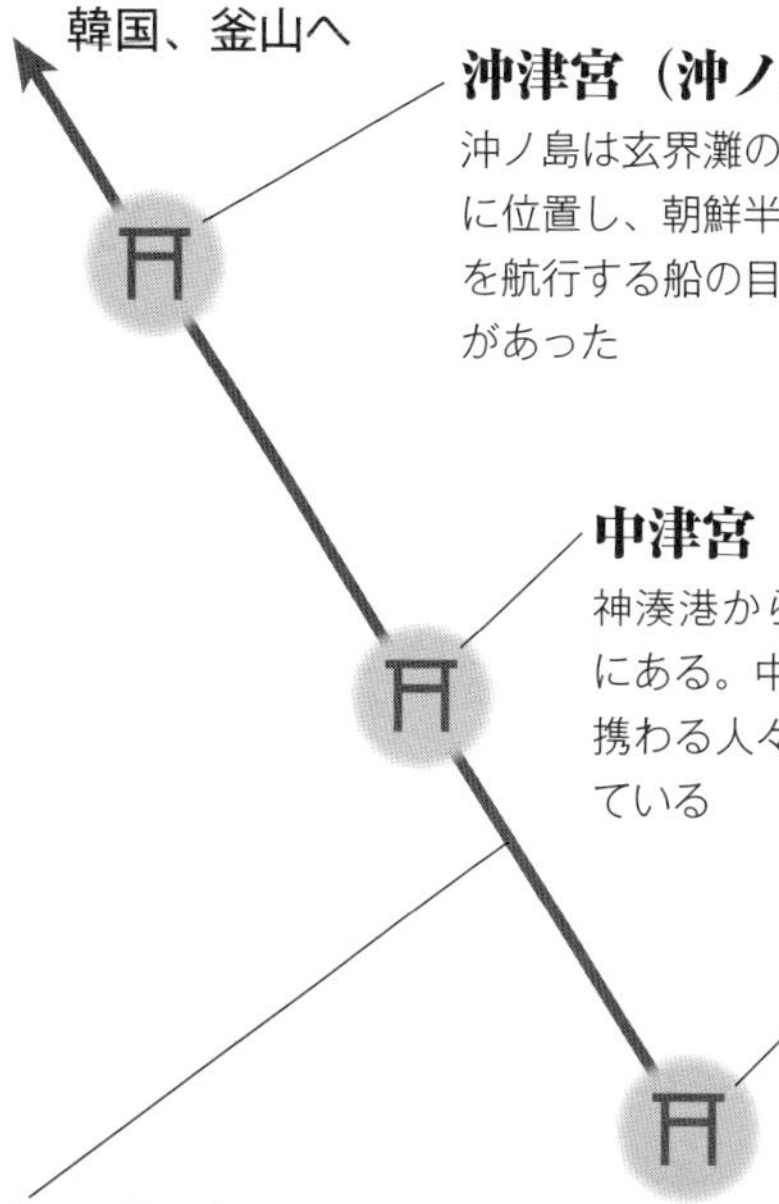

沖津宮（沖ノ島）

沖ノ島は玄界灘のほぼ中央に位置し、朝鮮半島と九州を航行する船の目印の役割があった

中津宮（筑前大島）

神湊港から約10㎞沖合にある。中津宮は漁業に携わる人々が多く信仰している

辺津宮

境内には、三女神が降臨されたと伝わる場所がある。それが「高宮祭場」で、祈りの原形を今に伝える、全国でも数少ない古代祭場

海の道に沿って一直線に宮が並ぶ

玄界灘の近海は朝鮮半島や大陸に非常に近く、交易や軍事上では重要な領域。一直線に配された宮は、このルートの守護神であった。

見どころ

古代の「海の道」を望む大島の遙拝所

沖津宮は、神職以外は足を踏み入れることができないが、唯一5月27日に斎行される「現地大祭」のときには、200名入島できる。その日以外は、手前の筑前大島にある沖津宮遙拝所から拝む。大島には神湊港《こうのみなとこう》から船で渡る。

●神社案内●

辺津宮

■鎮座地

福岡県宗像市田島2331

■交通

JR鹿児島本線「東郷駅」よりバス約20分、宗像大社前下車

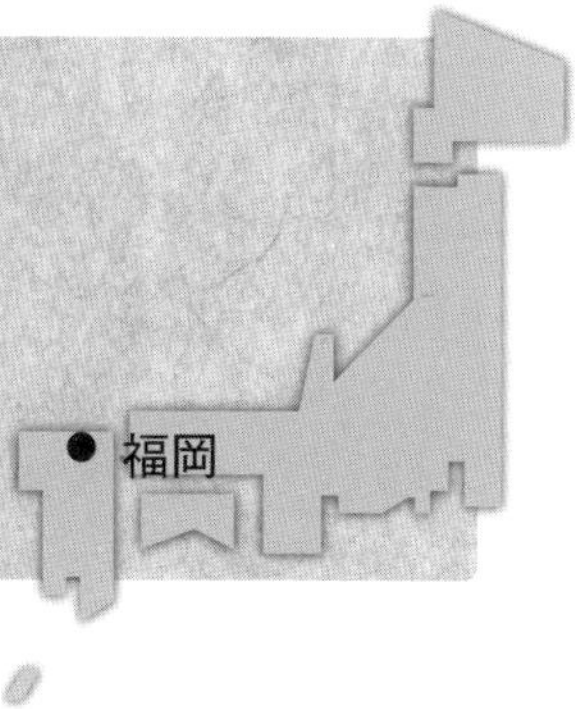

（一七六ページ参照）。

由緒

天照大御神から「道中（九州北部〜朝鮮半島に続く海の道）に降居して、天孫（歴代天皇）を助け奉り天孫に祀られよ」との命を受け、この地に祀られるようになりました。

地図を見ると、三つの社は一直線に配置されています。沖ノ島は玄界灘のほぼ中央に位置しています。この線を九州と反対側に延ばしていくと、韓国の釜山《プサン》にいたります。さらに、中国大陸へと続きます。

つまり、ここは朝鮮半島と九州を結ぶ、外交上の重要ルートに配された古代の海の道で、宗像大社の三つの社は守護神としての役割を担ってきたのです。

熊本

阿《あ》蘇《そ》神《じん》社《じゃ》

阿蘇山火口の異変ごとに神の位階が上がった

現在も活発な火山である、阿蘇山火口を御神体として祀ります。

祭神

神武天皇の孫である健《タケ》磐竜命《イワタツノミコト》や、その妃である阿蘇都比咩命《アソツヒメノミコト》など、十二柱「阿蘇十二明神」を祀ります。

由緒

健磐竜命の子で阿蘇初代国造《くにのみやつこ》（古代、地域を支配した地方官）といわれる速瓶玉命《ハヤミカタマノミコト》が、健磐竜命と阿蘇都比咩命を祀ったのが始まりとされます。火口の異変が朝廷に報告されるたびに、神階《しんかい》が上昇。弘仁一四（八二三）年は従四位下、貞観元（八五九）年は正二位に上がっています。

●参道が阿蘇山の火口のほうへ向いている

阿蘇神社の参道は全国的にも珍しい横参道。社殿の前を左右に走り、両端に鳥居が位置する。都を鎮護するために、社殿は東向きに建てられたと伝えられる。

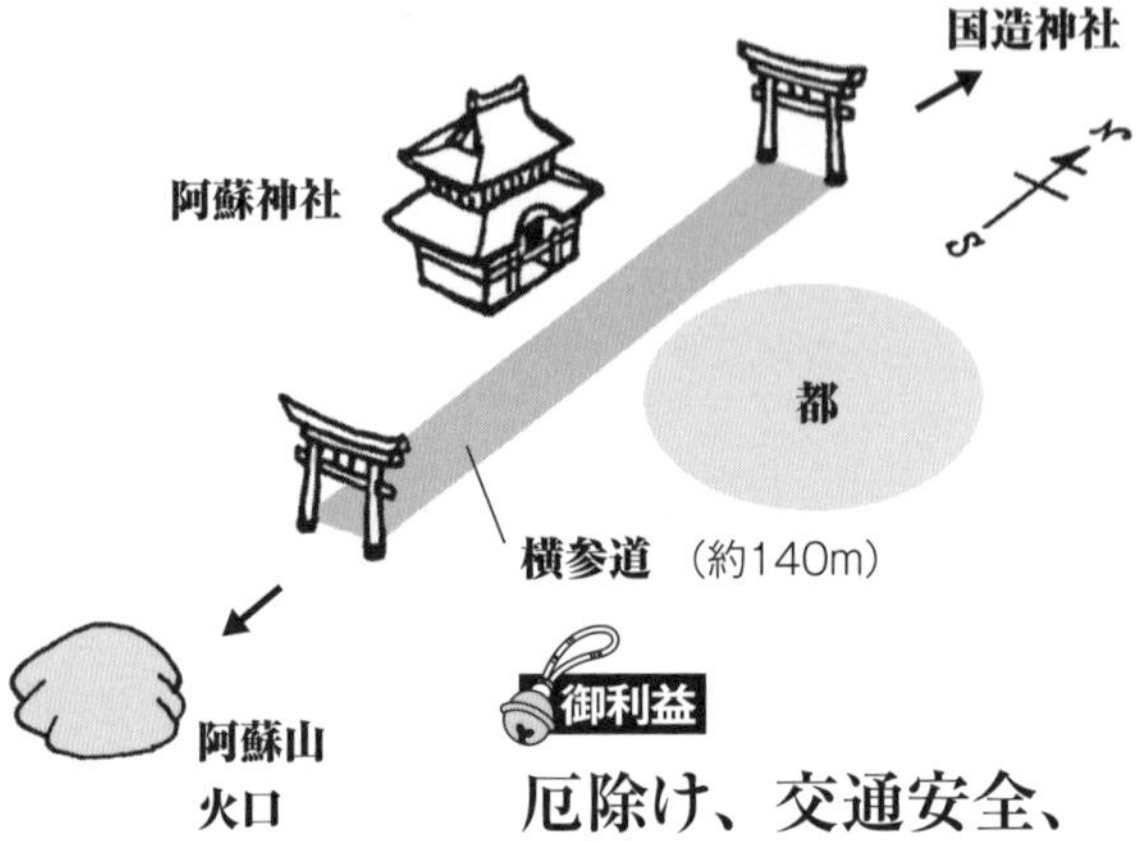
国造神社
阿蘇神社
N
S
都
横参道（約140m）
阿蘇山
火口

地図上では、参道の一方は阿蘇山火口、もう一方は健磐竜命の子を祀った国造神社につながる。これは古代信仰の一つで、重要拠点が直線上に存在する「聖なるライン」とも呼ばれる

御利益

厄除け、交通安全、雨乞いなど

火山の神なので、罪穢を祓うのに力を発揮する。境内には「願かけの石」があり、健磐竜命が願いを込めてぬかずいたとの伝承がある。「高砂の松」は縁結びに御利益があるとされ、妙齢の未婚女性が多く訪れる。

見どころ **地域の人も参加する「火振《ひぶり》神事」**

阿蘇神社の祭神である、稲の神・年禰《トシネノ》神《カミ》と姫御前《ヒメゴゼ》の結婚式のお祭りでおこなわれる神事。二柱の神は神輿に乗って、町内を渡御する。地域の人々は神々の結婚を祝って、沿道に立ち並び、火をつけた松明を振り回して迎える。

●神社案内●

■鎮座地
熊本県阿蘇郡一の宮町
宮地3083－1

■交通
JR豊肥本線「宮地駅」
下車、徒歩約15分

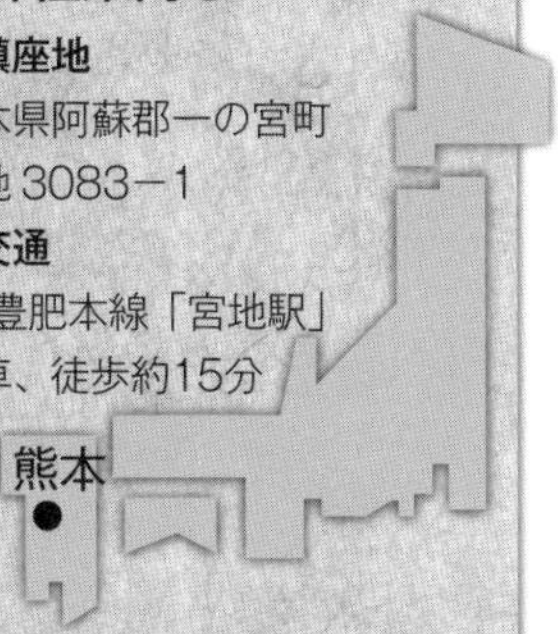

火振神事は、毎年三月中下旬の申の日におこなわれる。大人だけでなく子どもたちも道に並び、火振に参加する

□神々の系譜　古代～近世は神に位階があった

位階《いかい》とは、地位や身分の序列のことです。通常、役人（官人）に対して地位や序列をつけるためのものでしたが、実は神にも位階があったのです。これを「神位《しんい》」あるいは「神階」といいます。

神位・神階は神社ではなく、神ごとに与えられ、主な種類は「位階（文位）」「勲位（武位）」「品位」の３つです。神に序列をつけた理由は、政府が経済的優遇措置をとるための目安や、幣帛《へいはく》を奉るさいの階級設定などの説がありますが、純粋な栄誉という見方が一般的のようです。

現在は廃止されています。

●神階の順

高 ←→ 低

正一位	従一位	正二位	従二位	正三位	従三位	正四位上	正四位下	従四位上	従四位下	正五位上	正五位下	従五位上	従五位下	正六位上

例えば、伏見稲荷大社の宇迦之御魂大神は従五位下からのちに正一位を授かり、現在も「正一位稲荷大明神」と呼ばれる。武甕槌大神（香取神宮）は正一位勲一等、熱田大神（熱田神宮）は従四位下からのちに正一位となった

人間に対する位階は少初位以上三十階で、神に対しては正六位以上の十五階。序列は奈良時代の制度がもとになっている

栃木

日光東照宮《にっこうとうしょうぐう》

徳川家康を祀り、江戸を鎮護する神社

日光東照宮は、江戸幕府の初代将軍・徳川家康を祀るために建立された神社です。東照宮は全国に五〇〇社余りの分社があり、日光東照宮は総本社ともいえる重要な社《やしろ》です。

祭神・由緒

徳川家康を祀った神社です。創建の由来は家康が遺言を残したことによります。

駿府城で七五歳の生涯を終えた家康の遺体は、遺言により久能山に埋葬され東照宮が建てられました。このとき朝廷より「東照大権現」の神号を勅賜《ちょくし》されます。一周

●近代的なしくみが共存する黄金の社

日光東照宮は絢爛豪華な装飾が施された建造物で有名。徳川家の財力と権力の偉大さがうかがえる。各国の大名の寄進が多いのも特徴で、御手水舎《おんてみずや》は佐賀藩主鍋島勝茂により奉納。サイフォン式で水が吹き出す近代的なしくみ。

建物は極彩色で彩られ、細やかな彫刻が随所に施されている。世界遺産に登録されたのも納得の見どころの多い社

御利益

国家鎮護、学業成就、産業興隆など

祭神である家康が最も望んだことは国家鎮護。家康は努力と勝負運によって初代将軍の座を勝ち取ったことから、学業成就や出世開運の御利益がある。国の経済を支える産業興隆の御利益もある。

●神社案内●

■鎮座地

栃木県日光市山内 2301

■交通

東武日光線「東武日光駅」、あるいはJR日光線「日光駅」より徒歩約20分

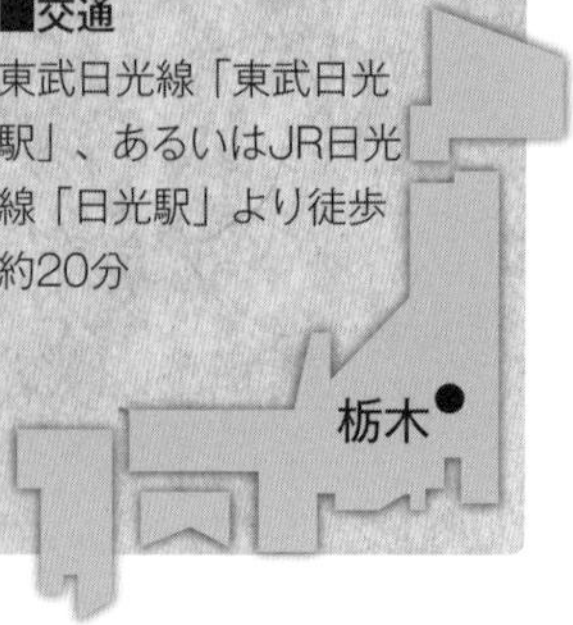

国宝の回廊や唐門、御本社も見逃せない。神厩舎《しんきゅうしゃ》の三猿《さんざる》、眠り猫も忘れてはならない

見どころ

故事逸話に基づく絢爛な彫刻

日光東照宮の最大の見どころは、陽明門である。聖人・賢人、故事逸話、子どもの遊びにまつわるものなど、約500もの彫刻が施されている。時間がたつのも忘れるほど見入ってしまうことから「日暮《ひぐらし》の門」とも呼ばれている。

神厩舎の長押《なげし》上には８体の猿の彫刻がある。そのうちの３つが有名な「見ざる・聞かざる・言わざる」の三猿。眠り猫は、日光にちなみ、日なたでうとうと眠る愛らしい姿。心を和ませる

例祭は、江戸時代を彷彿させる

５月に２日間にわたっておこなわれる例祭は1000人以上が参加する壮大なスケールの祭り。小笠原流の流鏑馬《やぶさめ》奉納、神輿３基の渡御など見どころが多い。圧巻は「百物揃千人武者行列《ひゃくものぞろいせんにんむしゃぎょうれつ》」。総勢1200人が53種の装束に身を包み行列するさまは、江戸時代にタイムスリップしたかのようである。

忌を迎えると、下野《しもつけ》国（栃木）日光山のお堂に勧請《かんじょう》され、神として祀られることになりました。

日光を選んだ理由は、山岳信仰の場で霊力の強い土地であったためと、江戸のほぼ真北に位置していたためで、そこには陰陽道《おんみょうどう》に基づく計画がありました。

本殿前の陽明門《ようめいもん》の真上には不動の北極星を戴き、真南にちょうど江戸城があります。

死後もなお、徳川幕府の安泰を願い、守護したいという家康の強い思いを感じることができます。

もとの社殿は二代将軍秀忠によって造営されましたが、現在の絢爛豪華な建物の多くは三代将軍家光によって建て替えられたものです。

東京・京都

明《めい》治《じ》神《じん》宮《ぐう》、平《へい》安《あん》神《じん》宮《ぐう》

森造り・都造りを目指した社。皇族を祀っている

明治神宮と平安神宮は、ともに近代に創建された神社です。神宮という名前がついていることからもわかるように、天皇や皇族が祀られている社《やしろ》です。

祭神

明治神宮の祭神はその名が示す通り、明治天皇と昭憲皇太后です。

明治四五（一九一二）年に明治天皇が崩御され、そして大正三（一九一四）年には昭憲皇太后が崩御されました。明治天皇の聖徳、皇太后の婦徳《ふとく》を永遠に追慕するために、大正九（一九二〇）年に創建されました。

●人智と森自身が育む永遠たる神の森

明治神宮は、東京の都心にありながら、樹木が生い茂る永遠の森を目指した社。自然の森ではなく、人間の手によって造られた森。東京ドームの15倍を誇る敷地には、全国からの約10万本の献木が植えられている。

清正井《きよまさのいど》

境内にある加藤清正が掘ったと伝えられる井戸。今でも清水が湧き出ている。近年、パワースポットとして人気を集めている

自然の更新によって森が自ら生長する

明治神宮の森は植栽計画により、木々が自然に更新して生長している。主木の松がそれ以外の針葉樹へ、さらには広葉樹へと交代していくように設計されているのだ。

●神社案内●

明治神宮

■鎮座地
東京都渋谷区代々木
御園町 1ー1

■交通
JR山手線「原宿駅」
より徒歩1分

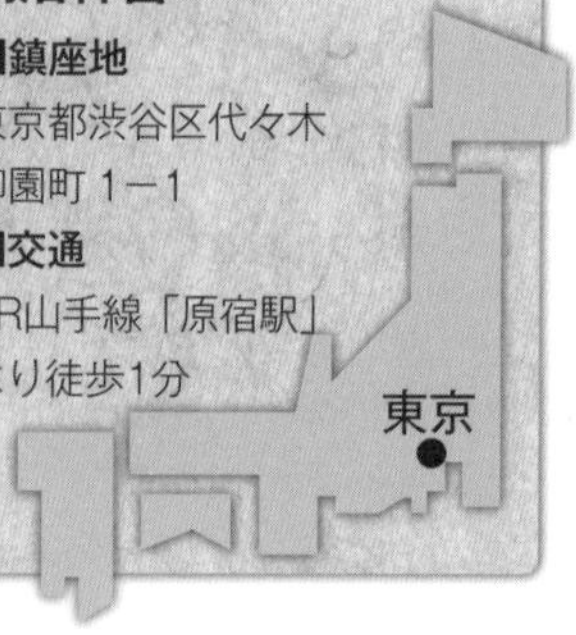

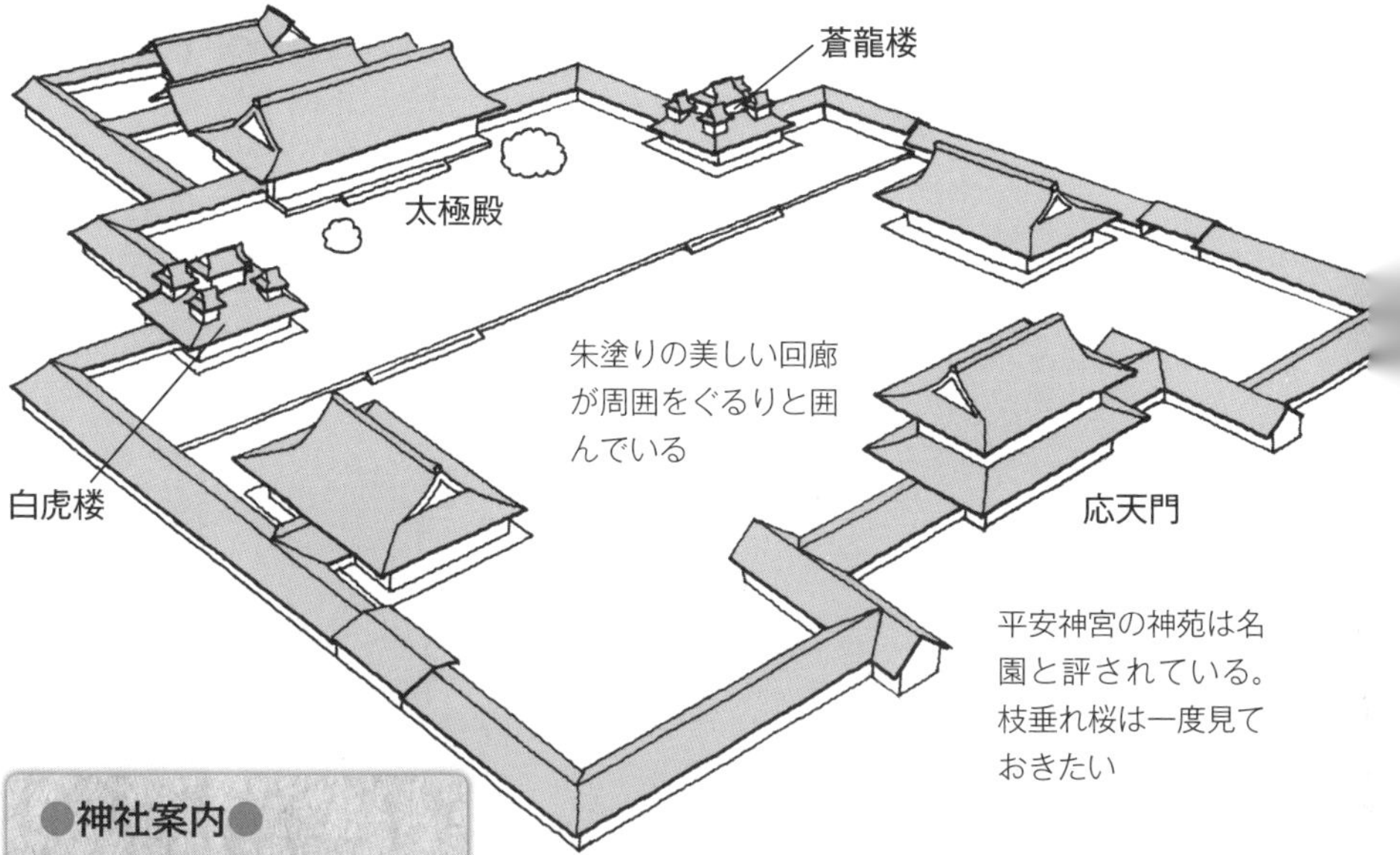

蒼龍楼
太極殿
朱塗りの美しい回廊が周囲をぐるりと囲んでいる
白虎楼
応天門

平安神宮の神苑は名園と評されている。枝垂れ桜は一度見ておきたい

●神社案内●

平安神宮

■鎮座地

京都府京都市左京区
岡崎西天王町 97

■交通

京都地下鉄東西線「東山駅」より徒歩10分

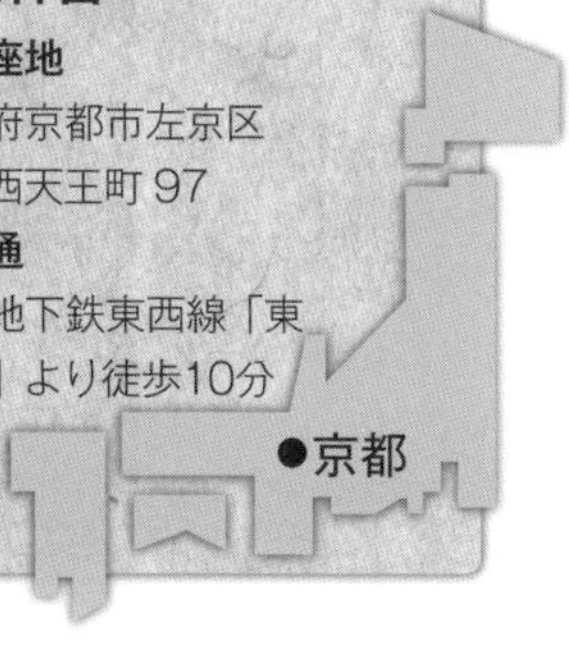

●京都

●平安京の正庁を現代に蘇らせる

平安神宮の社殿は、桓武天皇が開いた当時の平安京の正庁《せいちょう》（宮城の中心部）・朝堂院《ちょうどういん》を８分の５の大きさで再現したもの。外拝殿の太極殿《だいごくでん》、神門の応天門《おうてんもん》、回廊で結ばれた蒼龍楼や白虎楼などがある。

平安神宮の祭神は、桓武天皇と孝明天皇です。明治二八（一八九五）年、平安遷都一一〇〇年の記念として創建されました。

当時、幕末の戦乱によって京都の市街地は荒れ放題でした。さらに首都が東京へと移ったことから意気消沈。その京都の復興を目指したことによります。

そこで、平安京を開かれた桓武天皇と、平安京有終の天皇である孝明天皇を祀ったのです。

祭り

明治神宮の祭祀で最も重要なものは、一一月三日の秋の大祭です。

平安神宮の大きな祭りといえば、時代祭《じだいまつり》です。時代ごとの装束に身を包んだ総勢約二〇〇〇名もの人が参加する大行列は必見です。

香川

金刀比羅宮《ことひらぐう》

外来の水神を祀る“こんぴらさん”の社

「こんぴらさん」の名で広く親しまれています。全国に六八〇社以上分布する、琴平《ことひら》神社の総本宮です。

祭神 大国主神《オオクニヌシノカミ》の和魂《にぎみたま》（穏やかな安定した霊魂）である、大物主神《オオモノヌシノカミ》を祀ります。あわせて、崇徳天皇もお祀りしています。

由緒 太古の昔、瀬戸内海は琴平の地まで及んでいました。琴平山麓は常に潮で洗われる風光明媚な地であったといいます。大物主神がこの地を訪れたとき、琴平山に行宮《あんぐう》（行幸時の仮宮）を造り、西日本統治の拠点としました。行宮の跡地に大神を奉った

●「こんぴら狗《いぬ》」が主人の代わりに参拝した

車も電車もない時代、旅をするのはとても過酷なこと。江戸時代、互助組織が結成され、お金を積み立てて参詣の旅費にあてた。組織の代表者や代わりの人がお参り（代参）をしたが、人に限らず犬も代参したという。こんぴら参りをした犬を「こんぴら狗」と呼んだ。

江戸時代、庶民が気軽に旅をすることは許されなかったが、神仏を詣でることはできた

旅人が代参することも

昔は、旅慣れた人が代わりに参拝することも多かった。途中で参詣をあきらめ、道中で知り合った旅人に旅費や初穂料《はつほりょう》を預ける人も多かった。

「こんぴら参り」の袋を提げた

代参をする犬は、首からきんちゃく袋を提げた。中に入っていたのは、飼い主を記した木札、初穂料や旅費。犬は旅人から旅人へ受け渡され、道中の街の人々に世話をされながら金刀比羅宮へたどり着いたという。

見どころ 平和を願って蹴鞠《けまり》をおこなう

金刀比羅宮では年に3回、5・7・12月に蹴鞠をおこなう。鞠を蹴る「鞠足《きくそく》」は6人で、神職や巫女《みこ》が鞠足になる。6人が一体となり長く蹴り続けることで、「和」をつなぐとされる。

蹴鞠の伝承は、京都や奈良以外では金刀比羅宮だけ。蹴鞠用の独特の装束をまとい、落とさないように蹴る。蹴るのは右足のみと決められている

●神社案内●

■鎮座地
香川県仲多度郡琴平町892−1

■交通
JR土讃本線「琴平駅」より徒歩約15分

御利益

五穀豊穣、航海安全、病気平癒、芸能上達など

大物主神は国土経営の神であり、農業をはじめ漁業など生活の多くに御利益がある。特に、海上御出現の神として崇められ、海上安全にも霊験あらたかとされる。

と伝えられます。

崇徳天皇は、平安時代末期の天皇。保元《ほうげん》の乱に敗れ、讃岐の地に遷られ、金刀比羅宮を深く崇敬し、参籠《さんろう》したという歴史も残っています。

歴史

中世、本地垂迹説《ほんじすいじゃくせつ》の影響から、インドの水神クンビーラがあてられました。社号は漢字をあてたもので、神号も「金毘羅大権現」と称しました。

近世に新しく北海航路が拓かれたことで、全国的に信仰されるようになりました。江戸時代に「こんぴら参り」が盛んになり、庶民もこぞって参詣したといいます。

明治時代の神仏分離令により、社号を金刀比羅宮、祭神を大物主神と正しました。

福岡

太《だ》宰《ざい》府《ふ》天《てん》満《まん》宮《ぐう》

学問の神として絶大な崇敬を集める天神の社

太宰府天満宮は、受験シーズンになると必ずニュースに登場するほど日本人にはなじみの深い、学問の神を祀った神社です。

祭神・由緒

平安時代の学者、菅原道真《すがわらみちざね》が祀られています。学問の神といわれる由縁は、道真の生涯を知れば納得です。代々学者の家に生まれ、幼少のころより詩歌の才能を発揮したいわば神童でした。成人したのちも学者、漢詩人、政治家など多方面で活躍し、右大臣兼右近衛大将にまで出世します。

ところが、時の権力者・藤原時《ふじわらとき》

●学問の神、至誠の神として祀られる

優れた才能によって国のために身を尽くすだけでなく、失脚後も国の平安を祈り続けた。道真の誠を尽くした生き方が人々の尊敬を集め、至誠・国家鎮護の神としても崇められるようになった。

太宰府天満宮は、菅原道真の墓所。全国に1万社以上ある天神さまを祀る社の総本宮でもある

●神社案内●

■鎮座地
福岡県太宰府市宰府
4−7−1

■交通
西鉄太宰府線「太宰府駅」より
徒歩約5分

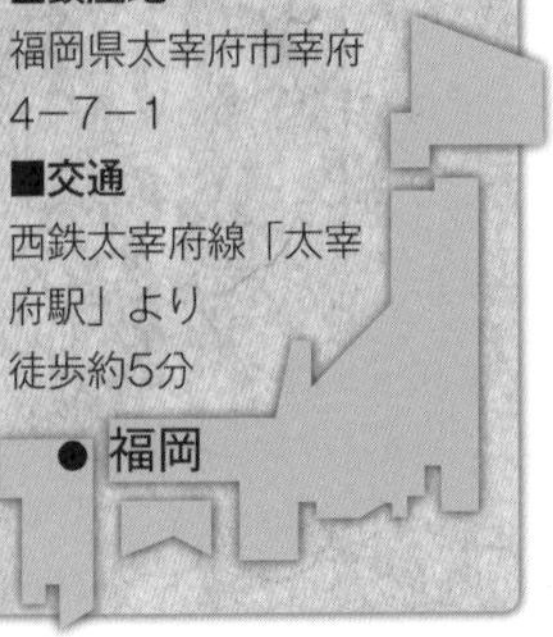

生前は一流の学者であり、文人であった

道真は学者のほか、詩人・文人としても一流であった。歴史書の『類聚国史《るいじゅうこくし》』などを編纂し、『菅家文草《かんけぶんそう》』などの漢詩集も残している。政治家としても活躍し、宇多天皇に重用された。

見どころ

道真にゆかりのある梅園は天満宮名物

太宰府天満宮には「飛梅」の伝説が残っている。大宰府へ流されるとき、道真は「東風《こち》吹かば　匂ひおこせよ　梅の花　主《あるじ》なしとて　春な忘れそ」と歌を詠んだ。その後、庭にあった梅の木が、道真を追って一晩で大宰府まで飛んでいったと伝えられている。

飛梅の伝説を受け、天神をお祀りする多くの社で梅の木が植えられるようになった

天満宮には「なで牛」という牛の像がある。牛は神使とされ、牛像と自分の体(頭)を交互に撫でると良くなるといわれる

御利益

学業成就、受験合格、就職成就など

学問の神としてはあまりにも有名である。毎年、受験シーズンになると合格祈願に訪れる人で全国の天満宮はにぎわう。和歌の神としても有名。

平《ひら》の讒言《ざんげん》によって失脚させられ、九〇一年に大宰府に左遷されました。二年後、失意と困窮のうちに病死してしまいます。

太宰府天満宮の本殿がある場所は、道真の葬儀のさいに牛車が止まって動かなくなった場所と伝えられています。

その地に道真を埋葬し、廟所《びょうしょ》（墓所）としました。延喜五（九〇五）年に社殿が造営され、天満大自在天神と称したのが、太宰府天満宮の始まりとされます。

道真が亡くなったあと、朝廷でも無罪であったことが証明されました。平安末期になると、生前の道真の偉業や才能にあやかり、学問の神として信仰されるようになりました。

解説

神社に参籠するという ひと味違った詣で方

おこもりをして参詣することで身を引き締める

参籠《さんろう》とは、神社やお寺などにこもって祈願することで、「おこもり」ともいいます。一般的な参拝は日中ですが、参籠の場合は神社に泊まって夜を過ごし、祈りを捧げます。一泊のこともあれば、数日間とどまることもあります。

日本では古来、身を清めて神のもとにおこもりをし、祈りを捧げることで魂が浄化される、あるいは再生され、新たになると考えられてきました。

参籠の最大の目的は、心身を清め、自らの再生を願うことにあるのです。旅行や観光気分で安易におこなうのは避けましょう。

朝拝をして御祓いや御祈祷を受ける

神社では、参籠所や参集殿《さんしゅうでん》と呼ばれる施設に泊まります。

参籠は、早朝の御祈祷「朝拝《ちょうはい》」から始まります。毎朝、神に朝食をお供えするもので、「日供祭《にっくさい》」や「一番祈祷」と呼ぶこともあります。御祈祷は、祈祷、大祓詞《おおはらえことば》の奏上、神楽舞、玉串奉《たまぐしほう》奠《てん》などの手順でおこなわれます。神職の指示にしたがえばよいでしょう。

御祈祷のほか、神社によっては奥宮を目指して登拝をしたり、森を散策したりするのもよいでしょう。ただし、神域であることを忘れず、節度ある行動をこころがけることが大切です。

◆編集協力（敬称略）◆

神社本庁／伊勢神宮・神宮司庁（三重）／出羽三山神社（山形）／日光東照宮（栃木）／香取神宮（千葉）／鹿島神宮（茨城）／明治神宮（東京）／諏訪大社（長野）／富士山本宮浅間大社、秋葉山本宮秋葉神社（以上静岡）／熱田神宮（愛知）／日吉大社（滋賀）／熊野本宮大社、熊野那智大社、熊野速玉大社（以上和歌山）／上賀茂神社、下鴨神社、石清水八幡宮、八坂神社、伏見稲荷大社、貴船神社、浦嶋神社、愛宕神社、松尾大社、平安神宮（以上京都）／住吉大社（大阪）／春日大社、大神神社（以上奈良）／中嶋神社（兵庫）／吉備津神社（岡山）／出雲大社（島根）／嚴島神社（広島）／金刀比羅宮（香川）／大山祇神社（愛媛）／宗像大社、太宰府天満宮（以上福岡）／宇佐神宮（大分）／阿蘇神社（熊本）／波上宮（沖縄）

◆参考文献◆

沼部春友、茂木貞純『新　神社祭式行事作法教本』戎光洋出版株式会社、2011 年

三橋健『イラスト図解　神社』日東書院、2011 年

三橋健『決定版　知れば知るほど面白い！　神道の本』西東社、2011 年

『皇學館大学佐川記念神道博物館』皇學館大学佐川記念神道博物館、2010 年

八木透『御朱印ブック』日本文芸社、2010 年

『神宮』神宮司庁、2009 年

八木透・著、淡交社編集局・編『決定版　御朱印入門』淡交社、2008 年

阿蘇惟之ほか『阿蘇神社』学生社、2007 年

小寺裕『だから楽しい江戸の算額』研成社、2007 年

神社本庁教学研究所『神道いろは』神社新報社、2004 年

瀧音能之、三船隆之『丹後半島歴史紀行』河出書房新社、2001 年

製墨文化史編纂委員会・制作『奈良製墨文化史』奈良製墨協同組合、2000 年

國學院大學日本文化研究所『神道事典』弘文堂、1999 年

丹羽基二『神紋』秋田書店、1974 年

「船で詣でる神社仏閣」2003 年、「熊野三山・古道を歩く」2004 年、「神像の見方」2006 年、「『一宮詣で』」2008 年、「サライの神道大全」2011 年、以上『サライ』小学館

「神道入門」2011 年、「日本の神様と神社入門」2010 年、以上『一個人』ＫＫベストセラーズ

「神社とはなにか？　お寺とは何か？」2009 年、「神社とはなにか？　お寺とは何か？ 2」2010 年、以上『pen』阪急コミュニケーションズ

櫻井治男「神社界と社会福祉活動」『月刊若木』神社新報社、2003 年

櫻井治男「神道と福祉の話」『相模』寒川神社社務所、2002 年

櫻井治男（さくらい　はるお）

1949年、京都府生まれ。71年、皇學館大学文学部卒業、73年、同大学院修士課程修了。同大学助手・講師・助教授を経て、93年同大学文学部教授、97年社会福祉学部教授となり、2005年社会福祉学部学部長に就任。博士（宗教学・國學院大學）。

専門は宗教社会学、近代神道・神社祭祀研究。明治末期の神社整理や地域コミュニティと神社、福祉と神道文化の問題に関心を寄せている。1992年に神道宗教学会奨励賞受賞。三重県、名張市、伊勢市などの各種委員メンバーを務め、地域文化の発展・向上に尽力。『蘇るムラの神々』（大明堂・単著）、『地域神社の宗教学』（弘文堂・単著）、『鎮守の森を保育の庭に』（学習研究社・共著）、『神三郡神社参詣記』（皇學館大学神道研究所・編著）、『宗教と福祉』（皇學館大学出版部・共著）など著書論文多数。

装幀　石川直美（カメガイ デザイン オフィス）
本文イラスト　オシキリイラストレーション
本文デザイン　バラスタジオ
校正　ペーパーハウス
編集協力　重信真奈美　寺本彩
オフィス201（勝又理夏子）
編集　鈴木恵美（幻冬舎）

知識ゼロからの神社入門

2012年3月30日　第１刷発行

監修者　櫻井治男
発行人　見城　徹
編集人　福島広司

発行所　株式会社 幻冬舎
〒151-0051　東京都渋谷区千駄ヶ谷4-9-7
電話　03-5411-6211（編集）　03-5411-6222（営業）
振替　00120-8-767643
印刷・製本所　図書印刷株式会社

検印廃止

ISBN978-4-344-90246-6 C2076
Printed in Japan
幻冬舎ホームページアドレス　http://www.gentosha.co.jp/
この本に関するご意見・ご感想をメールでお寄せいただく場合は、comment@gentosha.co.jpまで。